혁신으로
세계 정상에 선
글로벌 1등
K-기업

• 글로벌 1등 K-기업 리서치 팀

박미현

신문방송학과를 졸업하고 〈여성동아〉, 〈리빙센스〉 등에서 기자로 일했다. 《AI 퍼스트》, 《웹3.0 라이브
씬》(더블북) 리서치 팀 연구원을 지냈으며, 저서로는 《날마다 미니멀라이프》(조선앤북), 《마이데스크》
(시공사), 《한국의 SNS 부자들》(더블북) 등이 있다.

이지혜

2011년 NH투자증권에 입사해 다수의 상장/비상장 기업탐방 및 투자를 담당하고 있다. 특히 장기 성장
이 가능한 기업 발굴과 집중 투자에 관심이 높다. 《AI 퍼스트》, 《웹3.0 라이브씬》(더블북) 리서치 팀 연구
원으로 참여했다.

한효재

NH투자증권 해외채권 전문센터에서 PB로 근무하며 글로벌 감각을 익혔다. 《웹3.0 라이브씬》(더블북)
연구원으로 참여하며 웹3.0커뮤니티 비즈니스 사례와 DAO거버넌스를 연구했다. 디지털 대전환으로 발
생하는 새로운 비즈니스 모델에 큰 관심을 두고 있다.

최진리

NH투자증권에 입사해 국내 산업 전반에 걸친 핵심 기업 탐방과 글로벌 유망 기업 리서치에 집중했다.
《웹3.0 라이브씬》(더블북) 연구원으로 참여하며 NFT와 가상화폐 트렌드를 앞서 경험했다. 현재는 세상
을 변화시키는 혁신 기업에 관심을 갖고 커리어를 쌓고 있다.

• 일러두기 | 본 책의 기업별 수치는 변동될 수 있습니다.

Global Number 1

서재영
지음

혁신으로
세계 정상에 선

글로벌1등
K-기업

K

Company

다빛북

한국 경제의 미래, 글로벌 1등 K-기업에서 답을 찾다!

2000년 이후 한국 경제 상황과 전망을 돌이켜보면 긍정적인 평가는 거의 없었던 것으로 기억된다. 늘 한국 경제는 힘들고 어렵다는 관측이 지배적이었고 낙관적 미래보다 비관적 전망이 주류를 이뤘다.

한국의 종합주가지수만 봐도 2011년 2000p 수준에서 아직도 2600p대로 큰 변화가 없다. 이는 한마디로 한국의 종합주가지수는 투자 상품으로 메리트가 낮다는 방증이다. 더욱이 한국 경제의 버팀목이던 제조업 기반의 산업이 흔들리고 있다. 철강, 화학, 조선 등 핵심 제조업도 경쟁력을 잃거나 저성장 국면에 진입했으며, 특히 식음료와 화장품, 건설 등의 내수 산업도 시장이 정체됐다.

한국의 GDP는 2020년 세계 10위에서 2023년 14위로 추락했다. 이에 반해 멕시코의 GDP는 2020년 16위에서 2023년 12위로 상승했다. 2020년 한국보다 GDP 순위가 낮았던 브라질, 러시아 호주 등도 2023년 한국을 앞질렀다. 이는 한국이 저성장 국면에

접어들었다는 신호로 해석할 수 있다.

한국은 저출산 문제로 내수경기가 확연하게 정체되고 있다. 수출 역시 반도체, 자동차를 제외하면 저성장 국면에 진입했다고 판단된다. 이런 와중에도 각 분야에서 한국인의 저력을 발휘하며 당당히 세계 시장 1위에 오른 국내 기업들이 수출 증대와 미래 먹거리 확보, 취업난 해결 등으로 한국 미래 경제에 희망을 밝히고 있다. 글로벌 1위에 오른 K-기업들은 자원이 부족해 수출 의존이 크고 자체 내수시장으로 경기 부양이 쉽지 않은 어려운 상황을 극복하기 위해 해외로 눈을 돌려 성장 동력을 찾았다.

2020년 〈조선일보〉 자산관리 최고위과정에서 '글로벌 1위 한국 기업'이라는 주제로 강의를 했다. 이때 세계 1위를 기록한 한국 기업이 생각보다 많다는 사실을 처음 알았다. 그 후로 글로벌 경쟁력을 확보하면서 세계 시장에서 1위에 오른 한국 기업들을 본격적으로 정리하고 분석하기 시작했고, 4년간 노력한 결실이 바로 《글로벌 1등 K-기업》이다.

긴 불황 속에서도 드라마틱하게 성장하는 1등 K-기업의 사례를 살펴보면, 우선 고려아연은 2003년 매출 9,000억 원, 영업이익 450억 원에서 2022년 매출 11조 2,000억 원, 영업이익 9,000억 원으로 매출과 영업이익 모두 10배 이상 증가했다. 국내 주요 자동차 공조업체 한온시스템 역시 10년 전 매출 1조 원에서 2023년 매출 9.5조 원으로 가파르게 상승했다. K-방산의 선두주자 한화에어로스페이스는 K9 자주포 분야에서 약 60%의 세계 시장 점유율을 기록하며 압도적인 1위를 차지했다. 반도체 검사용 부품 제조업체 리노공업의 경우 2003년 매출 217억 원에서 2023년 2,500억 원으로 10배 이상 상승했으며, 주가는 100배 이상 폭등했다.

글로벌 1등 K-기업의 3가지 핵심 키워드

세계 1위에 오른 한국 기업들의 주요 특징은 세 가지로 정리할 수 있다. 첫 번째 수출 비중이 높다. 대부분 수출 비중이 70% 이상이며, 수출 국가는 한 나라에 편중되지 않고 전 세계 고르게 분포돼 있다. 골프 시뮬레이터 기업 골프존이나 AI 기반 수학 교육 콘텐츠 기업인 이쿠얼키처럼 사업 아이템이 독특하거나 신기술을 개발해 세상에 없는 제품이나 서비스를 선보이는 기업은 예외다.

두 번째는 기술력이 압도적으로 뛰어나거나 혁신적인 아이디어를 가졌다는 점이다. 반도체 열처리 공정 장비업체인 HPSP는 세계적인 반도체 장비회사인 어플라이드 머티어리얼즈(AMAT)나 도쿄일렉트론이 가지 않는 다른 방식으로 10년 이상 기술을 개발해 반도체 전공정에 필요한 고압 수소 어닐링 장비 양산을 세계 최초로 성공한 기업이다. 리노공업 또한 끊임없는 기술 개발로 경쟁사 대비 압도적인 기술 우위를 보이면서 반도체 검사용 소모품인 '리노핀(Leeno pin)'으로 세계 시장점유율 1위를 고수했다. 이외에도 전기차 배터리의 핵심 소재인 양극재를 생산하는 에코프로비엠은 미래 기술을 선도적으로 선점하고 대응하는 빠른 행보로 하이니켈 NCM 분야 세계 1위가 됐다.

세 번째는 아무도 가지 않는 길을 개척해 미래 기술에 빠르게 대응했다는 점이다. 2011년 삼성의 신수종 사업으로 설립된 삼성바이오로직스는 바이오의약품 CDMO(위탁개발생산) 분야에 새롭게 도전해 10년 만에 세계 강자들을 제쳤다. AI 머신러닝 솔루션 기업 몰로코는 딥러닝을 활용한 추천 서비스를 개발하면서 글로벌 퍼포먼스 광고 시장 세계 1위에 이름을 올렸다. 의상 시뮬레이션 기업 클로버추얼패션 등도 앞선 신기술을 활용해 세계 1위에 오른 K-기업이다.

그동안 국내 유망한 투자처를 분석·발굴하고 현장에서 직접 발로 뛰며 얻은 한 발 빠른 트렌드를《한국의 SNS 부자들》(2019),《AI 퍼스트》(2021),《웹3.0 라이브씬》(2022) 세 권의 책으로 독자에게 소개했다.

이번《글로벌 1등 K-기업》역시 생생한 현장의 목소리를 독자에게 전달하기 위해 다양한 방법으로 기업 대표나 담당자를 만나 인터뷰를 진행했다. 과연 글로벌 1위를 달성한 한국 기업은 어떤 핵심 경쟁력을 가지고 있으며, 어떻게 고도의 성장을 이뤄 마침내 세계 1위 자리에 올랐는지… 이에 대한 자세한 이야기와 인사이트를 책에 담기 위해 열심히 노력했다.

특히 이 책을 통해 미래를 이끌어 갈 젊은 세대가 세계 1위 한국 기업에 대해 많은 관심을 가질 좋은 기회가 되길 바란다. 한국을 넘어 더 넓은 세상으로 뻗어 나갈 수 있는 취업과 창업 등 동기부여도 얻길 바라며, 자랑스러운 한국인과 한국 기업에 대한 자긍심을 높일 수 있는 계기가 되리라 생각한다. 투자 면에서도 글로벌 경쟁력을 확보한 K-기업을 널리 알려, 외국 및 국내 기관의 자금 유입을 유도하고 장기 성장주로 주목될 수 있는 발판이 되길 바란다.

세계 1위의 한국 기업들은 수출 증대와 미래 먹거리 확보, 취업난 해결 등으로 한국의 미래 경제에 밝은 희망을 줄 것이라고 확신한다. 그 확신은《글로벌 1등 K-기업》을 준비하면서 더욱 단단해졌다. 마지막으로 시간을 내어 인터뷰에 응해준 26곳 기업의 대표와 담당자에게 감사의 인사를 전한다. 책이 나오기까지 힘쓴 더블북 출판사와 엠북 박미현 대표, NH투자증권 이지혜 차장, 한효재 사원, 최진리 연구원, 그리고 항상 곁에서 응원을 아끼지 않으며 힘을 더해 준 가족에게도 깊은 감사를 전한다.

2024년 5월
서재영

글로벌 1위에 빛나는 K-기업	
삼성전자	2023년 4분기 디램 세계 시장점유율 45%
SK 하이닉스	HBM 점유율 50% 이상 및 기술 선도
리노공업	반도체 소켓(검사 장비) 세계 1위
한미반도체	HBM TC본더 세계 1위
HPSP	고압 수소 어널링(16나노 이하) 글로벌 독점
파크시스템	원자 단위(0.4나노 이하) 미세화 측정장비, 2023년 원자현미경 시장점유율 20% 세계 1위
테크윙	테스트 핸들러(후공정, 칩을 여러 개 동시에 검사) 세계 1위
이오테크닉스	반도체 레이저 마크 글로벌 점유율 65%
고영	SMT 검사 장비 세계 1위
네오셈	SSD 검사 장비 세계 1위
YC(구 YIKC)	메모리웨이퍼테스트 장비 점유율 40% (2012년, 일본 요코가와(Yokogawa)의 메모리 테스터 부문 인수)
티씨케이	SIC ring 세계 1위
삼성디스플레이	스마트폰용 OLED 글로벌 시장점유율 40%
LG에너지솔루션	NCM(니켈, 코발트, 망간) 배터리 세계 1위
SKC	2021년 전지용 동박 글로벌 시장점유율 22% 1위(2위 중국 왓슨 19%)
엔켐	글로벌 전해액 점유율 세계 1위(중국 제외)
두산퓨어셀	수소연료전지 세계 1위
한온시스템	히트펌프 특허 점유율 세계 1위
효성첨단소재	타이어코드 시장점유율 50%
한화에어로스페이스	K9 자주포 시장점유율 50% 이상
두산에너빌리티	세계 최고 수준의 원전 기술력 보유
비에이치아이	HRSG(폐열발전) 세계 1위
HD현대중공업	대형엔진 세계 시장점유율 36%(34년째 1위)
고려아연	비철금속(아연, 은) 제련 세계 1위
KCC	조선용 페인트 세계 1위
현대미포조선	중형선박 제조 세계 1위

풍산	소전(동) 세계 시장 50% 점유
삼성바이오로직스	세계 최대 규모의 생산시설을 갖춘 바이오의약품 CDMO
에스티팜	올리고 생산능력 세계 1위
클래시스	고성능 집속 초음파(HIFU) 기기 세계 최강자
코스맥스	화장품 ODM 글로벌 시장점유율 1위
뷰웍스	초고도 해상도 산업용 카메라 분야 세계 1위, 디스플레이 검사 장비용 카메라 글로벌 점유율 80%
미니쉬테크놀로지	차세대 치과 시술 '미니쉬' 세계 최초 개발
오스템임플란트	임플란트 수량 기준 세계 1위
몰로코	독립업체 기준 퍼포먼스 광고 솔루션 1위, 한국인이 실리콘밸리에 창업한 유니콘 AI기업
슈프리마	AI 통합보안솔루션 세계 1위
KH바텍	삼성전자 세계 첫 폴더블폰 힌지 독점 공급, 2020년 전 세계 점유율 100%
이쿠얼키	공식없는 수학교육의 시초
클로버추얼	3D 의상 디자인 소프트웨어 시장점유율 1위
골프존	스크린골프 시뮬레이터 글로벌 점유율 1위
카카오엔터	픽코마(웹툰) 매출 세계 1위
CJ 제일제당	냉동만두 세계 1위
강남신세계	단일점포 매출 기준 세계 1위
옵트론텍	이미지 센서용 광학필터 글로벌 점유율 1위
영도벨벳	2001년부터 벨벳 시장점유율 세계 1위
와이지원	엔드밀(절삭공구) 세계 1위
웰크론	극세사 세계 1위
삼우코리아	금형(자동차 금형) 세계 1위
효성티앤씨	스판덱스 글로벌 시장점유율 30%
윈앤윈	양궁 세계 1위

Contents

P a r t 1

반도체

AI 반도체 패권 전쟁의
서막이 열리다!

세계 각국은 AI 전쟁에서 선두를 잡기 위해 반도체에 집중적으로 투자하며 사활을 걸고 있다. 그 첫 번째로 일본은 최근 2년 만에 구마모토에 TSMC 공장을 완공해 다시금 반도체 부활을 위한 재기를 시도 중이다. TSMC가 구마모토에 1차로 10조 원 투자해 2024년 2월 공장을 완공했고, 이어 2차로 20조 원 규모의 추가 투자를 발표했다. 일본 정부가 TSMC에 지원하는 금액은 약 10.7조 원이다. 일본은 도요타, 소니, 키옥시아, 소프트뱅크, 덴소, 미쓰비시 UFJ 등 주요 대기업이 공동 출자한 반도체 제조회사 라피더스(Rapidus)를 설립해 대규모 투자와 IBM의 2나노 기술을 적용한 반도체 연구개발을 진행하고 있다.

미국 역시 미반도체 지원법을 제정해 총 520억 달러(한화 약 70조 원) 규모의 보조금을 지원할 방침이다. 인텔은 향후 5년간 134조 원 규모의 투자를 발표했다. 미국 정부도 인텔에 85억 달러(한화 약 11조 5,400억 원)의 보조금을 지원할 것이라고 밝혔다. 이는 삼성과 TSMC를 합친 보조금보다 2배나 많은 수준이다. TSMC가 50조 원, 삼성전자는 20조 원 규모로 미국 투자를 진행 중이다.

대만도 반도체 파운드리 기업 TSMC와 UMC에 100조 원 이상의 투자 금액을 지원한다고 발표했다. 한국도 삼성전자와 SK하이닉스가 용인 반도체클러스터에 각 300조 원, 100조 원 투자를 진행할 예정이다. 한국이 반도체 300조 원 이상을 투자하면 160만 명에 이르는 고용 효과를 일으킬 것으로 보인다.

중국은 2015년 전국인민대표회의에서 2025년까지 70%의 반도체를 자급자족하는 것을 골자로 '반도체굴기'를 선언했다. 이후 지속해서 수백조 원 규모로 집중 투자 중이다. 그 결과 중국의 메모리업체 CXMT는 17나노 공정을 메인으로 반도체를 연구개발했고, 후젠징화도 2020년 20나노 생산을 개시했다. 낸드 회사 양쯔메모리(YMTC)는 128단을 양산 중이다. 메모리 분야는 한국과의 기술 격차가 약 1~3년으로 추정된다.

반도체 시장 세계 점유율

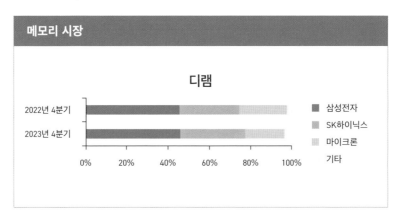

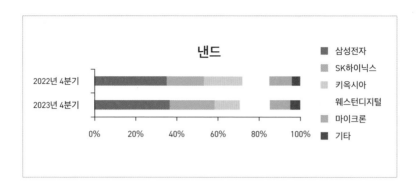

칩(설계)

엔비디아, 퀄컴, 브로드컴, 미디어텍, 인텔, AMD
과거 인텔, AMD가 반도체 칩 설계 독보적 점유, 애플, 구글 등은 칩 자체 제작
엔비디아 AI 칩 개발로 1위 등극

시스템 반도체

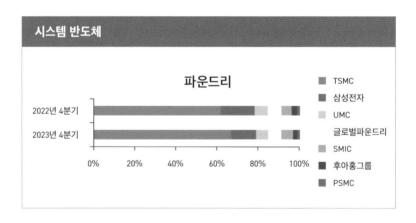

주요 반도체 분야 세계 1위에 빛나는 국내 기업 리스트

기업	핵심 내용	비고
삼성전자	디램(2023년 4분기) 점유율 45.7%, 낸드(2023년 4분기) 점유율 36.6%로 메모리 압도적 1위	LLM용 AI 칩 '마하1' 개발 중
SK하이닉스	HBM 메모리 반도체 1위	엔비디아 H100 메모리 독점 공급
티씨케이 (TCK)	SiC(실리콘카바이드) 링(ring) 시장 글로벌 1위	SiC 링: 웨이퍼 식각 공정에서 웨이퍼 고정 및 보호
한미반도체	HBM 메모리 검사 장비(TC본더) 세계 1위, VP(Vision placement) 세계 시장점유율 80% 세계 1위	세계 최초 듀얼 본딩(Dual bonding) 방식, SK하이닉스와 공동개발
리노공업	반도체 소켓 검사 장비 세계 1위	차세대 반도체 테스트소켓 신제품 개발 중
HPSP	세계 고압 수소 어닐링 장비 세계 1위, 16나노 이하 반도체 어닐링 공정 장비 전 세계 독점, 50여 건 특허 보유, 영업이익률 50% 이상	AMAT, TEL 등 글로벌 반도체 기업보다 우수한 기술력 보유
파크시스템	원자 단위(0.4나노 이하) 미세화 측정 장비 세계 1위	독일 아큐리온社 인수, 사업 다각화
고영	SMT 검사 장비 세계 1위	뇌수술용 보조로봇 상용화 세계 2번째
네오셈	SSD 검사 장비 세계 1위	세계 최초 CXL 메모리 검사 장비 개발
이오테크닉스	반도체 레이저 마크 세계 1위	레이저 마크 시장점유율: 국내 95%, 해외 60% 이상
테크윙	테스트 핸들러(후공정) 세계 1위	세계 2위 어드밴테스트
피에스케이	반도체 PR 드라이스트립(DryStrip) 장비 세계 1위, 점유율 46%	드라이스트립: 포토레지스터 찌꺼기 등을 플라즈마 활용 제거
ISC	후공정 러버 테스트 세계 1위	SKC가 인수
동진쎄미켐	3D 낸드플래시 생산용 KrF 포토레지스트 세계 1위	포토레지스트: 반도체 실리콘 웨이퍼 위에 전시회로를 그리는 데 쓰는 감광액

세계 5대 반도체 장비 기업		
국가	종목명	시가총액(조 원) (2024. 4. 30, USD 1,350원 기준)
네덜란드	ASML	483
미국	어플라이드머티어리얼즈 (AMAT)	230
미국	램리서치	164
일본	도쿄일렉트론	140
미국	KLA	130

AI 반도체 시장, 성장 초기 단계 진입
한국 반도체 장비 기업 글로벌 경쟁력 더욱 높아질 전망!

세계 주요 강국의 반도체 투자 전쟁에는 숨겨진 배경이 있다. 인 터넷 시대에서 2010년 전후로 스마트폰이 등장하면서 모바일 혁 명이 이어졌다. 2023년 챗GPT 출현은 제5차 혁명이라 불리는 AI 시대를 열었다. 그 중심에 있는 엔비디아는 챗GPT 핵심 기술인 딥러닝의 혁신을 가져온 AI 칩을 개발해 2013년 대비 15배 높은 매출을 일으켰고, 200배 이상 주가가 수직 상승하는 놀라운 기록 을 달성했다.

2023년은 챗GPT의 원년이다. 앞으로 온디바이스(On-device) AI 등으로 AI 칩이 확산되면서 AI 관련 칩과 반도체 시장 또한 초 기 단계에 진입하며 크게 확대될 것으로 전망된다. 이에 따라 한국의 반도체 장비 업체들 역시 글로벌 경쟁력이 보다 높아질 것으로 예상된다. 향후 반도체 투자 전쟁의 가장 큰 수혜는 한국의 반도체 장비 업체들이 차지할 것으로 보이며 그 이유는 세 가지로 꼽을 수 있다.

첫째 삼성전자, SK하이닉스라는 글로벌 선두 업체가 한국 기업라는 점이다. 한국 반도체 장비업체는 반도체 테스트에 필요한 샘플을 상대적으로 구하기 쉽다. 문제 발생 시 인적 네트워크 등을 활용하는 데 유리하다. 둘째는 삼성전자, SK하이닉스가 독자적으로 장비를 개발하기 보다는 국내 반도체 관련 업체와 협력해 상생하는 추세라는 점이다. 하나의 기업이 독점하는 시장이 아닌 각자 서로 잘하는 분야에 집중해 시너지 효과를 창출할 것으로 보인다. 참고로 네덜란드 반도체 장비업체 ASML은 노광장비만 집중적으로 개발해 시가총액이 삼성전자와 비슷한 수준까지 올랐다. 셋째는 이미 분야별로 세계 1등에 빛나는 한국의 반도체 기업들이 속속 등장하고 있다는 점이다. HPSP, 한미반도체, 리노공업, 이오테크닉스, 파크시스템 등이 그 예다. 리노공업의 경우, 향후 매출과 영업이익이 2배 이상 증가하고 이익률도 50% 이상 가능할 것으로 조심스럽게 전망해 본다.

ASML, 어플라이드머티어리얼즈, 램리서치, 도쿄일렉트론, KLA 등은 시가총액이 모두 2024년 초 기준, 100조 원을 상회하고 있다. 한국의 반도체 장비 업체들도 글로벌 경쟁력을 확보하면서 시가총액 100조 원을 웃도는 기업들이 등장하길 기대해 보자.

세계 5대 반도체 강국 투자 추진 상황

국가	투자내역
한국	삼성 300조 원 용인, 60조 원 미국 텍사스 투자 SK하이닉스 100조 원 용인 투자
미국	인텔 독일 반도체 42조 원 투자 추진, 향후 5년간 미국 134조 원 투자 TSMC 미국 50조 원 투자 마이크론 뉴욕 142조 원 투자 추진 미국 반도체지원법 제정 70조 원 투자 추진
대만	TSMC 일본 30조 원 투자(일본 정부 10.7조 원 지원), 대만 가오슝 85조 원 투자 UMC 대만 42조 원 투자, 1나노 공장 건설 추진
일본	라피더스 일본 기업 연합체 설립(도요타, 키옥시아, 소니 등 8개 주요 대기업) IBM과 협력해 2027년 2나노 생산 목표 TSMC 일본 구마모토현 1공장 10조 원 투자, 2공장 20조 원 투자 발표
중국	중국 정부 수백조 원 투자 추정 2015년 반도체 굴기 선언 이후 지속 투자로 자립도 높이는 중

SK하이닉스

▶ HBM 메모리 반도체 세계 최강자

기업 분석 핵심 포인트

- **전 세계 고대역폭메모리 HBM 시장점유율 1위**
  - 시장조사업체 트렌드포스, 2023년 SK하이닉스 HBM 시장점유율 53%, 4세대 HBM3 시장 90% 독점
  - 디램과 낸드 양축으로 지속적 사업 성장 도모, 전체 비중의 약 70~75%

- **2013년 세계 최초로 HBM 1세대 개발**
  - 2015년 삼성전자가 2세대 HBM2 생산하며 1위 차지
  - SK하이닉스 1위 주도권을 다시 잡기 위해 공격적인 연구개발 집중 투자, 2019년 HBM2E 개발로 1위 역전

- **제조 공정 효율성 높이는 MR-MUF 독자 개발, 패키지 공정 혁신 일으켜**
  - HBM2E부터 MR-MUF(Mass Reflow-Molded UnderFill) 패키징 독자 기술 개발, 선제적 적용
  - 칩을 쌓고 한 번에 포장하는 패키징 방식으로 생산성 높이고 불량률 줄어, 원가 경쟁력 확보

- **엔비디아 최첨단 AI 칩(H100)에 HMB3 공급, 글로벌 1위 강자 입증**
  - HBM2E부터 엔비디아와 거래, 세계 최초로 HBM3 개발하여 본격적으로 공급을 시작하였고, 엔비디아의 최첨단 AI 칩 'H100'에 SK하이닉스의 HBM3 적용
  - HBM 외에 CXL 라인업도 탄탄하게 구축, 미래 시장 선제 대응

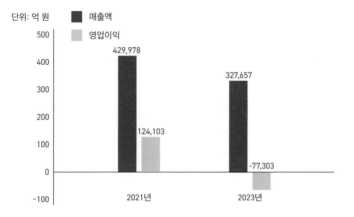

단위: 억 원　■ 매출액　□ 영업이익

429,978 (2021년 매출액)
124,103 (2021년 영업이익)
327,657 (2023년 매출액)
-77,303 (2023년 영업이익)

- **2024년 매출 64조 7,657억 원, 영업이익 19조 원 예상(컨센서스)**
  - HBM 매출 덕분에 2023년 4분기 글로벌 메모리 반도체 기업 중 가장 빠르게 흑자 전환 성공

- **120조 원 투자해 용인 반도체 클러스터 조성 사업 추진**
  - 용인 약 416만㎡ 규모의 부지에 4개의 반도체 팹(FAB) 건설
  - 2025년 3월 첫 번째 팹 착공, 2027년 5월 준공 계획
  - 미국 인디애나주에 HBM공장 5.2조 원 투자 발표

세계 최초로 HBM 개발 성공, 삼성전자와 1위 다툼하다 공격적 연구개발로 HBM 시장의 1위 주도권 선점!

챗GPT를 비롯한 생성형 인공지능이 주목받으며, 글로벌 빅테크 기업의 AI 경쟁이 날로 거세지고 있다. 이에 따라 AI 서버 운용에 필수적인 대규모 데이터 처리를 위한 초고성능 메모리 반도체 HBM(High Bandwidth Memory)에 대한 수요 역시 급증하고 있다. 이 중심에는 세계 최초로 HBM을 선보인 뒤, 꾸준히 최초·최고의 기록을 경신하고 있는 SK하이닉스가 있다.

시장조사업체 트렌드포스에 따르면, 2023년 SK하이닉스의 HBM 시장점유율은 53%이며, 4세대인 HBM3는 시장의 90%를 장악하고 있다고 전했다. HBM은 SK하이닉스가 미국 반도체 회사 AMD와 손잡고 10년간의 연구개발 끝에 2013년 세계 최초로 선보인 적층형 메모리 반도체다. HBM은 디램을 여러 개 쌓아서 데이터가 다니는 길, 즉 대역폭을 넓힌 메모리다. 당시 하이닉스는 미래에 AI가 핵심 산업이 될 거라 예상하고 HBM을 개발한 것은 아니다. 게임기 또는 게임을 하기 위한 PC에 들어가는 용도였다. 그래픽용 프로세서에 성능을 높일 고성능의 메모리 디램이 필요했고, 이를 개발해보자는 취지로 시작됐다.

CPU(중앙처리장치), GPU(그래픽처리장치)와 가장 가까운 곳에서 정보를 처리하는 HBM은 여러 개의 디램 칩을 수직으로 쌓아 데이터 처리 속도를 획기적으로 높인 초고성능 메모리 반도체다. 고속 병렬 연산에 적합하도록 입·출력 데이터가 지나가는 대역폭을 극대화한 것이 특징이다. 2013년 첫 출시한 SK하이닉스의 HBM은 4단이었다. 지금은 엔비디아, AMD 등 글로벌 대표 반도체 기업이 HBM을 핵심 메모리로 사용하지만, 당시만 해도 HBM을 상용화한 기업이 거의 없어 대량 양산으로 이어지지는 않았다.

그러다 2년 후, 2015년 삼성전자가 2세대 HBM2를 업계 최초로 양산하며 SK하이닉스를 앞질렀다. SK하이닉스가 최초 개발사임에도 불구하고 HBM2에서는 주도권을 유지하지 못했다. 이에 다시 선두를 차지하기 위해 절치부심하며 보다 공격적으로 연구개발에 집중했고 2019년 8월, 한층 더 성능을 높인 HBM2E 개발에 성공했다. HBM2E는 초당 3.6기가비트(Gbps)의 데이터 처리가 가능한 제품으로 용량 또한 이전 세대 대비 2배 이상 늘어난 16GB(기가바이트)를 구현했다.

특히 이 과정에서 SK하이닉스는 경쟁력의 격차를 넓히기 위해 기술 난이도가 높은 새로운 제조 공정을 도입했다. HBM2까지만 해도 삼성전자와 SK하이닉스는 공정 기술이 같았다. HBM2E

는 MR-MUF(Mass Reflow-Molded UnderFill)라는 새로운 패키징 독자 기술이 적용됐다. MR-MUF는 다수의 칩을 쌓고 한 번에 포장하는 패키지 방식이다. 칩을 하나씩 쌓으면서 연결하는 기존 방식에 비해 제조 공정 시간이 빠르고 그만큼 생산성도 높다. 또 칩을 하나하나 쌓으면서 필름형 소재로 연결할 때는 여러 번 열과 압력을 가해야 하는데, MR-MUF는 열과 압력 사용이 적어 불량률이 낮고, 그만큼 원가 경쟁력에서도 유리하다. 쉽게 말해, 똑같은 HBM 10개를 만들 때 하나하나 칩을 연결하며 쌓느냐, 쌓은 뒤 한 번에 연결하느냐 차이다. 이런 장점이 드러나면서 SK하이닉스는 HBM 시장에서 다시 주도권을 되찾고 이때부터 엔비디아와 거래를 시작했다.

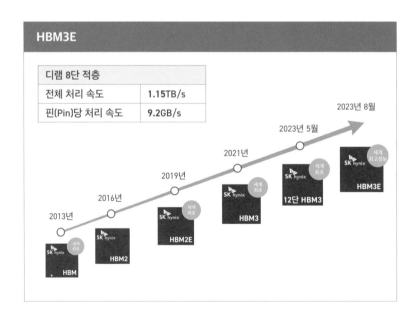

엔비디아 최첨단 AI 칩(H100)에 HMB3 공급하며 글로벌 1위 최고의 강자임을 증명!

SK하이닉스는 HBM2E를 개발하면서 엔비디아와 거래를 시작했다. 이후 2021년 10월, 세계 최초로 HBM3를 내놓고 제품 개발 7개월 만인 2022년 6월에 엔비디아에 본격적으로 공급하며 HBM 시장의 주도권을 단단히 잡았다. 엔비디아는 최첨단 AI 칩인 'H100'에 SK하이닉스의 HBM3를 결합해 AI 시장을 이끌었다. 반면, 이 시기 삼성전자는 HBM 시장에 회의적이었다. 적극적인 차세대 HBM 개발보다는 소극적인 자세를 취하며 HBM 연구개발 전담팀을 해체하기도 했다.

SK하이닉스는 1세대(HBM)부터 2세대(HBM2), 3세대(HBM2E), 4세대(HBM3) 그리고 2023년 8월, 세계 최고의 사양을 자랑하는 5세대(HBM3E)를 지속 개발하며 HBM 시장의 최고 강자임을 증명했다. 최신 버전인 HBM3E는 AI용 메모리의 필수 사양인 속도는 물론, 발열 제어, 고객 사용 편의성 등 모든 측면에서 세계 최고 수준을 충족시켰다. 속도면에서 HBM3E는 초당 최대 1.15TB(테라바이트) 이상의 데이터 처리가 가능하다. 이는 Full-HD급 영화(5GB) 230편 이상 분량의 데이터를 1초 만에 처리하는 수준이다. 2024년 3월 말부터 고객사에 제품 공급을 시작했고 SK하이닉스는 HBM3E 양산을 통해 AI 메모리 반도체 업계를 선도하는 제품 라인업을 한층 강화했다. 삼성전자도 12단으로 디램을 쌓은 HBM3E를 내놓는다고 했지만 현재 시장 자체가 HBM3

수요가 크지 않다. SK하이닉스는 이미 HBM3와 HBM3E까지 개발을 완료하고 양산까지 성공했다. 시장 변화에 맞게 고객사가 필요할 때를 대비해 만반의 준비를 마친 상황이다.

글로벌 메모리 반도체 시장은 삼성전자가 1위, SK하이닉스는 만년 2위였다. 하지만 엔비디아에 HBM 공급을 시작하고부터 HBM 시장의 확고한 1등으로 자리매김했다. SK하이닉스, 삼성전자, 마이크론 세 개의 기업이 주축이 된 HBM 시장에서는 SK하이닉스가 제일 앞서간다. 중국은 기술을 논하기에 앞서, 미국 제재가 해결되지 않는 한 디램 시장에 진입하기가 어렵다.

또 메모리 반도체 트렌드에서 주목하는 기술이 바로 CXL(computer express link)이다. SK하이닉스도 CXL 준비를 하고 있다. 최근 CXL이 HBM을 대체하는 메모리 반도체로 각광받지만, HBM과 CXL은 용도 자체가 다르다. HBM은 GPU 또는 AI 트레이닝이나 추론을 위해 데이터를 빠르게 제공하는 역할을 한다. CXL은 GPU에만 꼭 들어가야 하거나 AI용으로 적용되는 것은 아니다. 다만 굉장히 빠른 고속의 인터페이스를 사용하는 건 비슷하다. CXL은 속도가 빠른 여러 개의 넓은 통로를 만들어 대용량의 메모리를 한꺼번에 모아 일종의 메모리 풀링(Pooling)처럼 쓰는 개념이다. 용도가 다르기 때문에 HBM의 대체제는 아니다. 고객사의 니즈에 따라 2025년부터 실질적으로 상용화된 제품이 조금씩 나올 거라고 예상된다.

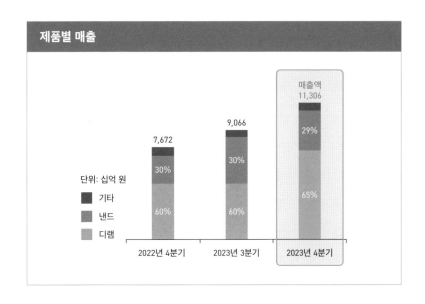

제품별 매출

단위: 십억 원
- 기타
- 낸드
- 디램

7,672 — 2022년 4분기 (60% 디램, 30% 낸드)
9,066 — 2023년 3분기 (60% 디램, 30% 낸드)
매출액 11,306 — 2023년 4분기 (65% 디램, 29% 낸드)

2023년 4분기 흑자 전환 성공! 디램과 낸드 양 날개로 지속적인 사업 성장 도모, 최적의 메모리 솔루션 제시하는 '토털 AI 메모리 프로바이더'가 목표!

2023년 4분기 AI 서버와 모바일향 제품 수요가 늘고, 평균판매단가(ASP, Average Selling Price)가 상승하는 등 메모리 시장 환경이 개선되면서 SK하이닉스는 2022년부터 이어져 온 영업적자에서 벗어나 2023년 4분기 3,460억 원의 영업이익으로 흑자 전환에 성공했다.

앞으로는 고성능 디램 수요 증가 흐름에 맞춰 AI용 메모리인 HBM3E 양산과 HBM4 개발을 순조롭게 진행하는 한편, 서버와 모바일 시장에 DDR5, LPDDR5T 등 고성능, 고용량 제품을 적기에 공급할 계획이다. 또, 지속적으로 확대되는 AI향 서버 수요와 온디바이스 AI 응용 확산을 대비해 고용량 서버용 모듈과 고성능 모바일 모듈 준비에도 만전을 기해 기술 리더십을 지켜갈 방침이다.

낸드의 경우, 회복 속도가 디램보다는 느리다. eSSD 등 프리미엄 제품 중심으로 판매를 확대해 수익성을 개선하고 내실을 다질 계획이다. 고부가가치 제품 중심으로 생산을 늘리며 수익성과 효율성을 높이는 기조를 유지하는 한편, 투자비용(CAPEX) 증가는 최소화해 안정적인 사업 운영에 방점을 두겠다는 전략이다.

SK하이닉스 디램과 낸드의 중국 공장 비중은 디램이 40%, 낸드가 30% 수준이다. 국내에서는 반도체 클러스터 조성 사업을 추진하며 경기도 용인시 원삼면 일대 약 448만m^2 규모의 부지에 약 100조 원을 들여 4개의 반도체 팹(FAB)을 건설한다. 2025년 3월 첫 번째 팹을 착공해 2027년 5월 준공할 계획이다. 미국에도 어드밴스드 패키지 공장 건설을 위해 부지를 검토 중이다.

세계 최고의 기술력으로 HBM 시장을 선두에서 이끄는 SK하이닉스는 하루아침에 만들어진 기업이 아니다. 외환위기 직후인 1999년 김대중 정부 때 현대전자와 LG반도체 간의 '빅딜'로 탄생했다. 전 세계 메모리 5위였던 현대전자가 LG반도체를 인수하면서 현대전자의 이름으로 출범했다. 그러다 2001년 유동성 위기에 빠지면서 계열이 분리되고 하이닉스(Hynix) 반도체로 사명을 변경해 다시 출범했다. 하이닉스(Hynix)는 현대일렉트로닉스

(Hyundai Electronix)에서 비롯된 사명이다. 하지만 유동성 위기는 좀처럼 해결이 되지 않았고 결국 채권단 관리하에 들어가면서 미국의 마이크론이 인수 직전까지 갔다. 하지만 드라마틱하게도 하이닉스 반도체 이사회의 부결로 매각이 무산됐다. 그렇게 2002년부터 2011년까지 10년간 하이닉스 반도체란 이름의 거대 부채 기업으로 지내다 2012년 SK그룹에 인수되며 사명을 지금의 'SK하이닉스'로 바꿨다. 마이크론이 인수를 추진할 당시, 하이닉스 반도체 이사회는 회사가 아닌 국내 반도체 생태계 측면에서 깊이 고민했다. 미래에는 반도체 산업이 세계를 주도할 것이고 삼성전자와 양대 산맥을 이루는 또 하나의 반도체 회사가 있으면 국가 경쟁력은 물론 반도체 산업의 저변 확대에도 큰 도움이 될 것이라 판단해 마이크론 인수를 반대했다. 만약 당시 마이크론에 하이닉스 반도체가 인수됐다면 지금의 HBM도, 메모리 반도체 강국이라는 명성도 없었을 것이다.

종합적으로 보면 삼성전자가 메모리 반도체 시장의 넘버1이다. SK하이닉스는 넘버2이지만, HBM 시장에서는 누구도 넘볼 수 없는 막강한 1위 위상을 공고히 다지고 있다. 이는 SK하이닉스가 AI 성장과 함께 메모리 반도체 사업에만 영민하게 집중한 전략 덕분이다. 새로운 도약의 시기를 맞아 변화를 선도하고 고객 맞춤형 솔루션을 제시하면서 '토털 AI 메모리 프로바이더'로 성장할 것이라는 SK하이닉스의 목표가 그리 멀지 않기를 기대해 보자.

SK하이닉스는 메모리 시장 전체에서는 2등이지만 HBM 메모리 분야는 단연 세계 1위다. 2013년 HBM 메모리를 독점 개발해 지속적인 연구 개발을 이어온 끈기와 노력에 챗GPT가 선도하는 AI시대를 만나 큰 수혜를 받았다. 2023년 엔비디아의 반도체 칩(H100)에 HBM을 독점 공급하면서 폭발적인 성장을 이뤘기 때문이다. 특히 SK하이닉스의 HBM 메모리는 칩을 쌓고 한 번에 포장하는 새로운 패키징 방식을 개발하며 경쟁사와 차별화를 꾀했다. 이를 통해 생산성을 높이고 제조 시간을 획기적으로 줄이면서 디램과 낸드 분야 만년 2등이라는 꼬리표를 떼고, HBM 메모리 1위로 등극했다. 엔비디아가 주도하는 반도체 칩이 바탕이 되는 챗GPT AI 시장은 이제 개화되는 초기 단계라고 본다. 온디바이스, 자율주행, 챗GPT 등 AI 칩의 수요는 지속 증가할 것으로 전망돼 SK하이닉스의 HBM 메모리 역시 동반성장을 기대해 본다.

리노공업

▶ 글로벌 반도체 검사용 소켓의 대명사

기업 분석 핵심 포인트

- **글로벌 반도체 검사용 핀과 소켓 시장점유율 압도적 1위**
  - 반도체 검사용 프로브 핀과 소켓 국내 최초 국산화 성공, 전량 수입 의존이었던 제품 역수출
  - 프로브 핀, 글로벌 업계에서 '리노 핀'이라 불릴 정도로 독보적 입지 구축

- **주요 고객사 삼성, TSMC, SK하이닉스, 퀄컴, 엔비디아 등 세계 탑10 반도체 기업 포함 140곳**
  - 미국을 주축으로 일본, 싱가포르, 대만, 독일 등 전 세계에 반도체 장비 검사용 핀과 소켓 등 수출
  - 2022년 기준, 국내 880개사, 해외 140개사 총 1,020개 고객사 보유

- **머리카락 보다 얇은 초미세화 공정 기술 확보**

- **반도체 산업 특성에 맞춘 다품종 소량 맞춤 생산과 신속 납기, 국내 생산 100%**
  - 해외 생산보다 국내 생산 100% 고수로 높은 품질 유지, 인건비 부담은 기술 혁신으로 해결

- **2,000억 원 투자 2만 평 공장 증설, 생산능력 3배 증가**

- **수출 비중 75% 이상**
  - 해외 매출 비중 75.8%, 국내 매출이 비중은 24.2%

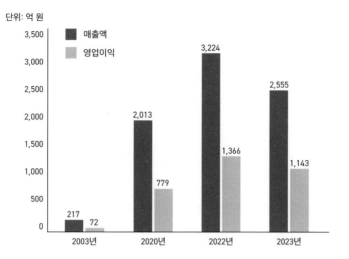

단위: 억 원

	매출액	영업이익
2003년	217	72
2020년	2,013	779
2022년	3,224	1,366
2023년	2,555	1,143

- **영업이익률 2022년 42.4%, 2023년 44.8%**
  - 리노 핀은 소모성 부품, 회전율 높아 2023년 반도체 불황에도 불구하고 40% 이상 이익률 기록

- **지식 경영을 통한 수평적 조직 문화 구축, 실시간 게시판 정보 공유로 업무 효율과 속도 극대화**

- **반도체, IT 시장과 동반성장하는 필수 산업**
  - 장기근속자, 고도화된 장비 보유, 선행 기술 개발로 엄격하고 빠른 반도체 시장 변화에 능동적 대응

독보적인 초미세화 공정 기술력으로
반도체 장비 검사용 핀과 소켓 세계 시장점유율 1위 석권!

리노공업은 수출이 전체 매출의 75% 이상을 차지하는 글로벌기업이다. 가장 큰 시장인 미국을 주축으로 일본, 싱가포르, 대만, 독일 등 전 세계에 반도체 장비 검사용 핀과 소켓 등을 수출한다. 국내를 넘어 글로벌 반도체 장비 검사용 핀과 소켓 시장점유율 압도적 1위를 기록 중이다. 삼성, TSMC, SK하이닉스, 퀄컴, 엔비디아 등 세계 1위에서 10위 포함 140개 반도체 기업 모두 리노공업의 고객사다.

　부산 미음산업단지에 위치한 리노공업은 반도체나 인쇄회로기판의 전기적 이상 유무를 체크하는 핵심 부품인 프로브 핀(PROBE PIN)과 소켓 등을 개발·생산한다. 그동안 미국, 일본 등 해외 수입에 의존하던 전자와 반도체 테스트 핀과 소켓을 국내 최초로 국산화에 성공, 다시 해외로 역수출하는 신화를 새롭게 썼다. 자체 개발한 리노 핀(LEENO PIN)은 프로브 핀(PROBE PIN)을 대신하는 업계 대명사가 될 정도로 세계적인 명성을 떨친 대표 상품이다.

핵심 경쟁력은 미세화보다 더 작은 초미세화 공정 기술이다. 글로벌 반도체 소형화 트렌드에 따라 검사 장비 테스트 핀도 점차 미세화가 요구됐고, 리노공업은 머리카락 굵기보다 얇은 $75\mu m$ 크기의 테스트 핀으로 기술력의 초격차를 단단히 구축했다. 이 리노 핀이 2억 원 가까이 되는 벤츠580보다 몸값이 더 귀하고 비싸다. 초정밀 공정의 기술 가치가 얼마나 큰지 알 수 있는 예다. 테스트 핀의 경우 중대형시장은 경쟁사가 있지만 초미세시장은 경쟁사가 전무하다. 리노공업은 압도적인 기술력으로 2022년 매출 기준, 국내외 1,020여 업체와 거래 중이다.

리노 핀이 장착된 패키지용 검사 장비 IC 테스트 소켓 역시 글로벌 태블릿 PC와 스마트폰의 활황에 따라 비메모리 검사 소모품의 수요가 늘어나면서 지속적인 매출 증가를 보이고 있다. 반도체는 메모리와 속도에 따라 소켓 크기와 모양, 그리고 핀의 양이 달라진다. 아주 정밀한 것은 $6 \times 6mm$ 크기의 소켓 안에 제각각 기능을 달리하는 핀이 3,600개가 들어간다. 그야말로 초소형 초정밀 제품이며, 미세한 핀의 배치는 수율 테스트의 정확도를 높이는 중요한 역할을 한다.

이 외에도 반도체 후공정 검사 장치에 사용되는 부품인 PROBE HEAD(CARD), 이차전지용 테스트 핀, 의료용 영상진단 장치 부품인 초음파 프로브 등 신규 성장 동력도 추가했다. 앞으로는 반도체·전기전자 부문에 국한되었던 사업구조를 헬스케어,

에너지와 소비재 산업 분야까지 확대할 계획이다.

비닐 봉지 공장에서
최첨단 반도체 분야의 핵심 기업으로 성장!

지금은 세계 반도체 기업 모두 먼저 찾는 글로벌기업이 됐지만, 첫 시작은 1978년 6평 규모의 작은 비닐 공장으로 출발했다. 리노공업 이채윤 대표는 헤드폰 부품, 미니카세트용 완충기, 카메라 케이스, 스프링 콘택트 프로브 등 산업이 원하는 방향으로 업종을 바꿔 생산하며 사업을 열심히 키웠다. 지금의 리노공업을 만든 반도체 검사 분야로 방향을 바꾼 것은 1987년이다. 일본 소니, 산요 등에 포장재 같은 부자재를 납품할 당시, 중국이 뒤를 바짝 쫓았고 독보적인 기술력 없이 남이 쉽게 따라할 수 있는 사업은 한계가 있다는 걸 느꼈다.

그렇게 새로운 사업 아이템을 찾던 중 우연히 반도체 분야를 접했고 일본에서 중고 기계를 구입해 반도체 부품 정밀 가공 산업에 과감히 뛰어들었다. 하지만 이론 지식이 없고 설비는 물론 인력도 턱없이 부족했다. 복잡하고 정밀한 반도체 테스트 원리를 알아갈수록 난관에 부딪혔지만, 포기하지 않았다. 수많은 시행착오를 거쳐 하나씩 난관을 해결했고 결국 1995년 국내 최초로 반도체 검사용 IC 테스트 소켓 개발에 성공했다. 그리고 전 제품을 '리노'라는 브랜드로 통일했다. 사업을 시작하면서 기술 개발만이 살

길이라는 신념을 갖고 끊임없는 연구개발과 기술 혁신에 집중한 결과다.

시작 당시, 반도체 기술을 배우고 싶어도 대부분 일본 수입에 의존하던 시절이라 국내는 배울 데가 없었다. 3년을 하루가 멀다고 일본으로 건너가 반도체 검사 장비 기술을 곁눈으로 배웠다. 지금은 '일본 경쟁업체에 불황을 준 회사', '일본이 반도체 검사 장비 기술을 배워가는 회사'라 불릴 정도로 기술력을 크게 앞질렀다. 그리고 1996년 법인으로 전환, 2001년 코스닥에 상장된 반도체 테스트용 프로브 핀과 소켓을 생산하는 국내 대표 기업으로 성장했다.

리노공업 고객사

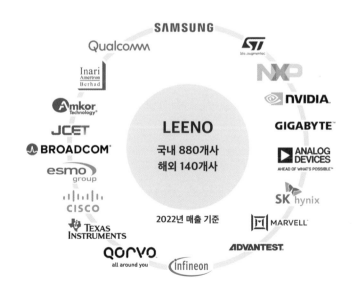

반도체 산업 특성에 맞는 다품종 소량 맞춤형 생산 및 신속 납기, 100% 국내 생산으로 정면 승부!

리노 핀은 반도체 검사 과정에서 핀 끝이 닳는 소모성 부품이라 회전율이 높다. 2023년 반도체 불황에도 불구하고 40% 이상의 이익률을 기록했다. 국내 약 880개, 해외 약 140개 총 1,020여 업체와 거래 중이다. 시가총액은 3조 원이 넘는다.

매출 성과 또한 2003년 매출액 217억 원, 영업이익 72억 원에서 2022년 매출액 3,224억 원, 영업이익 1,366억 원으로 가파른 성장을 이뤘다. 2023년 매출은 2,555억 원이다. 제품별 매출 비중은 프로브 헤드 포함 IC 테스트 소켓이 1,578억 원으로 약 62%, 리노 핀 704억 원으로 약 27%, 의료기기 부품이 273억 원으로 11%를 차지한다. 해외 매출 비중은 75%, 국내 매출이 비중은 25%다.

리노공업이 이렇게 수출 비중을 높일 수 있었던 건 적극적으로 해외 시장을 개척한 성과다. 2000년대 초, 국내시장에서 확인된 제품 경쟁력을 바탕으로 반도체 산업의 메카인 미국 실리콘밸리로 빠르게 방향을 틀었다. 매년 샌프란시스코에서 열린 전시회에 꾸준히 참가, 차별화된 품질을 인정받으면서 미국 시장에서도 입지를 단단히 굳혔다. 이에 따라 2013년 신사옥과 2016년 제2공장, 2020년 표면처리공장을 완공하며 대량 생산능력을 키워 나갔고, 반도체 및 스마트폰 시장의 특성인 다품종 소량 생산에 맞춤형 솔루션, 빠른 납기에 적극적으로 대처하면서 반도체 검사 장비 분야의 글로벌 탑 기업으로 발돋움했다.

리노공업은 처음 거래처 설계 도면을 받아 제품을 만들었지만 점차 기술력이 축적돼 설계부터 제조, 조립, 가공 등 전 과정을 아우를 수 있는 능력을 갖췄다. 이런 일괄 공정 시스템 덕분에 원가를 절감하고 납품 기한도 앞당겼다. 20만 개의 리노 핀과 10개의 소켓을 단 7일 만에 완성하는 엄청난 생산 속도를 자랑한다. 품질도 단연 우수하다. 거래처인 삼성전자의 한 관계자는 품질은 뛰어난데 가격이 상대적으로 저렴하다고 평가했다. 세계에서도 통하는 높은 품질과 가격 경쟁력 두 가지를 필수 조건을 모두 갖출 수 있었던 건 해외 생산 대신 국내 생산 100%를 고수한 점도 크다. 다른 기업이 인건비를 아끼기 위해 해외 생산에 집중할 때 반대로 리노공업은 국내 생산을 고집했다. 국내 생산은 인건비 부담이 클 수 있지만 이는 생산성을 높이는 기술 혁신으로 해결했다.

반도체 핀과 소켓 시장은 산업 발전에 따라 경박단소화, 5G신호고속화 등의 최첨단 기술 개발이 요구된다. 리노공업은 전체 공정의 내재화를 통한 차별화된 생산 방식으로 미세 가공 기술, 열처리 및 초정밀 표면처리 기술 개발을 선행했다. 직원 간에 원활한 정보 공유, 지식 경영과 측정 장비에 대한 투자를 통해 품질 향상에 힘썼고 엄격한 글로벌 반도체 시장의 품질 요구에 능동적으로 대응했다.

지식 경영을 통한 수평적 조직 문화 구축,
높은 업무 효율과 생산성이 곧 매출 증대로 이어져

이 대표는 2000년 카이스트 최고지식경영자과정 수료하며 우수 논문상도 받았다. 이를 바탕으로 기업에 수평적 조직 문화를 새롭게 구축했다. 기업의 재무 성과는 지식 경영 전파에 대한 결과물이다. 이는 조직도만 봐도 알 수 있다. 조직도 맨 위에는 영업, 제조· 조립, 검사 부서가 위치한다. 모든 부서와 직원 모두는 영업과 조립을 위해 존재한다는 의미다. 대부분 문제는 상사의 지시가 아닌 직원 각자가 게시판 업무 공유를 통해 의사를 직접 결정한다. 리노 공업에서는 간부 또한 작업 지시자가 아닌 직무 연구원이다. 한 예로, 제조 부서 직원이 현장에 발생한 문제를 사내 게시판에 올리면 그 즉시 관련 부서 직원이 댓글로 의견을 단다. 회사 업무 진행 상황이 자연스럽게 전체 직원에게 공유되는 방식이다. 현장 진행 상황이나 문제를 상사에게 보고하는 복잡한 과정 대신 게시판 공유를 통해 업무 속도를 높이고 직원 스스로 개선점을 찾으면서 문제 해결 능력도 향상되는 일석이조의 효과를 봤다. 공장 내부 역시 장비들이 마치 자로 잰 듯 행렬이 반듯하게 맞춰져 있다. 이 또한 얼마나 체계적이고 효율적으로 일하는지 보여주는 증거다. 이 모든 것이 쳇바퀴처럼 맞물려 리노공업의 경쟁력을 이끌었다.

이 대표가 중요하게 여기는 경영 철학 중 하나는 바로 '물어봐라'다. 회사 모든 출입문에는 '물어봐라'라는 의미심장한 문구가 크게 붙어 있다. 그 역시 반도체 분야를 처음 시작할 때 끊임없이

물음을 던지며 해답을 찾는 식으로 사업을 키워왔다. 모르는 것이 있으면 물어서라도 알면 반은 성공한 거나 다름없다.

글로벌 시장조사업체 스타티스타(Statista)는 2030년까지 반도체 애플리케이션 별 시장 규모는 꾸준히 성장할 것으로 내다봤다. 이와 함께 loT, AI, 5G, VR, AR, 빅데이터, 메타버스, 자율주행 및 전기자동차 등 4차 산업의 발달로 각 디바이스에 투입되는 반도체 테스트 장비 역시 다변화할 것이다. 리노공업은 발 빠른 대응을 위해 2,000억 원을 투자해 2만 2,000평 규모의 공장을 추가로 짓고 생산능력을 3배로 늘린다. 2024년에는 세계 반도체 시장을 놀라게 할 신제품 출시를 앞두고 있다.

이채윤 대표는 기업을 든든히 받치고 있는 장기근속자가 많아 어떤 상황이 오더라도 신속한 대응이 가능하다고 말한다. 리노공업은 반도체 검사 장비 시장의 요구에 맞는 리노 핀과 IC 테스트 소켓 등으로 적극 대응하며 신규 IT 시장의 성장과 동행할 것이다.

 서블리 인사이트

반도체 테스트 핀과 소켓은 안정적인 성장을 지속하는 분야다. 일본 업체는 자국의 반도체 몰락과 함께 미세화에 대응하지 못하면서 리노공업이 세계 반도체 검사용 핀 분야의 절대강자로 자리매김했다. 이채윤 회장의 끊임없는 기술 개발에 대한 집념은 생산 단가를 낮추고 공정 기술에 혁신을 불러올 수 있었다. 이를 통해 리노공업은 글로벌 고객사에게 단가가 낮으면서도 품질이 좋은 제품을 제공한다는 인식을 얻었다. 이제 기술 개발 중인 신제품에 주목해야 할 시점이다. 기존 제품은 전류가 2암페어 이하에서 사용했다. 암페어가 높으면 핀이 손상되는데 신제품은 2.5~4암페어의 높은 전류에서도 사용이 가능하다. 테스트 횟수도 기존 제품보다 최소 2배 이상 사용할 수 있다. 비메모리 분야도 HBM 메모리처럼 디램을 여러 개 쌓는 기술이 빠르게 성장하면서 전류 역시 높아졌다. 전류가 높으면 기존 테스트 핀이나 러버 테스트 손상으로 완전한 제품을 불량으로 판단하는 오류가 발생할 수 있다. 향후 10년간은 리노 테스트 소켓을 대체하는 새로운 방식의 테스트 장비 출현은 어려울 것으로 판단된다.

▶ 고압 수소 어닐링 장비 세계 독점

기업 분석 핵심 포인트

- ✏ **초미세 반도체 제조 공정의 핵심 기술, 세계 유일 '고압 수소 어닐링' 장비 공급 1위 기업!**
  - 어닐링(Annealing)은 반도체 웨이퍼 계면에 생긴 결함을 치유하는 열처리 공정

- ✏ **2023년 연간 53% 영업이익률 달성, 제조 분야 상장사 중 1위 기록**

- ✏ **이론 상으로만 가능했던 고압 수소 어닐링 장비 세계 최초 개발 및 상용화 성공**
  - 2011년 세계 최초로 고온 대신 고압·저온으로 폭발성 높은 수소 어닐링하는 양산형 장비 개발 성공
  - 기술 개발 성공해도 시장성에 대한 불확실성 컸지만 역발상 전략으로 아무도 가지 않는 길 개척, 글로벌 반도체 공정 분야에서 독자적 위치 구축

- ✏ **미국 캘리포니아 지사 글로벌 고객과 협업을 통한 R&D 핵심 역할**

- ✏ **16나노 이하 반도체 고압 수소 어닐링 공정 장비 전 세계 독점**
  - 세계 5대 글로벌 시스템 및 메모리 반도체 기업에 장비 독점 공급

- ✏ **50여 건의 특허 보유로 진입장벽 구축, 미래 핵심 기술 지속 개발 중**

- ✏ **2024년 생산 캐파(CAPA) 2배 확대**
  - 2022~2023년 400억 원 투자해 경기도 화성 신공장 착공

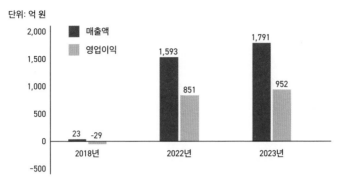

단위: 억 원

매출액
영업이익

2018년 23 −29
2022년 1,593 851
2023년 1,791 952

학계 이론상으로만 가능했던
'고압 수소 어닐링' 기술·장비 세계 최초 개발!

HPSP는 'High Pressure Solution Provider'의 약자로, 세계 최초로 초미세화 반도체 생산 공정에 필수적인 '고압 수소 어닐링' 장비를 개발해 글로벌 1위 반열에 오른 반도체 장비 제조 기업이다. 어닐링(Annealing)은 반도체 웨이퍼 계면에 생긴 결함을 치유하는 열처리 공정을 뜻한다.

HPSP는 2011년 반도체 웨이퍼 계면 결함을 개선하는 '고압 수소 어닐링' 장비 상용화에 성공한 후, 현재 세계 5대 글로벌 시스템 및 메모리 반도체 기업의 양산 라인에 핵심 공정 장비를 독점 공급하고 있다. 이는 곧 초미세 반도체 공정에는 HPSP의 장비가 필수적이며, 이를 적용해야만 각 글로벌 탑 기업의 제품 성능을 최고치로 구현할 수 있다는 의미와 같다. 2022년 7월 코스닥 상장, 2023년 제조 분야 상장사 중 50%가 넘는 영업이익률을 달성하며 글로벌 1위 반도체 장비 독점 공급사다운 광폭 행보를 보였다.

HPSP가 세계 최초로 유일하게 고압 수소 어닐링 기술과 장비 개발에 주목한 계기는 이렇다. 반도체 생산 공정이 미세화될수록 28나노 이하 공정에서 계면의 결함이 일어나며 구동전류감소, 회로동작감소, 전자이동감소 등의 부작용이 발생했다. 반도체 산업에서는 근본적인 대안이 시급했고 HPSP는 계면 결함을 치유하는 신규 솔루션 개발에 박차를 가했다.

기존 장비가 낮은 농도의 수소를 1,000℃가 넘는 고온과 1ATM의 저압 조건에서 처리했다면 HPSP는 100% 고농도 수소를 250~450℃ 저온과 20ATM 이상의 초고기압 조건에서 처리한다. 저온을 유지하며 공정을 처리할 수 있는 기술 덕분에 2~3nm 미세 공정에서도 사용이 가능하다. 폭발 위험성이 높은 100% 수소를, 그것도 20ATM 이상의 초고압으로 안전하게 처리하는 기술은 독보적이다. 이미 고압을 다루는 차별화된 기술력을 갖고 있었기에 안전성 확보에는 자신이 있었다. 그렇게 15여 년의 긴 시간 동안 기술 개발과 제품 상용화에 힘쓰며 한 길을 묵묵히 걸어왔고 결국 글로벌 시스템 반도체의 초미세화 트렌드와 함께 급물살을 타면서 세계 최고의 유일무이한 고압 수소 어닐링 장비 제조 기업으로 우뚝 섰다.

HPSP 본사에서 만난 김용운 대표는 2003년 무렵 고압 수소 어닐링이 계면 결함 치유에 효과적이라는 논문이 나왔지만, HPSP만이 세계에서 유일하게 그 기술 개발을 시도했다고 말했다. 마치 콜럼버스의 항해처럼 아무도 가지 않는 길이었다. 사실 기술 개발에 성공하더라도 시장성이 불확실했다. 당시 대부분 16나노 이상의 반도체를 제작했기에 기존의 고온 저압 수소 어닐링으로 처리가 가능하여, HPSP의 저온 고압 기술이 반드시 사용되어야 하는 상황이 아니었다. 하지만 HPSP는 당장 눈앞이 아닌 미래를 내다봤다. 앞으로 반도체 트렌드는 초미세화로 갈 것이고 이 과정에서 고온이 아닌 고압 수소 어닐링이 핵심 기술로 자리 잡을 거라는 확신이 있었다.

16나노 이하에서 전세계 공급 독점, 50여 건의 특허 보유하며 진입장벽 단단히 구축!

HPSP는 2005년 10월, PSMC(전 풍산마이크로텍)의 장비사업팀으로 출발했다. 이후 미국 캘리포니아 지사 설립을 통해 사업 영역을 확장하고 2017년 4월 풍산에서 독립 분사해 HPSP라는 새 이름으로 출범했다.

2005년 첫 장비를 공급하고 몇몇 고객사에 장비를 소개했을 당시에는 고압 수소 어닐링 자체가 워낙 새로운 공정이었기에 고객사의 반응은 다양했다. 한 회사는 장비를 시험하고 효과를 확인하자 바로 생산장비로 채택하고 양산에 적용했지만 다른 회사는 아직 그들의 디바이스에 효과적일지 모르겠다는 입장이었다. 효과를 단정지을 수 없는데 비용은 비싸고 과정까지 하나 더 늘어나니 장비 채택을 거부했다. 이런 상황이 2017년도까지 지속됐고

회사의 성장 속도는 느릴 수밖에 없었다. 긴 어둠의 시간을 거쳐 2019년부터는 예상대로 글로벌 탑5 시스템 반도체 기업이 16나노 이하의 초미세 공정을 시작했다. HPSP 고압 수소 어닐링 장비 수요가 늘고, 장비를 독점적으로 공급하면서 매출은 가파르게 상승했다. 2018년 23억 원의 매출은 2022년 1,593억 원으로, 영업이익 역시 -29억 원에서 851억 원으로 빠르게 증가했다.

고압 수소 어닐링은 새로운 기술이고 장비 자체가 위험성을 내포하고 있어 고객사 역시 안전상의 문제로 쉽게 다가가기 어려운 분야다. 그러다 보니 자연히 기술 및 안전에 직결된 진입장벽이 형성됐다. 이 장벽을 깨기는 앞으로도 쉽지는 않을 것 같다. 김용운 대표는 HPSP의 고압 수소 어닐링 기술은 '경쟁'과는 거리가 멀다고 말한다. 일반적으로 반도체 시장은 솔루션에 문제가 없다면 기존 방식을 그대로 유지한다. 기존 방식으로 해결할 수 없기에 HPSP의 솔루션을 채택한 것이다. 그럼, 만약 다른 회사가 고압 수소 어닐링 시장에 진출해 HPSP와 경쟁할 수 있는 새로운 제품을 내놓는 가능성은 없을까?

이 질문에 대해 김 대표는 불가능하지는 않지만, 고압 수소 어닐링 장비 시장에 들어오기 위해서는 치러야 하는 기회비용이 크다고 말한다. 기술 개발을 장비에 적용하려면 적어도 3년 정도 걸리고, 인증을 받은 뒤 장비를 고객사에 납품하는 데까지도 2~3년이 추가로 소요된다. 그런데 이미 글로벌 칩 메이커 고객사들은 HPSP의 장비를 다 채택해 사용 중이다. 그럼 HPSP보다 가격 경쟁력이 좋아야 할 텐데 그런 부담을 감수하면서까지 이 시장에 들

반도체 전공정 수소 어닐링 장비에 대한 신규 패러다임의 글로벌 리더		
구분	타사 장비	HPSP 고압 수소 어닐링 장비
압력	1ATM 미만	1~20ATM
공정 온도	600~1,100℃	250~450℃
수소 농도	수소농도 5% 미만	수소농도 100%
공정 미세화	16nm 이하 적용 불가	3nm~32nm 적용 중
진입장벽	낮음	높음(글로벌 독점)

어오기가 쉽지 않을 거란 입장이다.

하지만 회사를 운영하는 대표로서는 만약의 상황을 대비해야 한다. 경쟁업체가 등장했을 때 HPSP의 독점적인 지위를 유지하기 위해 원천 특허를 다양하게 보유하고 개량품 출시마다 신규 특허도 계속 확보하고 있다. 현재 50여 건의 특허를 보유 중이다. 또 새로운 애플리케이션에 HPSP 공정 기술과 장비가 적용될 수 있도록 선점 노력도 적극적으로 수행하고 있다.

2024년 생산 캐파 2배 확대, 신규 장비 사업 확대 진출로 성장세 지속

세상에 없는 새로운 기술이 아닌 이미 있는 기술을 조금씩 변형해서 시장에 내놓는 회사도 많다. HPSP는 남들처럼 쉬운 길을 택하지 않았다. 처음부터 접근 방식과 마인드 자체가 달랐다. 아무리 성공의 확신이 가득 찬 기술이라도 시기를 잘 못 만나면, 또 매출로 이어지는 시기가 길어지면 그 신념을 유지하기 어렵다. 하지만 HPSP는 많은 우려를 일축해 버릴 만큼 유일무이한 원천기술을 바탕으로, 세계 최초, 유일의 고압 수소 어닐링 장비 독점 공급사로 등극했다. 그 명성은 성과로 나타났다. 지난 5년 영업이익률 50%, 순이익은 87%로 폭발적인 성장을 기록했다. 이와 같은 흐름에 맞춰 2024년 말에는 생산능력을 2배 증설, 연간 약 80대 장비를 생산할 준비까지 모두 마쳤다.

2020년 HPSP에 합류한 김용운 대표는 이 기세를 몰아 메모리, 비메모리, 기타 반도체 등으로 사업 영역을 확장하며 독점적인 시장 지배력을 강화하고 있다. 메모리 공정은 대체로 로직/파운드리(비메모리) 반도체의 선단 공정을 후행하며 따라간다. 이에 따라 자연스럽게 메모리 공정에서도 수요가 빠르게 증가했다. 2021년 글로벌 메모리 고객사와 긴밀하게 협력하며 최초로 메모리 공정의 양산 장비로 채택되어 대량 수주에 성공했다. 또 다른 메모리 분야에도 폭넓게 파고들며 성장을 가속화 중이다. 아직 비메모리 매출 비중이 60~70%를 차지하지만 메모리 업체의 선단 공정 비중이 확대됨에 따라 그 수요는 더 늘어날 것으로 기대된다. 메모리 안에서는 디램과 낸드가 각각 50% 절반씩 매출 비중을 차지한다.

김 대표는 메모리 분야 역시 파운드리 공정에서 고압 수소 어닐링 장비의 수요가 커질 것이라고 예상한다. 이미 2곳의 글로벌 대형 고객사가 HPSP의 장비를 사용 중이다. 많은 메모리 고객사와 지속적인 협력도 진행하고 있다. 초미세 공정 트렌드는 반도체 업계를 뜨겁게 달군 HBM(고대역폭메모리) 기술 혁신과도 관련이 깊다. HBM에 적용될 예정인 하이브리드 본딩(Hybrid Bonding)에 고압 수소 어닐링이 효과가 있다는 보고가 있고 이와 관련된 특허도 따내며 고객사와 공정 개발도 시작했다.

이 외에도 연구에 연구를 거쳐, 기존 저온이 적용된 HPSP의 고압 수소 어닐링 기술을 다시 고온으로 올리는 장비도 개발해 양산했다. 저온과 달리 고온을 적용할 수 있다는 건 다른 반도체 생산 공정으로 장비를 확대할 수 있다는 성장 가능성을 의미한다.

HPSP는 2024년 1월 15일 경기도 화성시 석우동에 새로 지은 HPSP 신축 연구소·공장으로 이사한다. 연구개발 부서와 공장이 모두 옮겨가는 대규모 이동이다. 김 대표는 한국의 실리콘밸리라 불리는 경기도 화성으로 이사하면 연구개발과 직원 채용에 중점적으로 투자할 계획이다.

HPSP 직원은 약 105명(2023년 12월 기준)이다. 미국 캘리포니아 지사에는 R&D 부서를 포함한 30여 명의 직원이 근무한다. 모양새만 갖춰 놓은 지사가 아니다. 실제 연구개발을 집중적으로 하며 북미와 유럽 고객을 관리한다. 회사 본사가 두 군데라고 해도 과언이 아닐 정도다. HPSP가 세계적인 회사로 성장할 수 있었던 배경 중 하나도 바로 연구개발센터가 미국에 있었기 때문이다.

김 대표는 마지막으로 한국인이라면, 그리고 이공계 출신이라면 반도체 업계로 꼭 들어오라고 조언한다. 국내에서 반도체만큼 세계적으로 영향력을 행사하며 자부심을 갖고 일을 할 수 있는 분야가 없다는 것이 그의 경험에서 나온 결론이다. HPSP는 한국 반도체 장비 제조회사지만 전 세계 탑을 겨루는 쟁쟁한 반도체 제조기업들에게 독점적으로 솔루션을 제공하며, 그들의 제품의 성능을 최대치로 끌어올리는 데 크게 기여하는 기업이다. 이렇게 세계 최고 기업들과 일을 할 수 있는 기회는 다른 분야에서는 찾기 힘들다. 굉장한 자부심이자 보람이다.

 서블리 인사이트

HPSP는 위험성이 큰 수소를 고압·저온 방식으로 어닐링하는 장비를 개발해 글로벌 반도체 주요 업체와 거래 중이다. 글로벌 장비회사인 일본의 도쿄일렉트론 등은 수소의 위험성을 저압으로 회피하며 고온·저압 방식을 적용해 장비를 이전부터 공급해 왔다. 16나노 이하의 미세 공정에는 HPSP의 제품이 유리하며 독점에 가까운 비율로 고객사에 장비를 공급하고 있다.

성장성을 보면, 주요 파운드리 업체에서 이미 기술력을 검증해 추가적으로 신규 파운드리 거래 가능성도 높다. 또 기존 거래 중인 메모리 업체 외에 추가적으로 메모리 업체의 반도체 라인에도 HPSP 제품이 공급될 가능성이 높아 보인다. 단, HPSP의 어닐링 장비는 반도체 제조 공정 중 일부에만 적용되는 한계성을 보인다. 500개 이상의 반도체 제조 공정 중 단 2개의 공정에만 장비가 적용돼 시장 규모가 상대적으로 크지 않다. HBM에 적용되는 하이브리드 본딩(Hybrid Bonding)에 고압 수소 어닐링의 효과와 새로운 장비 개발 여부, 유사 기술업체 인수 등이 HPSP의 성장을 이끌 변수가 될 것이다.

고영

▶ SMT 3D 검사 장비의 절대강자

기업 분석 핵심 포인트

- **SMT 3D검사 장비 글로벌 시장점유율 1위**
  - 3D 납 도포 검사 장비 SPI 2006년부터 18년 연속, 3D부품 실장 검사 장비 AOI 2016년부터 8년 연속 부동의 1위 기록 중
  - SMT 3D 검사 장비 시장점유율 SPI 50%, AOI 35% 각각 차지, SPI&AOI 전체 시장 40% 점유

- **SMT 검사 장비 세계 최초 3D 기술 도입, 패러다임 변화에 선구적 역할 담당**

- **수출 비중 90% 이상**

- **높은 R&D 투자로 글로벌 시장 선두 유지**
  - 매출액 대비 R&D 투자 20% 내외
  - 전체 인력 중 R&D 42%, 2023년 기준 전체 인원 약 750명 중 320명 R&D 인력
  - 한국, 미국 샌디에이고, 캐나다 토론토, 베트남 하노이 등 다국적 R&D 센터 보유

- **2023년 기준, 등록 특허 759건, 진행 특허 159건**

- **AI 기술 접목한 KPO 솔루션 개발로 시장점유율 확대 기대**
  - AI 기반 실시간 공정 최적화 솔루션 KPO(Kohyoung Proccess Optimizer) 개발
  - 2003년 말 본격 판매 시작, 50% 시장점유율 60~70% 수준으로 높일 견인차 역할 기대

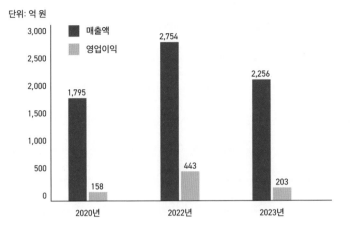

단위: 억 원

- 매출액
- 영업이익

	2020년	2022년	2023년
매출액	1,795	2,754	2,256
영업이익	158	443	203

- **3D 기계가공 및 조립 검사 장비(MOI), 3D 반도체 패키징 검사 장비(마이스터, 젠스타), 3D 투명체 검사장(DPI) 등 신규 장비 지속 개발**
  - 기계 부품 외관 검사 장비 MOI(Machining Optical Inspection) 스마트폰 외관 검사 활용
  - 자동차 조립 공정 기계 부품 3D 외관 검사용으로 글로벌 자동차 회사에도 납품 완료
  - 투명액 두께 측정 3D 검사 장비 DPI(Dispensing process inspection) 세계 최초 개발, 글로벌 전기차 회사에 납품
  - 세계 최초 반도체 부품 외관과 표면을 동시에 측정하는 3D 검사 장비 마이스터 시리즈 글로벌 고객사 양산 라인 투입

- **의료 분야 사업 확대, 뇌 수술용 의료 로봇(카이메로) 삼성서울병원·연세대 세브란스 병원 등 국내 대형 병원 납품**
  - 2024년 미국 FDA 승인 신청 완료 후 글로벌 진출 본격화

SMT 3D 검사 장비 퍼스트 무버에서 멈추지 않은 도전으로 글로벌 게임 체인저로 도약!

SMT(Surface Mounter Technology)라 불리는 표면실장기술은 전자기기를 움직이게 하는 심장인 인쇄회로기판(PCB, Printed Circuit Board) 위에 전자부품을 장착하는 기술을 말한다. 스마트폰을 비롯해 반도체, 자동차, 특수 산업용 장비에 이르기까지 각종 전자기기를 만드는 필수 공정이다.

고영테크놀러지(이하 고영)는 글로벌 SMT검사 장비 분야 최초로 3D 납 도포 검사 장비 SPI(Solder Paste Inspection)와 3D부품 실장 검사 장비 AOI(Automated Optical Inspection)를 개발, 글로벌 SMT 검사 장비 시장점유율 1위를 연속으로 달성하며 매해 새로운 역사를 써내려 가고 있다.

고영을 세계 1위 자리에 오르게 한 주요 장비는 SPI와 AOI 두 가지다. SPI는 인쇄회로기판에 전자부품을 고정시키는 솔더 페이스트, 일명 납 크림이 제대로 도포됐는지를 3D로 실시간 정밀하게 측정하는 검사 장비다. 납 크림 도포 후 마운터(Mounter) 공정을 통해 부품을 올리고 SPI가 한 번 더 부품이 제대로 올라갔는지를 검사한다. 마지막으로 리플로우 오븐으로 열을 가해 부품을 고정시키고 AOI가 3차원 부품 실장 검사를 실시한다. 이것이 바로 고영의 SMT 3D 정밀 측정 프로세스다.

고영의 고광일 대표는 서울대 전기공학과를 졸업하고 피츠버그 대학원에서 로봇공학으로 박사 학위를 받았다. 이후 금성중앙연구소, LG산전 산업기계연구소 연구실장을 거쳐 미래산업 연구소장으로 근무하다 2002년 고영을 설립했다. 기술 개발에는 그 누구보다 자신감이 가득했던 고 대표는 산업 현장을 찾아 고객사의 목소리에 귀를 기울이는 것부터 시작했다. 당시 SMT 공정 검사에 문제가 많다는 것을 파악하고 기존 2D 검사 장비에서 한 발 더 앞서 3D 기술이 적용된 SPI(Solder Paste Inspection)를 세계 최초로 시장에 내놓았다.

SPI는 출시 직후부터 혁신적인 기술력을 인정받아 글로벌 유명 전자기기 제조업체의 주문이 쇄도했다. 그 결과 2006년부터 18년 연속 50%의 시장점유율을 상회 하며 독보적인 1위 자리 올랐고 세계 최고 성능의 3D 납 도포 검사 장비의 대명사로 자리매김했다.

여기서 끝이 아니다. 글로벌 고객사들의 계속되는 요청에 부응해, 2010년 인쇄회로기판에 반도체 부품 소자가 정확하게 올라갔는지를 검사하는 3D 실장 부품 검사 장비 AOI 개발로 또 한 번 세계 최초 기록을 달성했다. 그동안 시장에서 사용하던 기존 2D

AOI의 한계점을 혁신한 세계 유일의 3차원 부품 실장 검사 장비로, AOI는 2016년부터 35% 점유율로 세계 1위를 달리고 있다.

2024년 1월 기준, 고영은 전 세계 3,600여 개의 고객사를 보유하고 있으며, 약 2억 2,800만 대의 판매 실적을 기록했다. 글로벌 최대 전자제품업체와 전자제품위탁생산(EMS) 업체 대부분이 고영의 SMT 고객사다. SPI와 AOI 두 장비를 합한 글로벌 시장 규모는 약 6,500억 원이며, 고영은 전체 시장의 약 40%를 점유한다.

AI 기술 도입한 KPO 솔루션으로
SMT 3D 검사 장비 시장점유율 추가 확대!

고영은 다른 SMT 3D 검사 장비 경쟁사 대비 높은 가격으로 유명하다. 업계 내에서는 프리미엄 브랜드로 잘 알려져 있으며 최소 30%는 더 높은 가격으로 장비를 판매한다. 이렇게 비싼 가격에도 불구하고 고영이 세계 1위 자리를 오랫동안 지켜온 비결은 정밀 측정을 통한 공정 최적화에 있다.

SPI가 제공하는 측정값을 활용하면 고객사별 생산라인 상태를 정량적으로 판단할 수 있다. 이는 곧 공정을 최적화해 품질을 높이는 데 활용할 수 있다는 뜻이다. 이를 위해 고영은 일찍이 미국 샌디에이고에 AI 연구센터를 설립하고 AI 기반의 실시간 공정 최적화 솔루션인 KPO(Kohyoung Proccess Optimizer)를 개발했다. 2023년 말에 출시된 KPO는 SMT 생산 라인에서 AI 기술로 공정 장비를 제어, 품질을 높이는 역할을 수행한다. 불량 검사를 넘어 아예 불량이 나오지 않도록 선제적으로 돕는 솔루션이다. 별도의 전문 엔지니어 없이도 고영의 KPO 솔루션을 활용하면 최고의 공정 성능 구현이 가능하다. 이 기술도 고영이 세계 최초이며 유일하다. KPO는 소프트웨어 옵션으로 판매되며, 기존 50% 대의 세계 시장점유율을 60~70%까지 높일 견인차로 기대를 모으고 있다.

이렇게 끊임없는 혁신을 기록하며 세계 1위의 이름을 올린 고영의 핵심 경쟁력은 바로 R&D다. 2023년 기준, 등록 특허 828건, 진행 특허 166건이다. 고영은 글로벌 경쟁력을 지닌 우수한 인재 확보를 위해, 일찌감치 해외로 눈을 돌려 미국 샌디에이고, 캐나다 토론토, 베트남 하노이 등에 다국적 R&D센터를 설립했다. R&D 비중은 매년 20% 내외이며, 해외 포함 전체 직원 750명의 46%에 해당하는 320여 명이 R&D 인력이다.

고영의 또 하나의 강점은 바로 고객사의 장비 구입 회전율에 있다. 고객사 대부분은 평균 5~7년마다 신규 장비로 교체한다. 매년 반복 수요가 있기에 비교적 안정적인 매출을 달성하며 부동의 1위 자리를 유지할 수 있었다. 이런 반복 구매 매출이 1년에 약 1,500~1,800억 원 정도다.

자동차와 반도체 3D 부품 검사와 의료 로봇까지도 '최초'의 기록 세우며 신시장 개척!

고영은 최초 기록은 끊임이 없다. 세계 최고 3D 측정 기술을 기반으로, 2017년 3D 기계가공 및 조립 검사 장비 MOI(Machining Optical Inspection)를 출시, 같은 해 세계 최초 3D 반도체 패키징 검사 장비인 마이스터(Meister) 시리즈와 2020년 세계 최초 3D 투명체 검사 장비 DPI(Dispensing Process Inspection) 등을 연달아 선보이며 다양한 산업에서 수요가 높은 혁신 솔루션을 앞세워 해외 시장 부동의 1위 위상을 강화했다.

먼저 고영의 매출액 35%는 자동차 산업이 차지한다. 전기차 시장의 확대로 반도체와 전자부품 수요가 증가하면서 관련 검사 제품 판매도 증가하는 추세다. 자동차 제조 분야는 SMT 공정이 끝나면 회로를 보호하기 위해 투명액으로 코팅하는 작업을 거친다. 만약 코팅이 잘못되면 자동차에 심각한 품질 문제가 발생하기 때문에 이 투명 액 두께를 3D로 측정, 공정 개선에 필요한 데이터를 실시간으로 제공하는 DPI 검사 장비가 필수로 요구된다. 자동차 분야 역시 코팅 공정을 검사하는 3D 측정 장비 시장 자체가 없었다. 고영이 새롭게 창출한 시장이며 세계적인 글로벌 전기차 업체 T사를 시작으로 DPI 장비 판매에 속도를 내고 있다.

이 외에 자동차 후공정과 자동차 조립 공정까지도 영역을 확장하고 있다. 자동차 조립 공정에 들어가는 기계 부품도 3D 외관 검사 측정이 필요하다. 그간 SPI와 AOI장비는 PCB 위 1~2ml 높이까지의 부품들이었다면 기계 부품은 높이와 모양이 천차만별이라 측정 방식과 검사 난이도가 다르다. 고영은 자동차 조립 공정 시장도 새롭게 개척했고 이미 세계 유명 자동차 업체에 장비 납품을 완료했다.

반도체 분야 매출은 약 300억 원 규모로, 전체 매출의 10%를 차지한다. 대표 장비인 마이스터 시리즈는 세계 최초로 반도체 부품 외관과 표면을 동시에 측정할 수 있는 3D 검사 장비로 반도체 어드밴스드 패키징(Advanced Packaging) 후공정 분야에서 각광받고 있다. 차세대 반도체 패키징 기술인 웨이퍼 레벨 패키징에 특화된 검사 장비인 젠스타를 개발해 온디바이스 AI 칩을 양산하는 글로벌 고객사 공정 라인에 투입됐다. 앞으로 반도체 패키지 시장이 다시 성장세를 보이면 500억 원으로 매출 규모가 확대될 것으로 기대된다.

10여 년간 공을 들여 개발한 고영의 새로운 먹거리인 의료용 로봇 사업도 본격적으로 진출했다. 뇌 관련 의료용 로봇 카이메로(KYMERO)는 뇌 수술 시 3D 측정 기술을 활용해 뇌의 문제가 있는 정확한 위치를 의사에게 알려준다. 보통 5~6시간 소요되는 수술을 2시간 안으로 줄여 수술의 피로도를 낮추고 정확도를 높인다. 연세 세브란스병원을 시작으로 서울대병원 등 수도권 6개 대형 병원에 납품해 약 500건의 뇌 수술에 사용됐다. 2024년 FDA 신청을 완료하면 글로벌 진출을 본격적으로 시작할 계획이다.

고영은 경기도 여주에 7,000억 원의 생산능력을 갖춘 최첨단 공장을 건설했다. 그동안 흩어져 있던 생산시설을 한 군데로 모아 생산 효율성을 높이며 제2의 도약을 준비한다. SPI라는 3D 정밀 측정 검사 장비로 산업의 패러다임을 변화시키며 경쟁이 아닌 개척을 통한 성장으로 세계 시장을 석권한 고영. 2027년 5,000억 원의 매출을 목표로 고영의 혁신을 향한 도전은 지금도 여전히 현재 진행형이다.

서블리 인사이트

고영은 기판 위에 반도체 칩 등을 접착하는 3D 방식의 SMT 검사 장비 분야의 글로벌 선두 업체다. 등록 특허가 국내외 759건, 해외 418건 등 끊임없는 기술 개발 투자로 새로운 성능의 장비를 지속 개발하면서 경쟁사 대비 압도적인 점유율을 보인다. 다양한 제품 장비와 3,600여 개의 거래업체 보유는 포트폴리오 안정성을 높이나 폭발적인 성장에는 한계가 있을 수 있다고 판단된다. 여주 신축공장 완공으로 생산능력을 7,000억 원 수준으로 높였고 파운드리 반도체 분야 외에도 자동차, 의료 분야의 매출 증가가 향후 성장동력으로 작용할지 지켜보는 것이 좋겠다.

네오셈

▶ SSD 테스트 장비 글로벌 점유율 1위

기업 분석 핵심 포인트

- **SSD(Solid State Drive) 메모리 반도체 검사 장비 전문 업체**
  - 진입장벽 높은 기술집약적 사업, 주요 품목은 SSD 검사 장비, 메모리 반도체 검사 장비, 자동화 공정 장비 세 가지
  - SSD 검사 장비 전체 매출 86% 차지하는 핵심 사업

- **글로벌 SSD 검사 장비 시장 약 35% 점유율로 1위 기록**
  - SSD가 정상 작동하는지 기능을 테스트하는 장비, 기능에 따라 장비 1대 당 3,000만 원~30억 원 대
  - 키옥시아(Kioxia), SK하이닉스, 마이크론(Micron), 웨스턴디지털(Western Digital) 등 글로벌 탑10 고객 확보

- **M&A를 통해 고객 스펙트럼 넓히고 해외 진출 돌파구 마련**
  - 2007년 스토리지 전문 테스트 장비 회사 테니시스 테크놀로지(Tanisys Technology) 인수, 메모리 반도체 후공정 검사 장비 제조업체로 도약
  - 2015년 세계 1위 SSD 검사 장비 회사 플렉스터 테크놀로지(Flexstar Technology) 인수, 고객 스펙트럼 및 기존사업과 시너지 확대, 제품 풀 라인 업 구축

- **1년에 약 60억 원 연구개발 투자, 급변하는 반도체 시장 선제적 대응 전략**

- **2024년 5세대 SSD 본격 양산에 따른 SSD 검사 장비 매출 상승 기대**
  - 2021년 CPU기반 PCIe 5.0 SSD 테스트(Gen5) 세계 최초 개발, 차세대 젠(Gen)6 SSD 테스터도 개발 중
  - 2023년 7월, 삼성 젠5 SSD 검사 장비 퀄 테스트 통과 매출 상승 기대감 커져

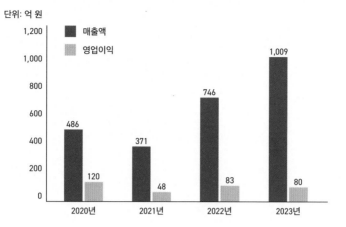

단위: 억 원

- 매출액
- 영업이익

	2020년	2021년	2022년	2023년
매출액	486	371	746	1,009
영업이익	120	48	83	80

- **2023년 CXL 1.1 메모리 검사 장비 세계 최초 상용화 및 차세대 CXL 2.0 메모리 검사 장비 개발 진행**
  - AI 서비스 확대에 대응할 고용량, 고성능 메모리 반도체 카드로 CXL이 이어갈 전망
  - CXL 검사 장비 기술 개발로 시장 선점, 삼성 CXL 사업의 주요 수혜 기업으로 주목

2009년 국내 최초 SSD 테스터 개발 성공, 글로벌 SSD 테스트 장비 시장점유율 1위!

네오셈은 2002년 설립된 메모리 반도체 후공정 테스트 장비업체다. 특히 진입장벽이 높은 기술집약적 분야인 SSD(Solid State Drive) 검사 장비 시장에서 기술을 선도하며 글로벌 SSD 상위 제조사 모두에 장비를 공급할 만큼 독보적인 위상을 자랑한다.

처음 네오셈은 해외 반도체 장비를 국내에 도입해 반도체 메이커에게 제공하는 반도체 장비 공급 업체로 출범했다. 국내외를 넘나들며 반도체 장비 공급 업체로 인지도를 쌓다가 메모리 반도체 시장 변화를 감지하고 2007년 고객사였던 스토리지 전문 테스트 장비 회사 '테니시스 테크놀로지(Tanisys Technology)'를 인수해 메모리 반도체 후공정 검사 장비 제조업체로 도약했다.

이후 본격적으로 반도체 검사 장비 연구소와 제조 시설을 갖추고 낸드와 SSD 테스터 개발에 착수했고, 2009년 국내 최초로 SSD 검사 장비를 내놓으며 반도체 업계에서 두각을 나타냈다.

20011년에는 특허받은 핵심 기술과 양산 노하우로 글로벌 투자 조직인 인텔 캐피탈(Intel Capital)의 투자를 유치했다. 이 외에도 2018년과 2023년 두 차례 산업통상자원부의 '세계 일류상품'으로 선정되는 등 국내외 시장에서 성능과 품질을 높이 인정받았다.

네오셈이 SSD 검사 장비를 개발할 당시, SSD 테스트 장비 시장은 이제 막 열리는 초기 단계였지만 앞으로 SSD 시장이 빠르게 성장할 것이라는 확신이 있었다. 이를 위해 지속적인 연구개발 투자로 시장을 선제적으로 대응했고 확고한 시장 포지셔닝으로 2015년 SSD 검사 장비 분야에서 약 35%로 글로벌 시장점유율 1위를 기록했다. 주요 장비는 저장장치인 SSD(Solid State Drive)와 MBT(Monitoring Burn-in Tester)에서 양품 및 불량을 구분하는 검사 장비다. 이후 2021년 CPU 기반 PCIe 5.0 SSD 테스트(Gen5)를 세계 최초로 개발에 성공, 이어 차세대 Gen6 SSD 테스터도 개발하며 글로벌 시장을 이끄는 선도기업으로 자리매김했다.

이렇게 남들보다 한 발짝 앞서가는 와중에는 위기도 많았다. 2013년까지는 SSD 검사 장비의 주 고객이 인텔이었다. 2014년 인텔이 반도체 테스터 공정 내재화를 시작하면서 신규 프로젝트를 더 이상 진행할 수 없었다. 주거래처가 하루아침에 사라지면서 3년간 매출이 크게 감소했다. 기술력만큼은 세계 어디에 내놔도 자신이 있었던 네오셈은 난관 극복을 위한 돌파구로 2015년 10월, 당시 세계 1위 검사 장비 회사였던 플렉스터 테크놀로지(Flexstar Technology)를 인수했다. 이를 통해 고객 스펙트럼을 넓히고 기존 사업과의 시너지를 확대, 제품 풀 라인업을 구축하면서 급변하는 시장 니즈에 맞섰다. 그 결과 2015년부터 매출액이 연평균 약 62% 증가했고 2017년 매출이 400억 원대로 증가하며 다시 상승세를 이어 나갔다. 하지만 2019년 다시 위기가 찾아왔다. 반도체 슈퍼사이클 마감에 따른 제조사의 발주 감소로 창사 이래 처음으로 적자를 기록한 것이다. 네오셈뿐만 아니라 경쟁사 모두 적자를 겪은 힘든 해였다.

끊임없는 기술 투자로 시장 변화 선제적 대응, 2024년 SSD 5세대 테스터로 큰 성장 기대

위기마다 빛나는 기술력으로 사업을 이어 온 네오셈은 2019년 지속적으로 투자한 SSD 검사 장비의 수요가 증가하면서 오뚝이처럼 다시 일어섰다. 코로나 팬데믹으로 비대면 기술에 대한 관심이 높아졌고 많은 서버를 필요로 하는 클라우드 산업이 급성장했다. 서버는 결국 저장 장치, 스토리지다. 과거 SSD는 고성능과 저전력, 고용량 그리고 다양한 폼 팩터(Form factor) 등 HDD(Hard Disk Drive)를 압도하는 장점이 많았지만 높은 가격이 문제였다. 시간이 갈수록 기술 혁신이 이뤄지면서 SSD 가격이 하락했고 2020년 처음으로 SSD가 HDD를 역전했다. 그러면서 데이터센터 설립 시 SSD를 메인 스토리지로 채용하는 사례가 늘었다. 네오셈역시 2020년 매출 480억 원으로 실적이 올랐다. 이 기세에 맞춰 2022년 세계 최초 5세대 SSD 검사 장비를, 2023년에 세계 최초로 CXL 1.1 메모리 검사 장비까지 상용화하면서 2023년 1,009억 원의 최대 매출을 기록했다.

네오셈의 사업은 크게 세 가지로 나뉜다. 첫 번째는 2023년 기준, 매출의 약 95%를 책임지고 있는 SSD 검사 장비 사업, 두 번째는 메모리 반도체를 검사하는 메모리 반도체 사업, 세 번째는 2019년부터 시작한 자동화 공정 장비 사업이다.

SSD 테스트는 SSD가 올바르게 작동하는지를 확인하는 기능 테스트부터 에이징 테스트를 통해 일정 조건에서 얼만큼 버틸 수 있는지 등 고객사의 요청에 따라 여러 항목을 테스트하는 방식이다. 고객사의 요구에 따라 맞춤 장비를 제공하며 가격도 약 3,000만 원대부터 30억 원대까지 다양하다. 30억 원 장비는 모든 기능을 다 갖춘 토탈 솔루션이다. 주 고객은 글로벌 탑10 반도체 제조기업이다.

SSD 테스터는 2024년 1월 기준, 4세대에서 5세대로 전환되는 과도기다. 국제 반도체 표준화 기구 제덱(JEDEC)은 PCI 익스프레스 3.0은 3세대, 4.0은 4세대, 5.0은 5세대로 SSD세대를 구분한다. 세대가 높아질수록 속도가 빨라진다. 네오셈은 이미 4세대 SSD 검사 장비를 2019년부터 판매했고 2024년은 PCIe 5.0 기반 SSD 확대에 따라 네오셈의 Gen5 SSD 테스터의 수요가 증가될 것으로 기대된다. SSD 5세대 검사 장비로 매출을 일으키는 유일한 회사이며, 이미 2023년 매출도 5세대가 4세대보다 높다. 글로벌 반도체 검사 장비 선도기업답게 차세대 Gen6 장비 개발도 진행 중이다. 단, 이 시장 역시 제로섬 게임이기에 점유율을 얼만큼 확보할 수 있을지가 관건이다. 경쟁사는 미국 테라다인(Teradyne), 일본 어드반테스트(Advantest), 국내 유니테스트, 엑시콘 등이 있다. 이 중 어드반테스트는 10조 원이 넘는 매출을 자랑하는 테스트 검사 장비 회사로 세계 반도체 검사 장비 시장의 약 60%의 시장점유율을 차지하지만 SSD 분야만큼은 네오셈이 단연 1위다.

네오셈은 삼성과 거래를 지속 중이지만 2018년부터 신품 장비 납품을 못 했다. 하지만 2023년 7월, 삼성의 젠5 SSD 테스터 퀄 테스트에 통과하며 다시 매출을 이어갈 수 있을 거라 기대를 모으고 있다. 아직 납품 여부는 미확정이다. 키옥시아, SK하이닉스, 마이크론, 웨스턴디지털 등이 메인 고객사다. 삼성의 5세대 SSD 테스터 공급이 확정되면 글로벌 낸드 빅5에 모두 장비를 납품하는 셈이 된다.

번인 테스터(Burn-In Tester)는 칩에 전압과 온도로 스트레스를 가하는 번인 테스트에 적용되는 메모리 반도체용 장비다. 2022년 기준, 전체 매출액의 약 9%를 차지한다. 마지막 오토메이션(Automation)은 테스터와 자동화 장비의 턴키 솔루션 기반으로 고객사에 공급한다. 서버용 DIMM 검사 장비로 북미 고객사에 공급하며 SSD 검사 자동화로 적용처를 확대·모색 중이다.

2024년 CXL 2.0 디램 테스트 장비 상용화, 차세대 반도체 시장 진입 본격화!

AI 반도체 시장의 성장으로 차세대 메모리 기술인 CXL(computer express link)이 HBM(High Bandwidth Memory, 고대역폭메모리)에 이어 시장 판도를 뒤집을 혁신 기술로 주목받고 있다. 네오셈은 SSD 검사 장비 시장과 마찬가지로 일찌감치 CXL 기술의 성장 가능성을 알아보고 2022년 세계 최초로 CXL 디램 검사 장비를 상용화했다. 2023년부터는 기술 고도화에 박차를 가하며 'CXL 2.0 메모리' 검사 장비 개발을 준비 중이며, 글로벌 반도체 고객사와 품질 테스트를 진행 중이다.

HBM은 디램 여러 개를 수직으로 연결해 쌓아 데이터 처리 속도를 대폭으로 끌어 올린 메모리이다. 한강을 건널 때 2차선 다리 하나를 4차선, 8차선으로 늘리는 게 HBM이라면, 2차선 다리를 여러 개 놓는 방식이 CXL이다. AI 서비스 확대에 따라 늘어나는 대용량·고성능 반도체 수요에 대응할 카드로 CXL이 그 자리를 이어갈 전망이다. 아직 시장은 열리지 않았지만 네오셈은 선제적으로 CXL 검사 장비 1세대를 세계 최초로 개발했다. 이미 기술 면에서 압도적으로 앞서가고 있기에 CXL 시장에서도 매출 상승의 기대감이 크다.

네오셈은 차세대 반도체 분야에 초점을 맞춰 포트폴리오를 쌓아가고 있다. 2002년 설립 후 20년이 넘는 시간 동안 늘 한 발짝 앞서 기술을 개발하고 시장이 개화하기를 기다렸다. 그러기에 시장 선점 확률이 높았다. 지금도 여전히 2023년 기준 연 62억 원을 연구개발비로 투자한다. 해외 포함 전 직원은 170명, 이 중 R&D 인력이 국내 50명, 미국 연구소에 20명이 있다. 순수 개발 인력만 약 50% 가까이 된다. 미국, 싱가포르, 말레이시아, 중국, 대만 등 세계 중요 거점에 법인 및 사무소를 설립하며 글로벌 영업망도 폭넓게 구축했다. SSD 테스터 분야에서 압도적인 경쟁력을 가졌지만 여기에 안주하지 않고 급변하는 반도체 시장에 능동적으로 대응하며 지속적인 성장을 이뤄온 네오셈. 앞으로 또 어떤 선진 기술로 반도체 테스트 시장을 가장 먼저 차지할지 그 행보를 잘 지켜 보자.

서 블 리   인 사 이 트

네오셈은 반도체 장비 유통 및 솔루션 제공에서 반도체 장비 제조회사 여러 곳을 인수하면서 반도체 제조 및 판매사로 변신한 좋은 사례다. SSD 성장 초기에 시장을 예측하고 SSD 검사 장비를 선제적으로 개발했다. 차세대 메모리 CXL(computer express link)은 아직 상용화가 불투명한데도 2022년 세계 최초로 CXL 디램 검사 장비를 개발하는 등 미래 기술 적응력이 뛰어나다. 연간 60억 원 이상 R&D에 투자하고 R&D 인력이 전 직원의 50% 가까이 된다. 기술 개발에 집중하는 반도체 테스트 전문 글로벌 강소기업으로 미래가 기대된다.

이오테크닉스

▶ 세계 반도체 레이저 장비의 선두주자

기업 분석 핵심 포인트

- **글로벌 반도체 레이저 마킹 장비 시장점유율 1위**
  - 해외 점유율 65~70%, 국내 점유율 95%
  - 평균 수출 비중은 약 57%
  - 반도체용 레이저 마킹은 완성된 반도체 위에 레이저로 품명, 일련번호, 회사로 그 등을 미세하게 새기는 장비

- **1989년 설립, 마킹부터 커팅까지 아우르는 종합 레이저 전문기업으로 성장**
  - 반도체, 디스플레이, 인쇄회로기판(PCB), 매크로(이차전지) 등 제조 공정에 사용되는 레이저 마킹 및 절단 장비 개발·생산

- **반도체 칩 소형화로 정밀성 높은 레이저 마킹&커팅 장비 각광**

- **300여 건의 레이저 관련 특허 보유, 기술 중심 경영으로 글로벌 시장 독점적 지위 차지**
  - 1993년 펜 타입의 레이저 마킹 장비, 2007년 멀티빔 레이저 마킹 장비 국산화로 세계 최초 기록 2회 달성

- **반도체 웨이퍼 레이저 커팅 장비 삼성전자 고객사로 영위**
  - 레이저 그루빙(Grooving), 레이저 스텔스 다이싱(Laser Stealth Dicing) 두 장비로 레이저 커팅 시장 도전장
  - 세계 반도체 레이저 커팅 시장 독점하는 일본의 디스코 회사 위협

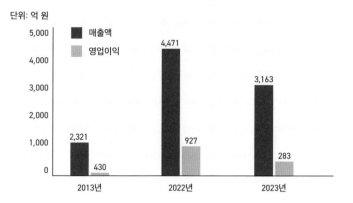

단위: 억 원

- 매출액
- 영업이익

	2013년	2022년	2023년
매출액	2,321	4,471	3,163
영업이익	430	927	283

- ● 2024년 레이저 어널링 장비 신규 장비 개발로 성장 모멘텀 마련

- ● 디스플레이, PCB, 이차전지 등 매출 폭 넓이는 신규 사업 적극 추진

반도체 레이저 마킹 장비 시장 글로벌 1위, 300여 건의 레이저 특허 보유로 독점적 지위 확보!

레이저 가공 기술이 IT 산업의 새로운 패러다임을 일으키고 있다. 특히 반도체 및 전자 산업에 핵심 생산 제조 기술로 자리 잡았으며, 응용 범위는 초미세 정밀 가공 분야로 확대되는 추세다. 디스플레이(LCD, OLED)와 PCB, 스마트폰 산업에서도 사용 범위가 넓어지고 있으며 자동차, 기계 부품 산업 등 전통 산업도 수요는 계속 증가하고 있다.

이오테크닉스는 반도체, 디스플레이, 인쇄회로기판(PCB), 매크로(이차전지) 등의 제조 공정에 사용되는 레이저 마킹 및 절단 장비를 개발·생산하는 레이저 종합전문기업이다. 글로벌 반도체용 레이저 마킹 장비 시장에서 해외 점유율 65~70%로 1위를 차지하며 세계적으로 한국의 레이저 기술력을 높게 평가받았다. 국내 점유율은 95%에 이른다. 평균 수출 비중은 약 57%, 주요 고객사는 삼성전자, 마이크론, TSMC 등이 있다.

레이저 마킹 장비는 완성 제품 외부에 레이저를 이용해 정교한 글씨 등을 새기는 디바이스다. 반도체용 레이저 마킹 장비는 크기가 작은 반도체 위에 미세한 글씨로 품명, 일련번호, 회사로고 등을 새기는 데 쓰일 만큼 고도의 정밀성이 요구되는 분야다.

이오테크닉스 성규동 대표는 서울대학교 전기공학을 전공하고 금성중앙연구소, 대우중공업 기술연구소 등에서 레이저 장비를 개발한 국내 1세대 레이저 전문가다. 일찌감치 레이저 시장의 가능성을 확신하고 회사를 나와 1989년 이오테크닉스를 창업했다. 첫 시작은 직원 2명과 함께 하는 작은 레이저 업체였지만 1993년 세계 최초로 펜 타입의 레이저 마킹 장비 국산화에 성공하면서 두각을 드러냈다. 2000년 8월 코스닥에 상장, 2007년 또 한 번의 세계 최초를 기록한 멀티빔 레이저 마킹 장비로 단숨에 글로벌 레이저 마킹 장비 시장의 절대강자로 떠올랐다. 멀티빔 레이저 마킹 장비는 하나의 레이저빔을 최대 4개로 분할해 기존 장비보다 생산성을 최대 8배 높일 수 있는 혁신적인 기술로 큰 주목을 받았고 이 기술은 지금도 이오테크닉스의 기술 근간이 되고 있다.

이오테크닉스의 강점은 레이저라는 한 우물만 파면서 300여 건의 특허를 보유한 기술 중심의 경영이다. R&D센터는 한국, 중국, 독일 세 곳에 있으며 직원의 50% 이상을 연구진으로 구성하고 매출액의 10~20%를 연구개발에 재투자하는 원칙을 지켜왔다. 지속적인 연구개발 투자 덕분에 해외 경쟁업체와 특허 경쟁에서 빠르게 앞섰다. 적절한 시기에 사업 다각화, 신시장 개척 등에도 성공해 글로벌 시장의 독점적인 지위를 확보했다.

2009년부터는 레이저 마킹 장비에서 얻은 기술력을 바탕으로 레이저 응용시장에도 도전장을 냈다. 제품군은 물체를 자르는 레이저 커팅 장비, 물체에 홈을 내는 레이저 그루빙 장비, 물체에 구멍을 내는 레이저 드릴링 장비 등으로 다양화했다. 고객군도 반도체 완성품에서 반도체 웨이퍼, 반도체 패키징, 디스플레이, 인쇄회로기판(PCB)기판 등 레이저 응용 기술이 필요한 모든 산업으로 넓혔다.

레이저 마킹 분야의 절대강자, 레이저 커팅 시장 본격 진출!

이오테크닉스는 세계 3,200여 개의 고객사를 보유하고 있다. 사업부는 크게 네 가지로 나뉜다. 매출 비중은 반도체 50%, 디스플레이·PCB 각각 10~15%, 이차전지 5%, 나머지가 서비스다. 반도체 칩 미세화 바람이 불면서 레이저 커팅 장비 시장에 속도를 내고 있다. 반도체가 얇아지면 질수록 더 정교한 커팅 장비가 필요한데, 레이저는 미세 공정에 적합한 장비로 손꼽힌다.

세계 반도체 레이저 커팅 시장은 약 5,000억 원 규모로, 일본 반도체 회사 디스코(Disco, 매출 3조 원, 시가총액 52조 원)가 95% 독점하고 있다. 하지만 이오테크닉스가 레이저 커팅 장비 국산화에 성공하면서 레이저 마킹 시장을 넘어 레이저 커팅 시장에서도 큰 성과를 보일 것으로 예상된다.

대표적으로 차세대 레이저 커팅 장비로 손꼽히는 제품은 '레이저 그루빙(Grooving)'과 '레이저 스텔스 다이싱(Laser Stealth Dicing)' 두 가지다. 모두 웨이퍼를 개별 반도체 칩으로 나누는 다이싱 공정에 사용된다. 먼저 레이저 그루빙은 웨이퍼 커팅 전 미리 레이저로 홈을 파는데 사용되는 장비다. 후속 공정 시에 문제가 되는 칩핑(chipping)을 최소화해 칩 생산수율을 향상시킨다. 레이저 스텔스 다이싱은 레이저로 웨이퍼 내부를 절삭한 뒤 겉에 붙여 둔 테이프에 압력을 가해 칩을 자르는 장비다. 비접촉 가공이기에 칩핑 문제를 획기적으로 줄여 불량률을 낮추고 동시에 고속 가공이 가능한 점이 장점이다. 두 장비 모두 삼성전자 파운드리 선단 공정과 고대역폭메모리(HBM) 양산에 쓰일 것으로 보인다.

반도체 레이저 어닐링 신규 장비 독점 개발, 이차전지 시장 진입으로 매출 폭 확대 중!

이오테크닉스는 삼성전자가 글로벌 강소기업 육성회사로 선정하면서 2011년부터 끈끈한 협력관계를 이어왔다. 2023년 7월, 삼성전자 2분기 실적 발표 후 삼성전자 HBM 수혜주로 주목받으며 급등세를 실현하기도 했다. 삼성전자는 디램 1znm(3세대 10나노) 이하 비중을 2022년 52%에서 2023년 62%, 2024년 72%로 늘릴 계획을 밝혔다. 1znm 이하 공정에서 수율 향상을 위해 레이저 어닐링 장비 도입은 필수다. 레이저 어닐링 장비는 그간 수입에 의존해왔지만 2019년 이오테크닉스가 삼성전자와 레이저 어닐링 장비를 공동 개발해 국산화했으며 2020년부터 삼성전자 디램 라인에 공급했다.

금융감독원 전자공시시스템에 따르면 2022년 매출액은 4,472억 원, 영업이익은 928억 원이었다. 2023년은 반도체 불황 여파를 받아 매출 3,163억 원, 영업이익 283억 원으로 감소했다. 하지만 HBM 수요 증가에 따른 성장성이 기대되면서 4~5년간 지속해온 연구개발 성과가 2024년과 2025년에 본격적인 매출로 이어질 것으로 보인다.

이오테크닉스는 레이저 소스 등 원천기술을 바탕으로 레이저 응용 장비 매출 분야를 크게 확장 중이다. 반도체 외에도 디스플레이, PCB 분야와 이차전지 시장에도 레이저 장비 도입을 적극 추진하며 매출 폭을 넓히고 있다. 디스플레이 분야는 레이저를 사용해 디스플레이 패널을 깎거나 미세한 구성을 뚫는데 쓰이는 레이저 장비가 있다. 이차전지 시장에도 진입해 이차전지용 전극을 자르는 레이저 장비를 양산했다. 전기차 세계 1위 기업에 납품한 포트폴리오를 바탕으로 빠르게 성장 중이다.

이오테크닉스는 파운드리 세계 1위 기업인 TSMC에 디본더 장비 공급 계약을 체결하며 삼성전자와 함께 세계 파운드리 양대 산맥의 정식 벤더사로 등극했다. 2024년 기준, 7,000억 원 생산 캐파를 보유하고 있으며, 더욱더 연구개발에 집중해 모든 레이저 응용 산업을 선도하는 글로벌기업으로 자리매김할 계획이다. 앞으로 이오테크닉스가 전 세계에 쏘아 올릴 눈부신 레이저 광선이 얼마나 밝게 빛을 발할지 주목해 봐도 좋을 듯하다.

레이저 마킹은 세계적으로 독보적인 기술이나 반도체 패키지의 수가 증
가해야 수요 역시 높아진다. 최근 웨이퍼의 수요가 증가하는 추세이긴
하나 성장성은 낮은 편이다. 웨이퍼를 레이저로 자르고 웨이퍼 중간을
그루빙(홈 모양의 선으로 부식)하는 장비를 개발해 반도체 메이저 업체에
적용하고 있다. 이 분야는 일본의 디스코가 90% 이상 점유하는 분야인
데 이오테크닉스의 장비가 디스코와 경쟁하면서 점유율을 높여 갈 수
있을 것으로 전망된다.

Part 2

전기차 /
이차전지

이차전지 소재 K-기업,
양극재를 중심으로
글로벌 시장 선도!

이차전지의 기술 발전에 따라 전기차 시장도 형성되고 있다. 전기차는 1980년대부터 미래 자동차로 꾸준하게 언급됐으나 당시 이차전지에 대한 기술 부족으로 상용화는 요원했다.

2010년 스마트폰 붐이 일어나면서 이차전지 기술 발전도 크게 진화했고 전기차 상용화도 현실이 됐다. 전기차 시장의 핵심인 배터리 사업은 한국과 중국, 일본이 가장 먼저 진출했다. 특히, 전기차 성장 초기에는 한국업체가 양극재 중심으로 글로벌 시장을 선도했다. 대표적인 사례로 양극재 업체인 에코프로비엠은 2021년 매출 1.5조 원에서 2023년 6.9조 원으로 폭발적인 성장을 기록했으며, 하이니켈 양극재 분야 세계 1위에 올랐다.

이차전지 4대 핵심 소재는 양극재, 음극재, 분리막, 전해액이다. 금액상 비중은 대략 양극재 40%, 음극재 20%, 분리막 20%, 전해액 20%다. 국내 양극재 업체는 에코프로비엠, 포스코퓨처엠, 엘앤에프, LG화학 등이며 주요 소재는 NCM(니켈, 코발트, 망간)이다. 반면 CATL, BYD 등 중국업체는 LFP(리튬, 철, 인산) 위주다.

중국의 LFP 약진에 고전하는 한국의 이차전지 업체

중국 배터리 제조사는 거대한 내수시장을 등에 업고 빠르게 점유율을 늘려가고 있다. 중국의 대표적인 양극재 업체인 CATL은 글로벌 점유율이 2020년 21.8 %(글로벌 3위)에서 2023년 36.6%로 크게 증가했다. 순위도 압도적인 1위로 등극했다. 이에 반해 한국 기업 LG에너지솔루션은 글로벌 점유율이 2020년 26.6%에서 2023년 13.6%로 하락했다.

전기차 판매 경우, 중국의 BYD는 2021년 기준 64만 대로 테슬라 94만 대의 68% 수준이었다. 2023년 전기차 판매량은 BYD가 302만 대로 180만 대를 판매한 테슬라보다 높은 성과를 얻었다. 2년간 판매 증가율은 BYD는 372%(같은 기간 테슬라 91%)로 폭발적인 성장세를 기록했다. 이 배경에는 획기적인 기술 발전이 자리 잡고 있다. 배터리의 핵심 소재인 양극재의 경우, 초기 중국에서는 LFP 소재를 사용했지만 LFP는 무겁고 주행거리가 짧아 효율이 낮을 것이라는 우려가 있었다. 그러나 점차 LFP 양극재의 기술이 발전되면서 주행거리가 늘고 한국 기업이 주력하는 NCM 양극재간 기술 간극이 줄었다.

또 가격 면에서는 인산, 철 등 일반 광물 위주의 LFP 양극재가 코발트, 망간 등이 핵심 광물인 NCM 양극재보다 훨씬 저렴하다. LFP 위주의 중국 이차전지는 안정성에서도 우위에 있고 가격이 월등히 저렴해 전기차의 가성비 측면에서 한국보다 유리하게 됐다. 중국은 내수시장이 큰데다 가성비에서 유리한 위치에 서면서 전기차 시장은 중국이 선도하는 모양새를 보였다.

하지만 미래 기술 측면에서 보면, 삼성SDI 중심으로 한국업체가 전구체 시장에서 글로벌 선두가 될 거라고 예상된다. 중고가에 주로 적용되는 하이니켈 양극재 분야에서도 글로벌 상위를 지속할 것으로 전망된다.

IRA법 시행과 초기시장 선점으로 고성장세 유지 전망

이차전지 사업은 대한민국 미래의 성장동력 중 하나다. 하이니켈 NCM 등 고급 차량 배터리는 한국이 우위를 보이고 있다. 미국 또는 미국과 FTA를 체결한 국가에서 생산하는 전기차에 보조금을 지원하는 인플레이션감축법(IRA법)에 따라 미국 진출에는 한국 기업이 유리한 상황이다. 유럽 시장도 중국기업 견제를 위해 미국과 비슷한 길을 갈 가능성이 크다. 여기에 미국 또는 북미에서 생산한 분리막, 전해액은 생산 비용(production cost)의 10%를 세액 공제하는 법인 IRA-45X가 2024년 1월부터 적용됐다. 중국업체와 경쟁하는 한국의 이차전지 기업에게 절대적으로 유리하며 큰 행운이라 판단된다.

전기차 판매량

단위:만 대

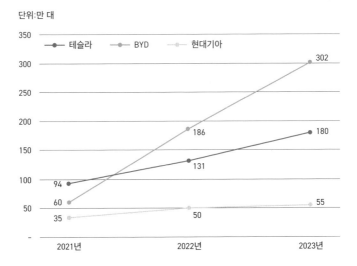

350

```
── 테슬라   ── BYD   ── 현대기아
```

300   302

250

200   186   180

150   131

100   94
      60   55
50   35   50

  -
     2021년   2022년   2023년

LFP-NCM 배터리 비교

LFP*		NCM**
높다	안전성(화재 등)	보통
짧다	주행거리	길다
길다	수명	보통
낮다	가격	높다
낮다	에너지 밀도	높다
CATL, BYD 등(중국업체)	주요기업	LG, SK, 삼성 등(한국 업체)
가격 저렴하고 안전성 높음	장점	주행거리 길고 충전 시간 짧음
무겁고 순간 출력 약함	단점	가격 높고 안정성 문제

*리튬, 인산철

**니켈, 코발트, 망간

자료: SNE 리서치 등 업계 종합

에코프로비엠

▶ 하이니켈 양극재 생산능력 세계 1위

기업 분석 핵심 포인트

- **2022년 기준, 하이니켈(니켈 80% 이상 함유) 양극재 시장 세계 시장점유율 1위 달성**
  - 2021년까지 일본 스미토모가 1위, 2022년 역전하며 6.6% 점유율로 전 세계 1위 차지
  - 스미토모, 파나소닉 양극재 공급 기업

- **에코프로그룹 2023년 시가총액 59조 원 달성 6위로 수직 상승, 대기업 반열 올라**
  - 에코프로그룹 1년 만에 13조 원에서 59조 원으로 시가총액 상승, 굴지의 대기업과 어깨 나란히

- **2013년 일본 소니에 첫 공급 계약, 글로벌 기술력 입증**
  - 고성능 양극재 양산 10년 만에 2023년 하이니켈 양극재 수출량 10만 7,000톤 달성
  - 양극재 10만 톤은 전기차 최대 120만 대를 생산할 수 있는 양

- **2018년 국내 최초 고용량 하이니켈 양극재 전구체 양산**

- **삼성SDI, SK온, 일본 무라타 등이 주요 고객사**
  - 2021년 에코프로와 삼성SDI 합작으로 하이니켈 양극재 NCA 공급하는 에코프로EM 설립, 2023년 기준 누적 물량 약 20만 톤 육박

- **NCA, NCM 등 고객사 맞춤 프리미엄 양극재 공급력 보유**

- **18만 톤 생산능력 확보, 2027년 71만 톤까지 확대 계획**
  - 2023년 기준, 18만 톤 생산능력 확보, 2027년까지 약 4배 더 늘려 71만 톤까지 확대 목표

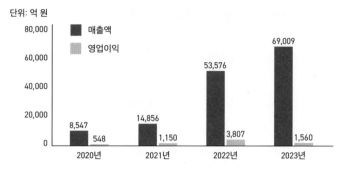

단위: 억 원

- 매출액
- 영업이익

	2020년	2021년	2022년	2023년
매출액	8,547	14,856	53,576	69,009
영업이익	548	1,150	3,807	1,560

- ● **2023년 국내 양극재 기업 최초 유럽 현지 생산공장 구축**
  - ・총 면적 440,282㎡(약 133,185평) 규모의 헝가리 공장 건설, 사업비 약 3,827억 원 투자 2024년 준공 예정
  - ・헝가리 공장 완료되면 10만8,000톤 규모의 양극재 생산능력 추가 보유

- ● **양극재 소재 사업 수직 계열화로 경쟁력 강화**
  - ・에코프로머티리얼즈(전구체), 에코프로이노베이션(수산화리튬 가공), 에코프로 CNG(리사이클), 에코프로AP(산소 및 질소 생산) 등

- ● **에코프로 포항캠퍼스 2024년 국내 약 1.2조 원 집중 투자**

- ● **'클로즈드 루프 에코 시스템' 버전2 구축해 글로벌 1위 종합 이차전지 소재 기업 도약**
  - ・클로즈드 루프 에코 시스템(Closed Loop Eco-system) 폐배터리 재활용부터 양극재 생산까지 이차전지 공정을 하나의 단지로 구현
  - ・양극재 넘어 음극, 분리막, 전해액까지 사업 영역 확장해 글로벌 1위의 친환경 통합 이차전지 회사로 도약 추진 중

하이니켈 양극재 세계 시장점유율 1위 달성,
모피 코트 팔던 회사가 카카오·셀트리온 제치고
국내 시가총액 순위 6위 수직 상승!

2023년, 코스닥 대표 이차전지주로 손꼽히는 에코프로그룹 시가 총액이 카카오, 네이버, 셀트리온 등 쟁쟁한 IT, 바이오 기업을 제치고 17위에서 6위로 수직 상승했다. 2023년 1월 기준 13조 원에서 1년 만에 365% 상승한 59조 원을 달성하며 1위 삼성(615조 원), 2위 LG(183조 원), 3위 SK(168조 원), 4위 현대자동차(121조 원), 5위 포스코(85조 원)와 같은 굴지의 대기업과 어깨를 나란히 했다. 2022년 말에는 공정거래위원회가 분류하는 대기업 집단 재벌 기준인 자산총액 5조 원을 넘었다. 이렇게 2000년대에 정통 제조업으로 시작해 대기업 반열에 오른 곳은 에코프로가 유일하다.

에코프로의 창업자 이동채 회장은 수많은 실패에도 포기하지 않고 벤처기업으로 시작한 에코프로를 대기업으로 성장시킨 신화 같은 인물로 유명하다. 이 회장은 배터리 전문가도 심지어 엔지니어도 아니다. 한국주택은행을 다니다 산동회계법인에서 15년간 회계사로 일했다. 그러다 창업을 결심하고 지금 사업과는 전혀 상관없는 모피 코트를 팔았다. 이후 1997년 외환위기가 닥쳐 회사가 망하고 다시 창업 아이템을 알아보다 환경 사업에 뛰어들었다. 에코프로의 사명에 '에코'가 들어간 이유다. 이 회장의 뚝심은 한결같았다. 바로 아무도 하지 않은 사업을 해야 돈을 번다는 신념이 강했다. 1998년 에코프로를 설립해 공장에서 배출되는 유해가스를 흡착하는 제품을 개발하기 시작했고 동시에 정부 R&D 과제를 수주해 사업을 유지할 수 있을 만큼의 매출을 얻었다. 이때 운명처럼 현재 배터리의 표준이 된 리튬이온 배터리 개발에 관한 과제를 수행했다. 과제를 하면서 전기차의 미래를 확신했고 2006년 삼성그룹 내에서 배터리 핵심 소재인 양극재와 전구체를 개발하던 제일모직으로부터 양극재 사업을 인수해 본격적으로 이차전지 사업에 시동을 걸었다.

에코프로는 2016년 5월, 양극재 사업 전문화를 위해 물적분할을 통해 에코프로BM을 설립했다. 사업 영역은 크게 양극재와 전구체 두 가지다. 이차전지 배터리의 성능을 이야기할 때 가장 먼저 언급되는 것이 용량과 출력인데, 바로 이 배터리의 용량과 전압, 출력, 수명 등을 결정짓는 핵심 소재가 양극재다. 전기차 원가의 30~40%를 차지하는 가장 비싼 부품인 배터리에서 양극재가 차지하는 비중은 약 30%다.

양극재는 리튬과 전구체가 주원료다. 고객사의 이차전지 사용용도에 따라 성능을 높이기 위해 니켈(Ni), 망간(Mn), 코발트(Co),

알루미늄(Al) 등을 적절하게 조합한 전구체를 합성해 만든다. 니켈-코발트-망간을 넣으면 NCM, 니켈-코발트-알루미늄을 넣으면 NCA, 리튬-인산-철을 넣으면 LFP라고 부른다. 에코프로비엠의 강점 중 하나가 바로 NCM과 NCA 등 고객사별 맞춤 프리미엄 양극재를 공급한다는 점이다. 한 종류의 양극재만 공급하는 업체에 비해 좀 더 안정적으로 성장할 수 있는 경쟁력이 되었다.

SNE리서치에 따르면 2022년 기준 하이니켈(High Nikel) 양극재 시장에서 에코프로비엠이 1위 기업인 스미토모를 역전하며 6.6%의 점유율로 전 세계 1위를 차지했다. 에코프로비엠의 하이니켈 양극재는 니켈의 함량이 80% 이상의 프리미엄 양극재다. 니켈의 비중이 크면 충전 및 주행거리가 증가해 출력이 높은 전기차 제조가 가능하다. 삼성SDI와 SK온, 일본 무라타 등이 주요 고객사다. 에코프로비엠은 하이니켈 양극재의 원료가 되는 하이니켈 전구체를 국내 생산하는 유일한 기업이기도 하다.

에코프로비엠은 2013년 이차전지의 효시라 불리는 일본 소니에 첫 공급 계약을 맺으며 에코프로라는 이름을 해외 시장에 제대로 각인시켰다. 국내에서 배터리 소재를 100% 수입하던 당시 역으로 일본에 배터리 소재를 수출한 첫 사례였다. 소니는 리튬이온 전지를 세계 최초로 개발해 상용화한 배터리 선두 기업이었으며, 그 위상답게 소재 공급 승인 역시 굉장히 까다로웠다. 이런 소니가 자국 업체 대신 한국업체와 최초 계약을 맺은 것은 바로 높은 기술력 때문이었다. 그렇게 에코프로비엠은 지속적인 기술 개발을 통해 고성능 하이니켈 양극재를 양산하면서 수출 물량은 꾸준

에코프로 위상 변화

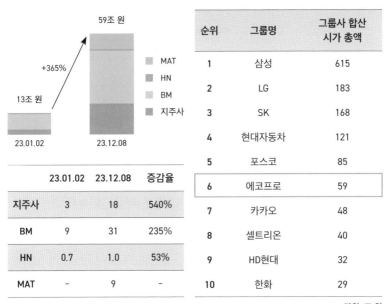

순위	그룹명	그룹사 합산 시가 총액
1	삼성	615
2	LG	183
3	SK	168
4	현대자동차	121
5	포스코	85
6	에코프로	59
7	카카오	48
8	셀트리온	40
9	HD현대	32
10	한화	29

단위: 조 원

	23.01.02	23.12.08	증감율
지주사	3	18	540%
BM	9	31	235%
HN	0.7	1.0	53%
MAT	–	9	–

히 늘었다. 2018년 1만 6,000톤으로 처음 1만 톤을 넘긴 뒤 2019년 1만 8,000톤, 2020년 2만 8,000톤, 2021년 4만 7,000톤으로 빠르게 증가했다. 그리고 마침내 10년 만인 2023년 하이니켈 양극재 수출량 약 10만 7,000톤을 달성했다.

빠르고 공격적인 투자로 세계 1위 경쟁력 확보, 2027년까지 양극재 71만 톤 생산 목표!

에코프로는 제일모직 인수로 연을 맺은 삼성SDI와도 오랜 협력 관계를 유지하며 국내 배터리 산업의 위상을 강화하는 역할을 하고 있다. 2011년부터 삼성SDI에 본격적으로 하이니켈 양극재를 공급하기 시작했으며 2023년 12월, 삼성SDI와 또 한 번의 대규모 양극재 장기 공급 계약도 체결했다. 계약기간은 2024년 1월부터 2028년 12월까지 총 5년이며 공급액은 약 44조 원이다.

에코프로의 하이니켈 양극재(NCA) 기술력은 2014년 10월, 삼성SDI가 생산한 전기 자동차용 배터리가 테슬라로부터 납품 승인을 받으면서 전 세계적으로 인정받기 시작했다. 전기차 업계의 선두인 테슬라가 유일하게 원통형 배터리를 택함에 따라 이를 적용하는 전기차 업체의 증가가 예상됐다. 이에 따라 삼성SDI도 에코프로의 하이니켈계 양극재(NCA)를 적용한 원통형 배터리 생산량을 확대했다. 이는 에코프로가 하이니켈 양극재(NCA)로 대형 전지 부분에서 기술력을 입증받게 된 계기이자 향후 전기차용 배터리에 적용할 신소재 개발에 전력을 기울일 수 있는 주요 동기가 됐다. 2021년 삼성과 합작으로 에코프로EM을 설립했으며. 삼성SDI에 공급한 누적 물량은 2023년 기준 약 20만 톤에 육박한다.

2023년 에코프로비엠의 하이니켈 양극재(NCA)는 BMW 전기차에도 많은 물량이 공급됐다. 스텔란티스와 GM 역시 NCA를 채택하고 있기에 매출 성장 가능성은 더 크다. 변수는 양극재의 주원료가 되는 메탈 가격의 시세인데, 이 또한 그들의 경쟁력으로 활용한다. 에코프로비엠 고객사는 메탈 시세에 일정한 마진을 붙이는 식으로 공급 계약을 맺는다. 예를 들어 리튬 가격을 15달러로 책정했다면 에코프로비엠은 이 가격보다 싸게 리튬을 공급해 나머지 차액도 마진으로 남긴다.

기술 개발과 함께 규모의 경제를 극대화해 공격적으로 양극재 생산능력을 확보한 점도 이차전지 양극재 시장을 선점할 수 있었던 핵심 경쟁력으로 통한다. 2023년 기준 18만 톤의 생산능력을 확보했으며, 2027년까지 약 4배 더 늘려 71만 톤까지 확대할 계획이다.

국내 양극재 기업 최초로 유럽 현지에 생산 공장도 구축했다. 총 면적 $440,282\,m^2$(약 133,185평) 규모의 헝가리 사업장에 사업비 약 3,827억 원을 투자해 2024년까지 준공, 2025년 양산을 목표로 공사를 진행하고 있다. 헝가리 현지 공장 구축이 완료되면 10만 8,000톤 규모의 양극재 생산능력을 추가로 보유하게 된다. 이는 연간 전기차 135만 대가량을 생산할 수 있는 물량이다.

이렇게 전 세계 전기차 시장의 급성장을 미리 준비한 덕에 실적도 함께 고공 행진했다. 에코프로는 2007년 상장 시 200억 원 정도 했던 매출이 2015년 이후 1,000억 원을 넘기며 빠르게 성장했다. 에코프로비엠 연 매출은 2021년 처음 1조 원을 넘겨 1조 4,861억 원을 달성했고 2022년 5조 3,569억 원, 2023년 6조 9,009억 원으로 꾸준히 증가했다.

이와 동시에 에코프로머티리얼즈(전구체), 에코프로이노베이

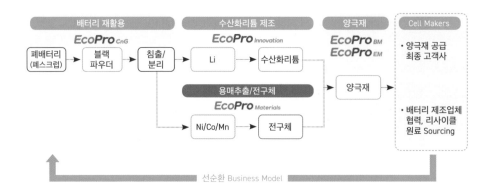

Closed-loop ECO System(이차전지 Value Chain)

션(수산화리튬 가공), 에코프로CnG(리사이클), 에코프로AP(산소 및 질소 생산) 등 이차전지 소재 사업을 수직 계열화하며 경쟁력을 더욱 강화했다. 여기에 2023년 미국 인플레이션 감축법(IRA) 세부 지침에서 핵심 광물로 양극재를 분류하면서 더욱더 기대가 커졌다. 핵심 광물은 미국과 자유무역협정(FTA)을 체결하지 않은 국가에서 재료를 수입하더라도 자유무역협정 체결국인 한국에서 가공하면 보조금 지급 대상이 된다.

**2024년 국내 약 1.2조 원 투자 집행,
제조 비용 30% 절감하는 '클로즈드 루프 에코 시스템'
버전2 구축해 글로벌 종합 이차전지 소재 기업으로 도약!**

에코프로는 2024년 포항캠퍼스를 중심으로 약 1조 2,000억 원을 국내에 투자할 계획이다. 이는 폐배터리 재활용부터 전구체 및 수산화리튬 제조, 양극재 생산까지 이차전지 생태계 조성을 고도화해 미래 이차전지 시장을 선점하기 위한 포석이다.

2020년부터 시작된 포항캠퍼스는 포항 영일만일반산업단지 내 약 51만 3,975㎡ 규모로 조성된 국내 최대 규모의 이차전지 양극재 집적단지다. 이곳의 핵심은 폐배터리 재활용부터 원료, 전구체, 양극재에 이르는 이차전지 양극소재 생산 과정을 하나의 단지에서 구현한 '클로즈드 루프 에코 시스템(Closed Loop Eco-system)'이다. 새롭게 구축하는 클로즈드 루프 시스템 버전2는 폐배터리 재활용 범위를 셀, 모듈, 팩 공정 단계까지 점진적으로 확대하고 산업폐수 정화 및 재사용을 핵심으로 제조비용을 기존 대비 약 30% 절감한다는 계획이다. 생산 효율성을 극대화해 에코프로를 글로벌 1위 양극재 기업으로 견인한 기술력이 응축된 곳이며 국내외 배터리 기업은 물론 완성차 회사의 벤치마킹 사례로도 손꼽힌다.

포항캠퍼스는 총 4개 사이트로 구성된다. 포항 1캠퍼스에는 양극재를 생산하는 에코프로비엠이, 포항 2캠퍼스에는 전구체 원료 및 제품을 생산하는 에코프로머티리얼즈가 위치한다. 복합단지인 포항 3캠퍼스는 에코프로EM(삼성SDI 양극재), 에코프로이노베이션(수산화리튬), 에코프로CnG(폐배터리 재활용), 에코프로AP(산소가스)가 입주해 있다. 포항 4캠퍼스 구축이 완료되면 포항캠퍼스는 양극재 27만 톤(전기차 약 300만 대 생산할 수 있는 양), 전구체 11만 톤, 수산화리튬 2만 6,000톤을 생산하는 대규모 이차전지 산업단지로 발돋움한다. 2024년 투자금액을 포함해 포항캠퍼스에 투입되는 총 투자액은 5조 5,000억 원에 이른다. 에코프로는 전방산업이 어려움을 겪고 있지만 시장의 성장성은 의심의 여지가 없기에 계획한 투자를 차질 없이 집행해 나갈 방침이다.

25년이라는 시간 동안 수많은 실패와 도전을 거듭하고 내공과 내실을 단단히 다져온 에코프로는 양극재를 뛰어넘어 음극재, 분리막, 전해액까지 사업 영역을 확장해 글로벌 1위의 친환경 통합 이차전지 기업으로 성장한다는 새로운 비전을 제시했다. 이차전지 소재 사업이 가야 할 이정표 역할을 톡톡히 하는 에코프로가 보여줄 새로운 미래의 모습을 기대해 보자.

 서 블 리   인 사 이 트

에코프로비엠은 2000년 이후 가장 드라마틱한 성장을 기록한 기업 중 하나이다. 2023년 매출이 4년 전보다 10배 증가하면서 양극재 분야의 신기록을 세웠다. 시가총액으로도 2023년 6위를 기록했다. 테슬라가 주도하는 전기차 트렌드에 선제적인 투자와 기술 개발에 집중한 결과로, 도전 정신에 박수를 보내고 싶다. NCM에서 망간 대신 알루미늄으로 변경한 NCA(니켈, 코발트, 알루미늄) 양극재는 BMW 등 전기차 업체들의 적용 사례가 늘고 있다. 에코프로비엠은 NCA에도 강점을 보유하고 있는 것으로 판단된다. 또 다른 강점은 양극재 관련 전구체를 국내 유일하게 에코프로머티리얼이 생산하고 있다는 점이다. 리튬 관련 정련, 리사이클링 회사 등 양극재 수직계열화도 잘 구축돼 있다. 단, 양극재 주요 소재인 리튬 가격의 변동성이 매출에 영향을 준다. 가격이 하락하면 수익성이 나빠지고 가격 상승은 수익성에 긍정적인 효과를 가져온다. NCM 위주의 양극재는 중국의 LFP 중심 양극재의 공습과 전기차 수요의 둔화를 극복해야 하는 어려움에 처해 있다. LFP는 주행거리가 짧고 무겁다는 단점에도 불구하고 NCM 대비 가격이 훨씬 저렴하고 안정성도 높다는 점이 부각되고 있다. 기술을 먼저 개발하고 선점하는 데 앞서 있던 에코프로비엠은 향후 기술 혁신 등을 통한 원가 절감이 수익성의 주요 변수가 될 듯하다.

엔켐

▶ 미국 IRA 최대 수혜주, 전해액 생산의 게임체인저

기업 분석 핵심 포인트

- **세계 1위(중국 제외) 전해액 제조 전문기업**
  - 공격적 투자와 세계화·현지화 전략으로 북미, 유럽 지역 빠르게 선점, 해당 지역 1위 달성
  - 2023년 글로벌 전해액 생산능력 1·2위 틴츠, 캡켐(중국기업)에 이어 3위 기록
  - 2022년 대비 2023년 생산능력 증가량 1위 기록, 틴츠 1만 톤, 캡켐 2만 톤, 엔켐이 32.5만 톤으로 342% 증가
  - 전해액은 양극재, 음극재, 전해액, 분리막 전기차 배터리의 4대 핵심 소재 중 하나. 이차전지 충전과 방전 과정에서 양극과 음극을 오가는 이온을 이동시키는 역할

- **미국 인플레이션감축법(IRA, 2024년 1월 1일부터) 최대 수혜 기업**
  - 중국 경쟁 기업 성장 정체, 미국 IRA 시행으로 미국 진출 어려운 상황, 유럽 시장도 마찬가지
  - 엔켐 IRA 수혜에 맞춰 북미 공급량 확대, 2022년 2만 톤에서 2026년 65만 톤으로 생산능력 32.5배 더 확장 계획, 신속하게 북미 현지 대응 능력 키우는 중

- **LG에너지솔루션, SK온, 얼티엠셀즈, 테슬라, 파나소닉 등 주요 고객사 보유**
  - 2024년 이차전지 상위 15개 글로벌기업 모두 납품 추진 중

- **총 생산능력 2022년 9.5만 톤, 2023년 42만 톤 2025년 146만 톤 목표**
  - 북미 지역 전해액 생산공장 중 가장 큰 생산능력 보유, 2023년 기준 엔켐 조지아 7만 톤, 솔브레인 5,000톤, 무이스 2만 톤

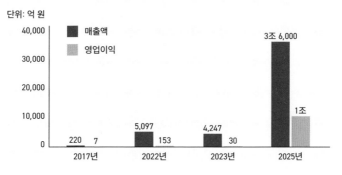

단위: 억 원

매출액
영업이익

※2025년 매출액은 엔켐 제시

- **2012년~2022년 10년간, 매출 연평균 성장률 85%**
  - 전해액 시장 평균 성장률 25%, 성장률 측면에서 압도적 1위
  - 2013년 20억 원, 2022년 5000억 원, 매출 10년간 250배 성장

- **북미 지역 전해액 생산 공장 중 가장 높은 생산능력 보유**

- **글로벌 이차전지 업체와 거래, 성장성이 있어 외국인 지분 상승 가능성 높아**

- **리튬염 내재화 추진으로 질적 성장 가속화**
  - 파트너사 중앙첨단소재와 합작법인 이디엘 설립, 새만금 부지 매입 2023년 8월 착공식

미국 인플레이션감축법(IRA) 최대 수혜 기업!

그간 이차전지 소재 시장은 중국기업 주도로 급성장했다. 2024년 1월 1일부터 시행된 미국의 인플레이션감축법(IRA)은 그 판도를 뒤바꿀 절호의 기회다. 국내 전해액 기업이 북미에서 제품을 제조하면 미국 인플레이션감축법(IRA)에 따라 세제 혜택을 받는 품목으로 정해졌기 때문이다. 그중 가장 먼저 큰 수혜를 입는 곳이 바로 일찌감치 북미 시장에 진출해 이미 매출 성과를 내고 있는 국내 대표 전해액 제조 기업, 엔켐이다.

2012년 충북 제천에서 설립된 엔켐은 세계 전해액 제조 회사다. 생산능력으로 보면 1위 중국 틴츠(Tinci), 2위 중국 캡켐(Capchem)에 이어 3위를 차지한다. 최근 중국 경쟁 기업은 내수 수요 감소 등으로 정체 중이다. 엎친 데 덮친 격으로 인플레이션감축법(IRA)으로 미국 공급 길도 단단히 막혔다. 유럽도 상황은 비슷하다. 유럽연합(EU) 역시 내년 '유럽판 IRA'로 불리는 핵심원자재법(CRMA)을 만들어 그들의 배터리 산업을 유럽 안에서 형성하고자

한다. 사실상 중국 전해액 기업의 해외 진출은 어려워질 수 있다는 의미다. 이에 따라 국내 전해액 기업도 미국 진출에 속도를 내고 있다. 하지만 미국에서 전해액 제조 공장 구축 후 승인과 양산까지 완료하려면 최소 3년이라는 시간이 소요된다. 이와 반대로 엔켐은 이미 북미와 유럽 시장을 선점, 인플레이션감축법(IRA) 수혜에 맞춰 공급량 확대에 선제적으로 대응하기 위해 생산능력과 점유율 확보에 적극 나섰다. 이미 출발선이 아닌 결승선 가까이와 있으며, 앞으로 3년이 엔켐의 승부수를 가리는 골든타임이 될 것이다.

중국 경쟁 기업과 2023년 전해액 생산능력을 비교하면 1위 틴츠가 100만 톤, 2위 캡켐이 49만 톤, 3위 엔켐이 42만 톤이다. 2022년 대비 2023년 생산능력 증가량은 1위 틴츠가 1만 톤, 2위 캡켐이 2만 톤이며, 3위 엔켐은 32.5만 톤으로 342% 증가했다. 이는 세계 2위 전해액 중국 기업의 턱 밑까지 바짝 추격한 형세다. 여기에 생산능력을 약 9배 더 확장해 가장 신속하게 북미 현지 대응 능력을 키울 계획이다. 주요 고객사는 LG에너지솔루션과 SK온, 얼티엄셀즈 등이 있다. 2024년 전지 상위 15개 글로벌기업 모두에 전해액 납품을 추진 중이다. 그만큼 전해액 시장을 주도한 중국에서도 엔켐의 제품과 가격 경쟁력을 입증받은 셈이라고 볼 수 있다.

공격 투자와 빠른 세계화 및 현지화 전략으로
미국과 유럽 등 글로벌 시장 선제적 진출!

엔켐은 2012년부터 2022년까지 10년간 매출 연평균 성장률이 85%다. 전해액 시장 평균 성장률은 25%였다. 성장률 측면에서 압도적인 세계 1위를 달성했다. 2013년 약 20억 원, 2022년 약 5,000억 원의 매출로 10년간 250배 성장하면서 글로벌 1위를 위협하는 대한민국 대표 전해액 기업으로 급성장했다.

다른 경쟁사와 차이점은 높은 기술력을 장착하고 발 빠르게 세계화와 현지화 전략을 추진했다는 점이다. 미래의 트렌드를 정확히 읽는 선견지명 덕이다. 2016년 주요 배터리 생산 거점인 중국을 시작으로, 2022년 이차전지 신흥 시장을 떠오른 미국과 유럽으로 확대, 3대륙 4개국에 현지 대규모 공장을 운영하며 선제적인 투자로 빠르게 글로벌 시장점유율을 높였다.

북미 지역의 전해액 생산공장은 3개다. 엔켐의 조지아 7만 톤 공장과 솔브레인의 5,000톤 공장, 일본 무이스의 2만 톤 공장이 있다. 엔켐은 2019년 미국 공략을 위해 미국 법인을 설립했다. 2022년 12월, 미국 조지아에 2만 톤 전해액 공장을 준공하고 2023년 초 SK온에 공급을 시작했다. 조지아 제1공장은 북미에서 가장 큰 규모의 전해액 공장으로 손꼽히며 2025년 20만 톤으로 최종 증설할 계획이다. 2024년 이후에는 중국 전해액 기업의 공급이 어려우니 미국에 진출하는 배터리기업은 대규모 생산시설을 갖춘 엔켐의 조지아 공장을 거칠 수밖에 없다. 이 외에도 텍사

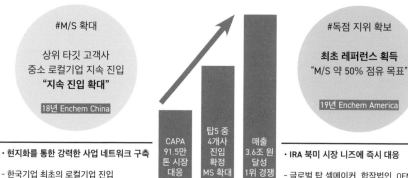

"글로벌 시장 지배"를 위한 2025년 엔켐 성장 전략!

#M/S 확대

상위 타깃 고객사
중소 로컬기업 지속 진입
"지속 진입 확대"

18년 Enchem China

#독점 지위 확보

최초 레퍼런스 획득
"M/S 약 50% 점유 목표"

19년 Enchem America

CAPA 91.5만 톤 시장 대응

탑5 중 4개사 진입 확정 MS 확대

매출 3.6조 원 달성 1위 경쟁

#중국-M/S 확대와 미국 - 독점 지위

• **현지화를 통한 강력한 사업 네트워크 구축**

- 한국기업 최초의 로컬기업 진입
- 유일한 글로벌 1위 원재료사와의 JV
- 중국 내 연구소 운영 및 ESS 등 사업 범위 확대

• **IRA 북미 시장 니즈에 즉시 대응**

- 글로벌 탑 셀메이커, 합작법인, OEM사 공급 중
- 25년 총 10개 기업 중 80% 이상 진입 전망
- MS/ITEM 확대를 통한 지속 생산 공급 예정

스, 테네시, 캐나다 온타리오 등에 공장을 추가 건설해 2025년까지 총 55만 톤까지 생산능력을 확충할 계획이다.

그렇게 2025년 북미 생산능력 점유율이 약 50%를 넘어서면 북미 시장 석권이 가능하다. 이미 선점한 미국 시장에서 대형 고객사를 중심으로 신규 고객도 추가 확보할 계획이다. 납품 중인 SK온, LG에너지솔루션, 얼티엄셀즈 등의 배터리 제조사 외에도 블루오벌(Blueoval)에도 납품을 추진 중이다. 추가로 GM, FORD, AESC 등의 신규 고객과도 공급 협의를 추진하고 있다.

양적, 질적 성장 동시에 추구하며
북미 중심 글로벌 시장 석권!

미국은 엔켐에게 축복 같은 지역이다. 발 빠르게 북미 중심으로 글로벌 전해액 시장을 선도하기 위해 양적, 질적 성장 전략도 모두 수립했다. 양적 성장은 이미 선점한 미국과 유럽 시장에서 초격차 경쟁력을 확보하기 위해 2025년까지 약 146만 톤의 생산능력을 추가할 계획이다. 엔켐 전해액 생산능력 추이를 살펴보면, 2023년 42만 톤, 2024년 89만 5,000톤, 2025년에 146만 톤, 2026년에 162만 톤이다. 2023년 대비 약 286%의 생산력 증대를 통해, 시장을 선제 대응할 방침이다. 특히 북미 시장은 2024년 37만 5,000톤에서 2026년 65만 톤까지 생산능력을 끌어 올릴 계획이다.

질적 성장은 두 자릿수 영업이익을 목표로 한다. 리튬염 내재화를 통해 5%, 현지화를 통해 2%, 대형화·자동화를 통해 2%의 영업이익을 개선할 예정이다. 그동안 중국기업 틴츠가 세계 전해액 시장을 선도할 수 있었던 비결은 기존 시장인 중국 내수시장의 수요를 바탕으로 안정적인 매출 증대와 리튬염을 내재화해 높은 영업이익률을 달성한 점이다. 엔켐 역시 영업이익의 질적 성장을 위해 전해액의 핵심 원료인 리튬염의 내재화를 빠르게 추진 중이다. 파트너사인 중앙첨단소재와 합작법인인 이디엘을 설립하고 새만금 부지를 매입해 2023년 8월에 착공식을 마쳤다.

북미 시장은 글로벌 자동차회사 OEM사가 밀집한 지역이다. 자동차는 소비자와 직접 연결돼 보수적 기조가 강하다. 문제가 없으면 공급사를 바꾸지 않는다. 북미에서 살아남기 위해서는 최초의 레퍼런스 획득이 중요한 이유다. 1벤더, 2벤더 물량 차이도 많다. 그래서 최대한 1벤더 진입을 서두르고 있다. 엔켐은 북미 시장 선점하고 진입장벽을 강화해 다른 기업이 들어온다고 해도 북미 점유율을 50% 이상은 지속적으로 가져가겠다는 목표다.

미국이 합작법인 중심으로 돌아간다면 유럽은 자체 배터리가 태동하는 지역이다. 폴란드 LG에너지솔루션과 헝가리 SK온 등에 공급하고 있으며 2025년부터는 유럽도 점차 시장점유율이 증가할 것으로 예상된다. 2023년 7만 톤 증설이 완료되는 폴란드 제1공장(2019년 완공, 2020년 현지 공급 시작)을 중심으로 헝가리, 프랑스 등에 2025년까지 총 34만 톤의 전해액 생산능력을 늘려 유럽 시장을 대응할 계획이다.

엔켐의 2025년 전체 매출 계획은 2022년 대비 약 720% 이상 성장한 3조 6,000억 원이다. 국가별 매출로는 한국 3.7% 약 1,300억 원, 미국 50.5% 약 1조 8,000억 원, 중국 33% 약 1조 2,000억 원, 유럽 12.7% 약 4,600억 원을 목표로 한다.

국내 전해액 역사를 쓴 배터리 연구원, 전기차 시장의 인텔 인사이드(intel inside) 꿈꿔

아주대 화학공학에서 석사까지 마친 오정강 대표는 대학 시절 핵과 배터리 둘 중 하나를 선택하는 갈림길에서 섰다. 핵을 공부하면 돈을 많이 벌겠지만 마음은 배터리를 향했다. 당시 휴대용 카세트 플레이어 마이마이를 들으면 배터리가 항상 부족했고 충전하는 불편함이 컸다. 이 문제부터 직접 해결해 보자는 생각으로 그의 배터리 인생이 시작됐다. 오 대표는 1999년 대학원 졸업 후 대우고등기술원의 연구원으로 자리를 옮겨 리튬이온전지(LIB, Lithium Ion Battery)를 연구하면서 앞으로 전기차는 물론 세상의 모든 에너지는 배터리가 지배할 것이라고 확신했다. 그의 표현대로라면 '전지밥 먹는 사람들' 사이에서는 이미 정해진 미래였다고 한다. 전망보다는 숙명이었고 연구원으로서 미래 전지 산업을 이끌고 만들어야 한다는 책임감이 강했다.

이후 SKC 전지개발팀 연구원을 거쳐 2008년 제일모직 전지재료사업부 수석 연구원으로 입사해 국내 최초로 휴대폰, 노트북 등 소형 IT 제품에 들어가는 리튬이온전지용 양극재와 전해액을 개발했다. 하지만 제일모직이 양극재를 지금의 에코프로에, 전해액은 동화일렉트로라이트에 매각했고, 오 대표는 공장 설비와 기술을 이전하는 과정에서 직접 전해액 사업에 도전하기로 결심했다. 그렇게 함께한 연구원들과 의기투합해 2012년 1월 엔켐을 설립했다. 오 대표는 국내 전해액의 역사이자 산증인이라 불린다. 엔켐이 세계 최고를 겨루며 신속한 개발과 대규모 생산능력에 대응할 수 있었던 건 그동안 쌓아 온 기술력과 노하우가 있었기에 가능했다.

설립 당시, GM이 1세대 볼트를 선보이며 미국과 유럽 등 주요 전기차 시장에 판매했다. 오 대표는 전해액 사업 방향을 전기차로 재빨리 옮겼다. LG와 함께 볼트 2세대 개발에 참여했고 결과는 대성공이었다. 다른 전해액 기업이 중국과 한국 시장을 바라볼 때 오 대표는 한 수를 더 내다보고 미국과 유럽에 먼저 관심을 가졌다. 현재 미국 조지아 공장과 유럽 폴란드, 헝가리 공장이 매출 성과를 내며 가동될 수 있었던 이유다.

오정강 대표의 꿈은 아직 진행형이다. 20년 후 그가 70살이 됐을 때 사업가로서 전성기를 맞이할 거라고 말한다. 그때면 엔켐은 명실공히 글로벌 1위 전해액 기업이 될 것이기 때문이다. 모든 소재 회사의 생태계가 그렇다. 시작할 때는 여러 개 회사가 함께 출발하지만 숙성 과정을 거쳐 결국 1, 2등만 남는다. 20여 년간 전해액이라는 외길 인생을 걸어온 오 대표는 어떤 기업이 전도유망한지를 전망하기보다는 10~20년 후 전성기가 되는 산업이 무엇인지 연구하고 스스로 미래를 만들어 나가라고 조언한다. 미래의 기회는 먼저 잡는 사람의 것이고 지금부터 준비해도 시간은 충분하다. 마지막으로 오정강 대표는 인텔 프로세서 탑재 PC에 부착된 '인텔 인사이드(intel inside)' 로고처럼 모든 전기차가 엔켐 전해액으로 움직이는 세상을 만드는 것이 목표라고 말한다. 전 세계 모든 전기차에 한국 기업 엔켐의 인사이드 로고를 만날 수 있는 날을 기대해 본다.

 서블리 인사이트

오정강 대표는 대우와 제일모직 등에서 근무하며 이차전지 배터리 개발 노하우를 쌓고 엔켐을 창업했다. 이론과 현장 경험을 겸비한 전해액 분야 최고의 전문가로 이차전지 업계에서 입지를 단단히 다지며 엔켐을 글로벌 1위 기업(중국 제외)으로 성장시켰다. 일찌감치 2019년 북미 시장에 진출해 공격적인 투자를 진행했고, 2024년에는 미국 인플레이션감축법(IRA) 항목에 전해액이 추가되는 운까지 따랐다. 이에 맞춰 헝가리, 북미 등에 생산능력을 2022년 9.5만 톤에서 2025년 146만 톤으로 단기간 빠르게 확대하고 있다. 전해액은 용매와 첨가제, 리튬염(LIPF6)을 배합하는 공정이라 투자액 대비 캐파를 대량으로 늘릴 수 있는 장점이 있다. 단, 현재는 전해액의 핵심인 리튬염을 직접 생산하지 않지만 관계사인 중앙첨단소와 합작법인 이디엘을 통해 리튬염 생산을 추진 중이다. 리튬염 생산의 성공 여부와 기술적인 측면이 변수로 작용될 수 있다.

SKC

▶ 세계 최고의 이차전지 동박 제조 기술력

기업 분석 핵심 포인트

- **2021년 전지용 동박 세계 시장점유율 1위**
  - 2021년 동박 세계 시장점유율 22% 1위 달성, 중국 왓슨(19%), 대만 창춘(18%), 롯데이너지머티리얼즈(13%)
  - 2023년 중국기업 공격적 증설로 가격 경쟁 격화, 전기차 시장 둔화 등으로 실적 부진
  - 2024년 세계 최고의 기술력과 해외 공장 증설로 원가 경쟁력 강화, 핵심 고객사 추가 및 중장기 공급 계약 체결로 2차 흑자 전환 목표

- **LG에너지솔루션, SK온, CATL, 파나소닉 글로벌 셀 메이커 고객사 보유**

- **정읍 공장 5만 톤, 말레이시아 공장 5만 톤, 폴란드 5만 톤 생산능력 보유**
  - 국내 정읍 5만 톤, 말레이시아 5만 톤 규모의 공장 건설
  - 폴란드 5만 톤 공장 건설 중
  - IRA, 관세 등 정책 동향 및 매크로 경영 상황에 맞춰 탄력적 계획 예정

- **100% 자회사 SK넥실리스 가장 길고 넓으며 얇은 동박 제조 기술력 보유**
  - 세계 최초 머리카락 1/30인 4㎛ 두께 초극박 동박 양산, (6㎛ 제품 기준) 77,000m 이상 길이, 1,400㎜ 이상의 점보롤 생산
  - 동박 얇을수록 배터리 에너지 밀도 향상, 넓고 길수록 고객사 생산비 절감 및 가동률 상승
  - 고품질 동박 제조 고도의 공정 제어 기술 필요해 진입장벽 높아

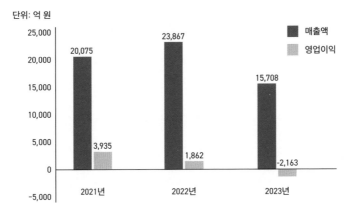

단위: 억 원

	2021년	2022년	2023년
매출액	20,075	23,867	15,708
영업이익	3,935	1,862	-2,163

- **이차전지용 차세대 실리콘 음극재 사업 가속화**
  - 2021년 영국 실리콘 음극재 기술기업 넥세온(Nexeon) 지분투자를 통한 최대주주 지위 확보 및 투자 기술 라이선스 확보
  - 2023년 자회사 얼티머스 설립
  - 2024년 상반기 시범 생산, 해외 고객사 인증 완료 후 양산 투자 여부 결정
  - 2024년 말 파나소닉 고함량 음극재 공급 준비

- **기존 사업 매각해 이차전지와 반도체 분야로 사업 포트폴리오 전환**
  - 반도체 사업 강화 위해 테스트 소켓 강자 ISC 인수

- **자회사 앱솔릭스, 세계 최초 반도체용 글라스 기판 상용화 추진**
  - 글라스 기판, 반도체 패키징 분야에서 게임 체인저로 꼽히는 미래형 소재

화학 분야에서 최초의 기록을 써온 SKC, 사업 전면 개편하고 2021년 동박 세계 시장점유율 1위 기록!

1976년 창립해 국내 소재산업을 선도해 온 SKC가 기존 필름, 화학 중심에서 벗어나 이차전지·반도체·친환경 소재 중심의 고부가가치 소재회사로 거듭나고 있다. 2020년 글로벌 트렌드에 걸맞은 비즈니스 모델 혁신을 위해 필름과 기초 소재 관련 사업 부분을 잇따라 매각하고 사업 포트폴리오를 이차전지와 반도체로 전면 재편했다.

먼저 2019년 세계 1위 배터리 동박 업체 KCFT를 인수하고 SK넥실리스를 출범시켜 이차전지 소재 사업을 강화했다. KCFT는 초극박, 고강도의 동박 생산 기술력을 갖춘 업체로, 여기에 SKC의 40년 기술 노하우가 집약된 필름 제조 기술을 더해 더 얇고 뛰어난 품질의 동박으로 세계 이차전지시장을 정조준한다는 전략이었다.

리튬이온 배터리는 '양극-분리막-음극'이 겹겹이 쌓여 있는 구조다. 음극의 핵심 소재인 동박(copper foil)은 구리를 고도의 공정 기술로 얇게 만든 포일 형태의 막이다. 특히 이차전지용 동박은 얇을수록 음극 활물질을 많이 채울 수 있어 배터리 고용량화와 경량화에 유리하다. 또 넓고 길수록 고객사 생산성 향상으로 이어진다. 따라서 누가 더 얇고 넓으며 길게 생산할 수 있느냐가 동박 시장의 우위를 점할 수 있는 핵심 기술로 통한다.

SNE리서치에 따르면 2021년 세계 동박 시장에서 SK넥실리스는 점유율 22%로 1위를 차지했다. 중국 왓슨(19%), 대만 창춘(18%), 롯데에너지머티리얼즈(13%) 등이 뒤를 이었다. 하지만 SKC는 1위의 자리를 잠깐 중국업체에 내주었다. 이차전지용 동박 시장은 중국기업들의 공격적인 증설과 가격 경쟁으로 격화되고 있으며, 여기에 전방산업인 전기차 시장 성장세가 둔화되면서 발주 물량이 급감한 탓이다.

하지만 무엇보다 자신하는 건 바로 세계 1위를 자랑하는 고품질의 동박 제조 기술력이다. 2024년 말레이시아 공장 상업화에 따라 점진적으로 원가 경쟁력이 강화될 것이라고 보고 있다. 또 전방 시장 시황 회복과 함께 핵심 고객사와의 추가 중장기 공급계약 체결로 2024년 하반기부터 본격적인 실적 개선을 이뤄낼 것을 목표로 삼았다.

최고의 기술력에 걸맞은 생산능력을 갖추기 위해 증설에도 박차를 가하고 있다. 2024년 2월 기준, SKC 국내 동박 생산능력은 정읍 공장 5만 톤, 말레이시아 공장이 5만 톤이다. 폴란드 공장도

5만 톤 수준으로 증설 중이며, 동박이 IRA에서 핵심 광물로 포함되지 않으면서 미국 투자는 잠시 보류 중이다.

SKC의 동박 제조 경쟁력은 크게 4가지로 요약할 수 있다. 먼저 두께다. 동박은 얇을수록 배터리 에너지 밀도를 향상시키는 효과가 크다. 얇으면서도 휘지 않고 균일한 표면의 포일을 만드는 것이 핵심 기술이다. 얇은 동박은 쉽게 찢기고 주름이 생기기 쉬워 고도의 공정 제어 기술이 필요한 만큼 진입장벽이 높다. 자회사 SK넥실리스는 강도와 연신율(금속이 끊어지지 않고 늘어나는 비율)이 높은 4μm(머리카락 1/30) 두께의 초극박 동박을 세계 최초로 양산했다. 두 번째는 폭과 길이다. 폭이 넓을수록 동일 시간당 생산 면적이 증가해 생산비가 절감되고 길이가 길수록 가동률이 향상된다. SK넥실리스는 최대 1,400mm 폭의 점보롤과 세계 최장 길이인 최대 77,000m(6μm 제품 기준) 길이의 제품을 생산해 고객사 원가 절감 및 생산성 향상을 돕는다.

동박은 양극의 알루미늄박과 다르게 첨가제를 넣어 물성을 조절할 수 있다는 특징이 있다. 구리를 용해한 뒤 화학적 첨가물을 넣어 강도를 강하게 하거나 열에 잘 견딜 수 있게 하는 등 고품질의 동박 물성을 조절하는 첨가제 기술력도 SKC만의 강점이다.

마지막이 고객사별 맞춤 제작이다. 고객사별 니즈에 맞춘 다양한 제품군을 제공할 수 있는 풀 라인업을 구축해 변화하는 트렌드에 맞게 발 빠른 대응이 가능하다. SKC의 전지용 동박 특허 출원 건수는 2023년 3월 기준, 230건으로 업계 최다 특허를 보유한다. LG에너지솔루션과 SK온, 중국 CATL, 일본 파나소닉 등 글로벌 배터리 기업이 주요 고객사다.

영국 기술기업 넥세온 인수해
이차전지용 차세대 실리콘 음극재 사업 가속화!
2024년 양산 목표!

이차전지용 동박과 함께 이차전지 소재 분야의 주요 미래 먹거리로 꼽히는 실리콘 음극재 사업에도 본격적으로 진출하며 새로운 성장 동력을 만들어 나가는 중이다. 실리콘 음극재는 전기차의 성장과 더불어 용량 한계치에 도달한 탄소계음극(360mAh/g)을 대체하는 고에너지밀도의 활물질이라 불린다. 이차전지 음극 내 실리콘 함량이 높을수록 배터리 충전 속도, 전기차 주행거리 성능이 높아져 전기차 시장의 차세대 소재로 주목받는다. 기존 실리콘 음극재는 높은 용량(3750mAh/g)에도 불구하고 충·방전에 따른 부피 팽창과 낮은 전도로 수명이 짧았다. SKC의 실리콘 음극재는 실리콘 나노 입자가 산소층과 탄소층으로 균일하게 분포된 복합체 구조로, 부피팽창과 수축에 따른 수명 열화를 억제하면서 우수한 전도성에 기반해 고용량, 장수명, 고출력 성능을 자랑한다.

실리콘 음극재 사업화를 위해 2021년 영국 넥세온의 최대 주주 지위 확보를 통한 기술 라이선스를 확보했으며, 2023년 자회사 얼티머스를 설립하여 사업화를 검토 중이다. 2006년 영국에 설립된 기술 기업 넥세온은 성능과 가격 경쟁력이 뛰어난 실리콘 음극재에 대한 기술력과 이와 관련한 중요 특허를 가장 많이 보유한 곳이다.

실리콘 음극재는 보통 용량에 따라 저함량(15% 이하)과 고함량(15% 이상)으로 나눠 표현하지만 결정 구조 자체가 다르다. 실리콘 함유량이 산화물계보다 많아 충전 속도와 주행거리 등과 같은 퍼포먼스가 더 높다. 또한, SiC 음극재는 연속공정이 가능해 배차식 공정인 SiOx(산화물계) 실리콘 음극재 대비 생산성과 원가 경쟁력이 훨씬 높다. 저함량 음극재는 수원 공장에 파일럿 라인이 완성돼 2024년 3월부터 시범 생산을 시작한다. 해외 고객사 인증이 끝나면 2024년 3분기에 양산 투자를 결정할 계획이다. 고함량 음극재 공장은 군산에 있다. 2024년 말부터 파나소닉에 고함량 음극재를 공급하는 계약을 체결했다. 고함량 음극재가 탑재된 전기차는 아직 없다. SKC가 고함량 음극재를 전기차에 탑재하면 세계 최초지만 전기차 시장에 빠르게 침투할 수 있을지는 조금 더 지켜봐야 하는 상황이다.

신사업 이차전지와 반도체

이차전지 소재	반도체 소재
동박 • 신규 고객사 공급계약 다수 체결 (유럽, 미국 등) • 말레이시아 공장 상업화 **실리콘 음극재** • 저함량: 사업법인 설립 및 파일럿 착공 • 고함량:(넥세온)파나소닉과 공급 계약 체결 및 양산 준비	**고부가/고수익 산업 전환** • 반도체 테스트솔루션 기업 ISC 인수 • 고수익 소재/부품 포트폴리오 강화 **후공정 사업 확장** • 반도체 기반 디자인 하우스 치플레츠 지분 투자 • 글라스기판 조지아 공장 건설

반도체 후공정 소재 분야 집중 투자, 반도체 패키징 '게임 체인저' 글라스 기판 세계 최초 사업화!

SKC가 주력하는 이차전지 소재와 다른 한 축을 이루는 분야가 바도 반도체 소재/부품 사업이다. 저부가 기초소재 사업을 정리하는 대신 반도체 테스트 솔루션 분야의 선두주자인 ISC를 인수하고 미국 반도체 디자인 하우스 치플레츠(Chipletz)사에 지분 투자를 진행했다.

먼저 SKC의 자회사 앱솔릭스는 세계 최초로 반도체용 글라스 기판 상용화를 위해 2023년 미국 조지아주에 1차 제조공장을 지었다. 실리콘 반도체가 인공지능 컴퓨팅의 성능을 좌우했다면 최근에는 CPU, GPU, 디램 등 각기 다른 기능을 하는 칩들을 유기적으로 연결하는 후공정인 반도체 패키징이 시스템의 성능을 결정짓는다고 볼 수 있다. 반도체 패키징 기판에는 다양한 소재가 사용되는데 그중에 강력한 후보로 떠오른 소재가 바로 유리다. 유리는 컴퓨터 칩세트의 성능과 전력 효율을 대폭 끌어올릴 수 있어 반도체 패키징 분야에서 '게임 체인저'로 꼽히는 미래형 소재다.

SKC 글라스 기판은 표면이 매끄럽고 사각패널을 대면적으로 만들 수 있어 반도체 패키징 미세화는 물론, 대형화 추세에 대응이 가능하다. 중간 기판이 필요 없어 두께가 얇고 전력 효율이 좋다. 특히 기판 표면에 설치해야 했던 MLCC를 기판 내부에 넣고 표면에 더 큰 CPU, GPU를 장착해 더 많은 메모리를 넣을 수도 있다. 2024년 상반기 말부터 시생산과 고객사 인증을 진행해 2025년 상업화를 달성한다는 계획이다. 인증이 잘 이뤄지면 2025년 상반기 상업화가 실현될 것이라고 예상된다.

CMP 패드(Chemical Mechanical Polishing Pad)는 반도체 집적도를 높이기 위해 웨이퍼 표면을 연마하는데 소모성 패드다. 3D 낸드플래시 등의 생산이 급증하면서 수요가 늘고 있다. 연간 약 600~700억 원의 매출이 발생하며 영업이익률은 20% 초반이다. 블랭크 마스크는 반도체 노광 공정에 사용되는 포토 마스크의 핵심 부품이다. 필름 사진에 비유하면, 촬영 전 필름이 블랭크 마스크이고, 촬영 후 현상이 전사된 필름이 포토 마스크다. 반도체 기술이 발전할수록 미세한 패턴을 형성할 수 있는 고해상도의 포토

사업별 전망/계획

이차전지	반도체
• 2024년 수요 회복 시작, 하반기 개선 복격화(고객사 재고 축적, 말레이시아 추가 인증) • 주요 고객사 전략적 파트너십 구축 및 중장기 고급 계약 추진 • 전력비 절감 등 원가 구조 개선 통한 안정적 수익 구조 확보	• 비메모리 실리콘 러버 소켓 양산향 매출 확대 • 차세대 메모리 반도체용 테스트 소켓 판매 확대 • 반도체 업황 회복에 따른 CMP 패드, CMP Slurry 판매 증가

마스크가 필요하며, 이를 뒷받침할 수 있는 블랭크 마스크가 필수적이다. SKC는 하이엔드급 블랭크 마스크 국산화에 박차를 가하고 있다.

SK그룹은 SK하이닉스를 중심으로 소재나 부품이 전공정에 몰려 있다. SKC는 블루오션인 후공정 시장에 집중하겠다는 전략이다. 이차전지와 반도체에 사활을 건 만큼 화학 사업은 점차 지워 나가는 과정이다. 다른 화학기업 역시 새로운 수요가 줄어 적자를 보는 곳이 많다. 코로나 이후 새로운 수요가 창출이 안 되는 게 문제다. 필름 제조로 명성을 날렸던 SKC 역시 성장 가능성이 없는 기존 사업을 과감히 매각하고 이차전지와 반도체 고부가가치 소재 분야로 사업을 전면 개편하며 제2의 도약을 위한 기반을 단단히 쌓고 있다. 많은 변화를 통해 위기를 기회로 극복해 다시 글로벌 1위의 명성을 되찾을 수 있을지 지켜보자.

SKC는 주력산업인 필름 등의 화학 분야에서 이차전지와 반도체 분야로 변신을 시도 중이다. 동박 시장은 중국과 한국의 업체가 경쟁하는 구도다. 음극재는 전기자동차의 주행거리를 획기적으로 늘리면서 충전 시간도 크게 단축하는 역할을 하기 때문에 전기자동차 시장 성장과도 연관이 깊다. 실리콘 음극재는 실리콘 함량이 15% 이상이면 600㎞ 이상의 주행거리와 20분 내외의 급속 충전이 가능하다. 향후 실리콘 함량 30%가 상용화되면 전기차시장의 획기적인 변화가 예상된다.

한온시스템

▶ 전기차 열에너지 솔루션의 글로벌 리더

기업 분석 핵심 포인트

- **차량용 열 관리 시스템 및 부품 공급 업체**
  - 글로벌 열 관리 시스템 시장에서 일본 도요타 계열의 자동차 부품사 덴소와 양대 산맥

- **현대그룹차 비중 전체 매출 47%**
  - 2023년 기준, 전체 매출 중 한국 27%, 유럽 31%, 미국 27%, 아시아 15%
  - 고객 비중 HMG 47%, 포드 12%, 폭스바겐 10%, GM 7%, 스텔란티스와 BMW가 각각 4%, 메르세데스 벤츠 3%, 그 외 13%

- **전기차 배터리 성능 높이는 핵심 부품 히트펌프&전동 컴프레서 글로벌 특허 점유율 1위 차지**
  - 전기차 배터리 열 관리 시스템에서 가장 중요한 히트펌프와 전동 컴프레서 각각 12.3%, 25.7% 특허점유율 세계 1위, 전동 컴프레서는 에어컨 시스템의 핵심 부품으로 냉매를 압축하는 역할
  - 2023년 12월 기준, 전동 컴프레서 전체 매출 비중의 9%, 유닛 기준 연간 300만 대 공급
  - 현대차, BMW, 폭스바겐, 스텔란티스 주요 고객사, 유럽과 미국 내 컴프레서 추가 고객 확보

- **21개국, 50개의 제조 공장 및 한국, 독일, 미국 R&D 혁신센터 보유**

- **6억 원대 롤스로이스 첫 전기차 스펙터의 열 관리 시스템 부품 공급사로 글로벌 기술력 입증**

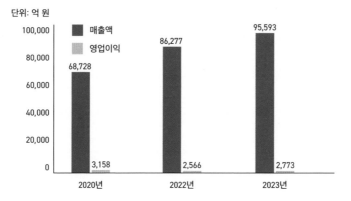

단위: 억 원

	2020년	2022년	2023년
매출액	68,728	86,277	95,593
영업이익	3,158	2,566	2,773

- **폐열회수 방식 히트펌프, 800볼트용 전기차 열 관리 시스템, 친환경 냉매 컴프레서 세계 최초 개발**
  - 친환경차 시장 확대에 따라 친환경 냉매를 활용한 R744 전동 컴프레서도 이미 개발 완료, 향후 강화될 환경 규제와 변화에 선도적 대응, 2027년까지 도전자 없으면 유럽 친환경 자동차 열 관리 시스템 독점 가능성 커

- **모듈 및 시스템화로 업그레이드 될 차세대 전기차 열 관리 분야 기술 개발 추진**
  - 모듈 및 시스템화로 업그레이드될 차세대 전기차 열 관리 시스템 분야도 개발 완성 단계, 후발 기업과 기술 격차를 벌이며 선도적 시장 개척

한온시스템 열 관리 시스템 장착한 아이오닉6
노르웨이 겨울 전기차 주행거리 테스트에서 3위 차지,
전체 매출 중 현대차그룹 비중 47%!

전기차 주행거리는 여름과 겨울에 많은 차이를 보인다. 특히 기온이 떨어지는 겨울철 배터리의 열 관리는 에너지 효율과 주행거리를 좌우할 만큼 중요하다. 이를 위해 유럽 국가 중에서도 춥기로 유명한 노르웨이는 매년 겨울마다 전기차 라벨에 표시된 주행거리와 실제 주행거리의 차이를 알아보는 '겨울 전기자동차 주행거리 테스트'를 진행한다.

2024년 2월 전기차 전문 매체 〈인사이드EVs〉에 따르면, 노르웨이 자동차연맹(NAF)이 실시한 '겨울 전기자동차 주행거리 테스트'에서 현대 아이오닉6가 공식 최대 주행거리 614km 기준에 실제 주행거리 467.8km로 23.8% 차이를 기록하며 3위를 차지했다고 밝혔다. 매년 1위를 기록한 테슬라 모델3(629km 기준 441km로 29.9% 차이)보다 좋은 결과다.

2024 노르웨이 자동차연맹(NAF) 겨울 전기자동차 주행거리 테스트 결과

Model	WLTP range in km	Range in the El Prix test in km	Difference between WLTP and El Prix figures
Audi Q8 e-tron Sportback	515km	411.4km	-20.1%
BMW i5	505km	44306km	-12.2%
BYD Dolphin	427km	339.2km	-20.6%
Ford F-150 Lightning	429km	337.5km	-21.3%
HiPhi Z	555km	522km	-5.9%
Hyundai Ioniq 6	614km	467.8km	-23.8%
Hyundai Kona electric	454km	341.3km	-24.8%
Jeep Avenger	395km	286km	-27.6%
Kia EV9	505km	441.9km	-12.5%
Lotus Eletre	530km	464.6km	-12.3%
MG4 Trophy Extended Range	520km	399.6km	-23.2%
Mercedes-Benz EQE SUV	491km	399km	-18.7%
NIO EL6(ES6)	529km	456km	-13.8%
NIO ET5	560km	481.4km	-14%
Nissan Ariya	498km	369.4km	-25.8%
Opel Astra	413km	296km	-28.3%
Peugeot e-308	409km	297km	-27.4%
Polestar2 Long Range	614km	430km	-30%
Tesla Model3	629km	441km	-29.9%
Toyota bZ4X	460km	313.5km	-31.8%
Volkswagen ID.7	608km	414km	-31.9%
Volvo C40 Recharge	572km	395km	-30.9%
XPeng G9	520km	451.8km	-13.1%

자료: INSIDE EVs

    총 23개의 2024년형 글로벌 전기차 브랜드 중 현대 아이오닉 6가 겨울철 1회 완충 주행거리 테스트에서 상위권을 차지할 수 있었던 비결이 있다. 바로 배터리 효율을 높인 성능 좋은 열 관리 시스템을 장착했기 때문이다. 그리고 이를 공급한 업체가 바로 한온시스템이다.

한온시스템 소개에 앞서, 이번 테스트에서 중요하게 볼 부분이 또 있다. 글로벌 전기차 열 관리 분야에서 한온시스템과 일본의 덴소는 양대 산맥을 이루는 경쟁사다. 이번 테스트에서 덴소가 공급한 도요타 최초의 전기차인 BZ4X의 기록을 보면, 공식 최대 주행거리 $460km$ 기준에 실제 주행거리 $313.5km$로 31.8%의 차이를 기록했다. 한온시스템의 열 관리 시스템이 장착된 아이오닉6와는 주행거리가 $100km$ 이상 차이가 난다. 이는 전기차 시장에서 한온시스템 열 관리 시스템의 기술력이 단연 1위라는 것을 단적으로 보여 주는 결과다. 이 외에도 이번 테스트에서 한온시스템이 열 관리 시스템 또는 부품을 공급한 곳은 BMW, 기아, 폭스바겐, 아우디이며 겨울철 배터리 효율면에서 좋은 평가를 받았다.

1986년 설립된 한온시스템은 전기차 및 내연기관차 전용 열에너지 관리(공조) 시스템을 개발·제조하는 회사다. 냉·난방 공조 시스템(HVAC), 파워트레인 쿨링(PTC), 압축기(컴프레서), 플루이드 트랜스포트(FT) 유압제어장치(E&FP), 히트펌프 시스템 등 다양한 자동차용 공조부품과 시스템을 고객사에 공급한다. 주요 고객사는 앞서 말한 현대차그룹과 해외 유명 자동차 브랜드인 BMW, 폭스바겐, 아우디, 스텔란티스, 롤스로이스 등이다. 한온시스템 매출 중 현대차와 기아, 현대모비스를 포함한 현대차그룹 비중이 50%에 달한다.

6억 대 롤스로이스도 인정한 한온시스템 냉매 기술력, 히트펌프 세계 최다 특허 보유!

열 관리 시스템은 쉽게 말해 차량용 에어컨을 말한다. 내연기관차에서 열 관리 시스템은 실내 냉난방과 엔진 과열 방지 등 기능이 비교적 단순했다. 하지만 전기차는 배터리의 열 관리가 에너지 효율과 안정성을 좌우하는 핵심 역할을 담당한다. 여름에는 온도를 낮게, 겨울에는 온도를 높게 유지해야 하기에 전기차의 핵심 부품으로 열 관리 시스템의 중요성이 더욱 높아졌다.

한온시스템이 글로벌 전기차 시대로 갈수록 더욱더 각광받게 된 데는 그동안 끊임없는 연구개발로 세계 1위를 기록한 특허점유율(렉시스, 넥시스 툴 활용 계산)에 있다. '2023년 한온시스템 지속가능경영보고서'에 따르면 배터리 열 관리 시스템에서 가장 중요한 히트펌프는 12.3%로 세계 1위, 전동 컴프레서는 25.7%로 세계 2위의 특허점유율을 자랑한다. 전동 컴프레서는 에어컨 시스템의 핵심 부품으로 냉매를 압축하는 역할을 한다. 내연기관차는 기계식 컴프레서, 하이브리드 및 전기차는 전동 컴프레서가 들어간다. 생산량은 덴소가 1위, 한온시스템이 2위지만 덴소는 도요타 계열의 자동차 부품사로 도요타 하이브리드 전량을 덴소가 공급한다. 도요타가 내놓은 전기차는 1대뿐이다. 글로벌 전기차 분야로 보면 열 관리 시스템 공급률과 기술력은 한온시스템이 단연 1위다.

한온시스템은 세계 21개국, 50개의 제조공장과 한국, 독일, 미

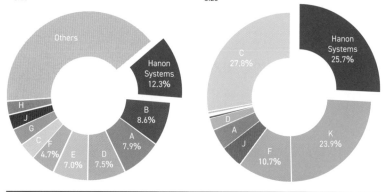

히트펌프 시스템과 전동 컴프레서 특허 현황

Global Patents Share of Heat Pump System

• Hanon Systems ranked first in Heat Pump System with a 12.3% share of patents based on portfolio size

Global Patents Share of Electric Compressor

• Hanon Systems ranked second in eCompressor with a 25.7% share of patents based on portfolio size

Hanon Systems Showed Technology Leadership According to the Patent Analysis by LexisNexis

국에 R&D 혁신센터를 보유하고 있다. 2023년 기준, 전체 매출 비중은 한국 27%, 유럽 31%, 미국 27%, 아시아 15%다. 고객 비중은 HMG이 47%, 포드 12%, 폭스바겐 10%, GM 7%, 스텔란티스와 BMW가 각각 4%, 메르세데스 벤츠 3%, 그 외가 13%다.

한온시스템은 2000년대부터 시작해 기술력을 고도화하면서 5세대 전동 컴프레서를 내놓았다. 전동 컴프레서는 에어컨 작동을 위한 주요 장치다. 전기차에서는 냉매를 순환시켜 배터리를 안전한 작동 온도로 유지한다. 내연기관차는 엔진 자체가 진동과 소음이 크지만 전기차는 신호 대기로 정차하면 소음과 진동이 일어나는 장치가 컴프레서밖에 없다. 그래서 전기차 시대에 컴프레서는 내연기관 시대보다 훨씬 더 중요한 역할, 그리고 더 높은 사양이 요구된다. 내연기관차의 컴프레서는 성능에 따라 대당 8~10만 원이다. 전기차는 최소 20만 원에서 시작해 30~40만 원을 웃돈다. 가격에서 알 수 있듯 전기차에서 컴프레서 역할이 더 중요하다는 뜻이다. 현대차그룹의 전기차 전용 플랫폼 E-GMP에는 한온시스템의 전동 컴프레서가 적용되어 있다. 이는 현대차그룹의 전기차가 글로벌 항속거리 테스트에서 더 좋은 평가를 받고 있는 주요한 요인이다. 2023년 12월 기준, 전동 컴프레서가 전체 매출의 9%를 차지한다. 현대차, BMW, 폭스바겐, 스텔란티스 4곳의 고객사 이외에 미국, 유럽 내 추가 고객사 확보로 2025년까지 전동 컴프레서 비중이 더욱 확대될 전망이다.

120년 역사를 지닌 세계 최고급 명차 롤스로이스도 브랜드 최초의 전기차 '스펙터'에 장착할 열 관리 시스템 부품 공급사로 한온시스템을 선택했다. 스펙터는 역대 롤스로이스 모델들 중 가장 까다로운 개발 과정을 거친 전기차로도 유명하다. 한온시스템이 전기차의 핵심 부품인 전동 컴프레서와 전동 워터펌프를 약 6억 원대에 달하는 롤스로이스 스펙터에 공급한다는 것은 글로벌 완성차 업계에서 세계 최고의 기술력이 입증됐다는 의미다.

'자동차 열 관리' 한 우물만 파며
전기차 시대를 맞아 세계 1위로 우뚝 서,
친환경 및 차세대 전기차 시장에서도 선두 달려!

한온시스템의 전신인 한라공조는 1986년 한라그룹 계열회사인 만도기계와 미국 포드자동차의 합작으로 설립됐다. 이후 비스테온에 한라공조 지분을 이전하면서 한라비스테온공조로, 2015년 한국타이어와 사모펀드 한앤컴퍼니가 지분 70%를 인수하면서 지금의 한온시스템으로 사명을 변경했다. 이렇게 회사 이름이 여러 번 바뀌는 혼란 속에서도 회사는 '자동차 열 관리 시스템'이라는 한 우물만 묵묵히 팠다. 그 결과 과거에는 실내 냉난방 중심의 자동차 에어컨 장치를 만드는 부품사에 불과했지만 전기차 성장과 함께 열 관리 시스템의 핵심 부품사로 떠오르면서 세계 완성차 업계에서 주목받는 기술력 1위 기업으로 자리매김했다.

행운도 준비한 자에게 오듯, 한온시스템은 전기차의 미래 성장성에 대해 먼저 내다보고 2014년 '히트펌프' 방식의 통합 열 관리 솔루션을 세계 최초로 개발했다. 차량에서 발생한 폐열을 실내 공조에 재활용하는 히트펌프는 이제 전기차의 필수 기술이 됐다.

2023년 열 관리 시스템은 대략 300만 대를 공급했다. 2025년은 500만 대를 바라보고 있으며, 2030년까지 1,000만 대를 넘기는 것이 궁극적인 목표다. 덴소가 전기차 시장에서 입지를 다지지 못하면 2,000만 대도 가능할 것이라고 본다.

매출액은 2013년 5조 1,000억 원에서 2022년 8조 6,000억 원,

2023년 9조 5,000억 원이다. 2025년은 11조 원, 2030년 16조 원을 목표로 한다. 2017~19년까지 영업이익률은 7% 대를 유지했지만 2020년 이후로는 3~4%로 떨어졌다. 여기에는 세 가지 이유가 있다. 첫 번째는 코로나 이후 인플레이션을 아직 반영 못 한 점, 두 번째는 주요 고객사인 현대차가 중국에서 점유율을 잃은 점, 세 번째는 전기차 1,000만 대 공급을 기준으로 연구개발비에 집중 투자했고, 그에 반해 아직 규모의 경제를 달성하지 못한 점이다. 한온시스템이 영위하는 자동차 부품 산업은 자동차 산업으로부터 직접적인 영향을 받는다. 특히 국내 자동차 1·2위 업체인 현대차와 기아의 실적이 한온시스템 매출에 큰 영향을 미친다. 현대차가 성장하는 만큼 한온시스템도 동반성장할 가능성이 크다. 현대차는 물론 벤츠, BMW, 스텔란티스, 롤스로이스까지 전기차에 단 한 대만 들어갈 수 있는 컴프레서 공급사를 한온시스템으로 선택했다는 것은 이미 세계 최고의 기술력을 인정받았다는 뜻이다.

세계 최초 타이틀도 많다. 테슬라를 포함한 모든 전기차는 400볼트 시스템이다. 현대차가 최초로 800볼트 시스템을 도입했고, 한온시스템 역시 세계 최초로 800볼트에 맞춘 열 관리 시스템을 개발 완료했다. 친환경차 시장의 확대에 따라 친환경 냉매를 활용한 R744 전동 컴프레서도 이미 최초 개발을 마쳤다. 이를 통해 향후 강화될 환경 규제와 변화에 선도적으로 대응하겠다는 계획이다. 친환경 냉매를 활용한 R744 전동 컴프레서는 누적 생산량 50만 대를 돌파했으며, 독일 폭스바겐그룹 전기차 전용 MEB 플랫폼에 부품을 공급했다. 2027년 유럽에서 친환경 냉매 규제

가능성이 크며, 이때까지 도전자가 없으며 유럽 자동차 열 관리 시스템은 한온시스템 독점 체제가 된다. 한온시스템은 여기서 만족하지 않고 모듈 및 시스템화로 업그레이드될 차세대 전기차 열 관리 시스템 분야도 개발 완성 단계에 다다르며 후발 기업과 기술 격차를 벌리고 있다.

앞으로 전기차 시장이 확대되면 배터리의 성능을 좌우하는 핵심 부품인 열 관리 시스템 시장 역시 한온시스템이 독보적인 1위를 차지할 가능성이 크다. 지난 노르웨이 전기차 동계 테스트의 평가는 물론 세계 1위를 자랑하는 글로벌 특허점유율, 그리고 세계 명차들이 손꼽는 최고의 기술력과 고객사만 봐도 그 증거는 충분하다. 전기차 시대는 이미 정해진 미래다. 준비를 마친 한온시스템이 이제 얼마나 큰 수확을 거둘지 잘 지켜보자.

 서 블 리 인 사 이 트

한온시스템은 2015년 한앤컴퍼니 펀드와 한국타이어가 경영권을 인수했다. 2023년 실적 기준으로 인수 당시와 비교했을 때 매출은 5조 원에서 9조 원으로 증가했으나 영업이익은 소폭 감소했다. 이는 전기차를 대비한 투자가 지속되는 데다 중국 시장에서 한국자동차의 매출이 크게 감소하면서 영업이익률이 낮아진 것으로 판단된다. 내연기관차에서 전기차로 패러다임이 변화하면서 자동차 공조 분야는 배터리 자동차 주행 거리에도 영향을 미치고 자동차 내부 시스템에도 중요한 역할을 한다. 한온시스템은 전기차 분야의 기술 개발 등 꾸준한 투자를 진행해 왔다. 향후 현대기아자동차의 의존도에서 해외 메이저 자동차 거래 확대로 수익 개선 가능성이 있어 보인다.

Part 3

방산 / 원전

K-방산, 정부에서
민간 주도 이전하며
한국의 미래 먹거리로 등장

민간 주도 방위산업 체제를 갖추며 글로벌 강자로 우뚝 서다!

한국 방위산업은 남북 관계 대립이라는 필연적 관계로 인해 꾸준히 발전할 수밖에 없었다. 1970년대 박정희 시대부터 정부 주도 하에 본격적으로 무기 개발을 시작했다. 그전까지 한국은 6. 25 전쟁 이후 미국이 원조한 무기를 토대로 국방 체제를 정립했다. 1970년 국방과학연구소를 설립해 국산 무기 개발에 나섰지만 정부 주도 개발은 공무원이 개발자였고, 연구개발 인센티브가 적은데다 수출 제약 또한 많았다.

국내 방위산업은 2000년부터 수출을 위해 민간기업 위주로 체제가 전향되면서 지속 성장을 이루는 계기를 맞았다. 2001년 K-9 자주포가 튀르키예에 수출되면서 첫걸음을 내디뎠고 2006년 설립된 방위사업청을 중심으로 방산 수출 확대를 추진했다.

이후 이명박 정부에 들어서 완전히 민간 주도의 경쟁 원리를 도입하고 미사일 개발 시 사거리 제한이 미국과의 협상으로 해결되면서 K-방산은 한 단계 레벨업이 됐다. 특히 초음속 미사일(마하 2.0)과 레이더 감지를 피하는 스텔스 기능 등이 탑재된 전투기 KF-21의 개발은 공중전에 획기적인 변화를 불러올 것으로 기대한다. 2023년 11월, 정부는 국산 전투기 40대를 2028년까지 생산하기로 최종 확정했다. 전투기 한 대당 1,000억 원이 넘는 KF-21은 5세대 전투기로, 향후 남북 관계의 공중전에서 압도적인 우위가 될 것으로 예상된다. 글로벌 K-방산의 기술력 또한 세계 최고임을 입증하는 계기가 될 것으로 전망된다.

한국 방위산업의 미래,
향후 50년 냉전 시대 지속되면서 고성장 담보!

최고 50년간 전 세계가 평화를 유지하면서 방산 장비를 생산하는 국가는 분단국가인 한국과 북한이 유일했다. 유럽은 25년간 군비를 축소하며 방산업체의 생산능력이 크게 저하됐다. 미국은 방위산업에 지속적으로 투자하며 개발과 생산을 이어오고 있으나 생산 단가가 높아 글로벌 경쟁력에서는 불리한 상황이다. 각 나라에서 방산 장비를 원하는 수량을 원하는 기간에 납품할 수 있는 나라는 전 세계에서 한국밖에 없다.

　과거 50년 평화의 시대에서 앞으로 50년은 냉전의 시대가 지속될 전망이다. 러시아-우크라이나 전쟁, 이스라엘-하마스, 중국-대만, 중국-베트남 등의 전쟁이 발발하면서 신냉전 시대가 도래했다.

유럽은 러시아-우크라이나 전쟁으로 유럽 내 지정학적 긴장 감이 높아졌다. 동유럽 국가 중심으로 무기 수요가 지속해서 증가할 것이며, 러시아와 EU의 대결 구도 또한 장기화할 전망이다. 중동 역시 과거 이스라엘과 아랍국가의 중동 전쟁, 시리아 내전, 예멘 내전 등 종교 종파와 민족 간 갈등이 지속돼 왔다. 2023년 10월 발발한 이스라엘과 하마스 분쟁은 아랍국가의 무기 수요를 촉발했다. 무기 최대 수입국 중 하나인 사우디아라비아는 러시아-우크라이나 전쟁 이후 유럽의 우크라이나 무기 지원으로 유럽 무기 수입이 급격히 줄어들었다. 이란, 사우디아라비아 등은 핵무기 개발을 추진 중이며, 사우디아라비아, 이집트, UAE 등이 무기 계약 수주 가능성이 높아졌다.

중국의 대만 침공 위협 등으로 향후 20년간 중국-대만 관계에 긴장이 고조되고 있다. 중국과 인도, 중국과 동남아 국가의 국경분쟁 가능성도 존재한다. 대만, 말레이시아, 베트남, 인도네시아 등도 무기 체계 구축을 위한 무기 수입이 증가할 것으로 보인다. 이 외에도 아프리카, 중남미 등도 지역 분쟁 가능성이 높다.

방위산업은 다른 산업에 비해 진입장벽이 높다. 방산업체의 생산능력 증가는 쉽지 않고 많은 시간이 소요되기 때문이다. 무기 종류별로 차이는 있지만, 하나의 무기를 만들기 위해서는 최소 수만에서 수십만 개의 부품이 필요하다. K-9 자주포 기준, 2만 1,000종의 부품이, 레오파드2 전차의 공급사는 약 1,500개로 추정된다. 미국의 F-35 전투기 경우, 500개 이상의 공급사가 있다. 항공기 경우, 핵심 부품인 엔진은 미국 등 일부 국가에서만 생산이 가능하다. 한국도 엔진은 수입한다.

전 세계에 분쟁지역 확대로 무기 수요가 증가하면서 무기 수출 계약 시 계약금도 기존 10%가 아닌 30~40% 수준으로 올랐다. 한국 무기는 전 세계적으로 검증돼 있고 양산 능력 또한 우수해 높은 가격 경쟁력을 보유한다.

한국 대부분 산업은 중국과 경쟁 중이다. 과거 철강, 조선, 석유화학 등의 산업은 경쟁력이 약화되면서 위기론이 대두되고 있다. 그러나 방위산업은 다른 산업과 달리 무기체계가 달라 중국과 러시아와 경쟁하지 않는 산업으로 손꼽힌다. 특히 신냉전 시대 도래로 중국, 러시아와 경쟁하지 않고 사회주의, 공산주의가 아닌 시장경제를 채택하는 국가와 중립국 등에 무기 수출이 가능해졌다.

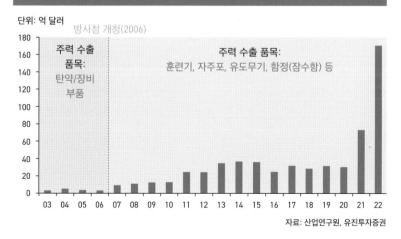

한국의 해외 방산 수출액 추이

단위: 억 달러

방사청 개청(2006)

주력 수출 품목:
탄약/장비 부품

주력 수출 품목:
훈련기, 자주포, 유도무기, 함정(잠수함) 등

자료: 산업연구원, 유진투자증권

구분	한화에어로스페이스	LIG넥스원	현대로템	한국항공우주	한화오션	한화시스템	풍산
	한국 대표 방산기업 7						
주요 제품	K-9 자주포, 지대지 미사일(현무: 18톤, 300㎞, 천무: 다연장 로켓)	지대공미 사일(천궁, 현궁), 함 대공	K20 전차	FA50(전투 기)	잠수함	정찰, 정비 등 전자장 비 솔루션	포탄
실적 (2023년)	매출 9.3조 원, 영업 이익 6,900억 원(순 이익: 22년 1,500억 원→23년 9,700억 원)	매출 2.3조 원, 영업이 익 1,863 억 원	매출 3.6조 원, 영업이 익 2,100 억 원	매출 3.8조 원, 영업이익 2,475억 원	매출 7.4조 원, 영업이 익 -1,964 억 원	매출 2.4조 원, 영업이 익 928억 원	매출 4.2조 원, 영업이 익 2,286억 원
시가총액 (2024년 4월 30일 기준)	10.7조 원	3.5조 원	4.0조 원	5.0조 원	9.8조 원	3.7조 원	1.8조 원

결론적으로 앞으로 50년간 냉전 시대가 이어지면서 한국의 방위산업은 지속적이고 안정적인 수출 증가를 기대할 수 있다. 장기적으로 고성장이 담보된 흔치 않은 산업이 바로 K-방산이다.

한화
에어로스페이스

▶ 세계를 선도하는 K-방산의 대표주자

기업 분석 핵심 포인트

- **K9 세계 자주포 세계 시장점유율 1위**
  - 세계 자주포 시장점유율 50% 이상 차지로 압도적 1위, 폴란드 등 계약 물량 인도 후 70% 넘는 점유율 기대
  - 공격적인 인수합병으로 국내 최대 통합무기체계 완성

- **폴란드 대량 수주 계약으로 글로벌 K-방산 트렌드 선도**
  - 2022년 7월 폴란드 K9 자주포(672문), 다연장로켓 천무(288대) 수출 기본 계약
  - 폴란드 군비청과 K9 자주포 212문, 천무 218대 수출하는 1차 계약 성사, 약 5.5조 원 규모
  - K9 자주포 남은 계약 물량(460문) 중 152문 2차 계약 체결, K9 자주포 1문 당 약 50억 원
  - 루마니아 54문 K9 자주포 수출 계약 추진 중
  - 2023년 수출국 확대 위해 이집트 방산전시회에 참가 K9 자주포 패키지 공개 중동 국가 수출 가능성 높여

- **방산 수주 잔고 2023년 약 20조 원 이상 기록, 2024년 상반기 30조 원 예상**
  - 2020년 말 3조 1,010억 원에서 2022년 19조 7,000억 원, 2023년 26조 원 이상 전망
  - 글로벌 주요 방산 기업 중 최고 증가율
  - 한국 무기 수출국 순위 2000년 세계 31위에서 2022년 8위 도약

- **호주 레드백 수출 계약 완료, 괴물 미사일 '현무' 양산 본격화**

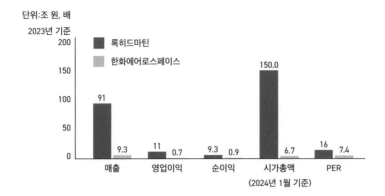

단위:조 원, 배

2023년 기준

■ 록히드마틴
□ 한화에어로스페이스

	매출	영업이익	순이익	시가총액	PER
록히드마틴	91	11	9.3	150.0	16
한화에어로스페이스	9.3	0.7	0.9	6.7	7.4

(2024년 1월 기준)

- **2028년까지 미래형 보병 전투 장갑차량 '레드백' 129대 3조 1,649억 원 공급 계약**
  - 베트남, 인도네시아, 사우디 등도 수주 가능성 높아, 체결 시 10~15조 원 수준 신규 수주 예상
  - 현무 잠수함발사탄도미사일(SLBM) 수중 발사 시험 성공, 한화에어로스페이스 보은 공장에서 연간 최대 70여 발을 생산 계획

- **2030년까지 매출 40조 원, 영업이익 5조 원 달성 목표**

- **2022년 한국형 발사체 누리호 주요 민간 사업자로 참여 우주 사업에 박차**
  - 2022년 12월, 한국항공우주연구원 2,860억 원 규모 누리호 고도화사업 발사체 총괄 주관 제작 사업 수주
  - 신사업으로 도심항공교통(UAM)과 위성서비스에 이르는 우주 수송 사업, 해양 솔루션 프로바이더 등 육해공과 우주를 아우르는 글로벌 미래 산업 적극 추진

육·해·공·우주 아우르는 기술력 확보 위해
공격적인 인수합병으로 한국판 록히드마틴 체제 완성!

국내 방위산업이 글로벌 K-방산 전성시대라 불릴 만큼 역대급 호황기를 맞았다. 2022년 한국 방산 수출 실적이 24조 원을 돌파하며 역대 최고의 실적을 기록하고 한국 무기 수출 순위는 단번에 세계 8위로 올라섰다. 이는 러시아-우크라이나, 이스라엘-하마스 전쟁 발발을 비롯해 세계 곳곳에서 지정학적 위기가 고조된 영향이 크다. 전 세계적으로 군사력 증강이 시급해지면서 우수한 성능과 가성비, 신속한 납품을 자랑하는 한국산 무기 수요가 급증했다. 그 중심에 서서 글로벌 K-방산 트렌드를 이끈 주역이 바로 한화에어로스페이스다.

한화에어로스페이스는 한화그룹의 대표 방산 계열사로, 1952년 화약 사업을 모태로 설립한 한국화약이 그 기원이다. 한국화약은 1957년 국내 최초로 다이너마이트 국산화에 성공, 한국 화학산업을 이끌며 한국전쟁으로 폐허가 된 국가 재건에 앞장섰다.

한화가 방산 분야에 집중하게 계기는 국가 안보와 관련이 깊다. 1963년 박정희 정부가 들어서면서 북한의 잦은 위협으로 안보 위기가 심각했다. 이에 정부는 자주국방의 기틀을 다지고 방위산업 육성에 적극 나서면서 국산 무기 개발에 힘썼고, 1978년 한국화약을 방위사업체로 지정했다. 그전까지 모든 무기는 미국 수입에 의존했다. 당시 가장 시급한 과제는 우리 무기를 우리 손으로 만드는 자주국방력 강화였고 그렇게 한화의 방위산업 역사가 시작됐다.

화약 제조업체로 시작한 한화가 육·해·공을 넘어 우주까지 진출하며 글로벌 대표 방산기업으로 발돋움할 수 있었던 비결 중 하나는 공격적인 인수합병에 있다. 2009년 이명박 정부는 '경제 살리기'를 주요 국정과제로 삼으면서 방산업체 간의 경쟁이 치열했다. 이를 통해 방위산업 역시 경제성을 바탕으로 한 기술 축적과 진보의 과정을 거쳤고 한화는 당시부터 한국의 록히드마틴이 되겠다는 큰 목표를 세웠다.

한화가 미국 최고의 방산업체인 록히드마틴이 되기 위해서는 독자 기술로는 부족했다. 여러 역량을 모아 몸집을 키우는 게 우선이었다. 2015년 승부수를 던지고 한화와 함께 국내 방산 대표주자였던 삼성테크윈과 삼성종합화학 등 삼성 계열사를 인수해 국내 1위 방산기업으로 우뚝 올라섰다. 한화가 삼성의 방산과 화학 분야를 전부 인수한 이유는 각자 잘하는 분야에 집중하자는 뜻도 담겼다. 삼성은 반도체와 전기전자 분야에, 한화는 방산을 주력하고 싶었다.

한화의 품으로 온 삼성테크윈은 1979년 항공기 가스터빈 엔진 정비사업으로 시작해, 1980년 미국 GE사와 기술제휴로 제트엔진을 생산하며 1982년 국내 최초 항공기용 제트엔진을 국산화한 기업이다. 1984년 K200 한국형 보병전투장갑차를 개발 1993년 말레이시아에 수출했고 1999년에는 지금 한국 방산의 수출 효자 상품 K9 자주포를 처음 양산해 2001년 튀르키예에 수출하는 성과를 냈다.

한화는 삼성그룹과 거래로 삼성이 방산 분야에서 쌓아 온 기술 역량을 모두 흡수했고 이는 한화에어로스페이스의 전체 방산 무기 체계를 갖추는 중요한 역할을 했다. 2016년에는 지상무기 전문 방산기업 두산DST를 인수해 장갑차와 유도탄용 발사관, 항법장치까지 사업 영역을 넓히며 국내 방산 업계에서 독보적인 지위를 굳혔다. 마지막 남은 해양산업의 퍼즐로, 2023년 5월 대우조선해양을 인수하며 한화오션을 출범했다. 이를 통해 잠수함, 수상함 등 해양 방산 기술력을 확보, 육·해·공·우주를 아우르기 통합 방산 체제를 완성했다.

방위산업은 민간기업 단독으로는 성장하기 힘들다. 국가와 방산기업이 함께 연구개발에 많은 노력을 기울여야 한다. K-방산의 글로벌 위상은 하루아침에 이뤄지지 않았다. 북한과 대치하고 있는 유일한 분단국가라는 한국의 특수성, 국가 주도형 개발과 민간 방위사업의 적극적인 참여, 그리고 기술 개발과 양산에 축적된 역량이 모두 합쳐지면서 K-방산이 유례없는 호황기를 맞을 수 있었다. 준비된 자에게 기회가 온다는 말이 딱 지금이다. 그 맨 앞쪽에 한화에어로스페이스가 있고 과감한 인수합병을 하지 않았더라면 아마 지금의 K-방산 황금기는 오지 않았을 수도 있었다.

글로벌 K-방산 열풍을 일으킨 K9 자주포, 폴란드 초대형 수주 성사로 세계 점유율 1위 달성!

앞서 한화에어로스페이스의 지난 역사를 설명한 건 바로 K9 자주포를 이야기하기 위해서다. 한화에어로스페이스에서 가장 많은 매출과 영업이익을 내는 대표 효자 상품이 바로 K9 자주포다.

우선 K-방산을 이끈 대표 상품인 전차와 자주포의 차이점을 살펴보자. 자주포는 직경 155mm 포탄을 발사하면 포물선으로 날아가 40km 이상의 먼 지점에 있는 표적을 파괴한다. 전차는 직경 120mm 포탄이 직선으로 날아가 빠르게 목표물을 타격한다. 전차는 전쟁이 발발하면 가장 앞단에서 공격하고, 자주포는 그 뒤를 따른다. 다시 말해, 전차는 근거리 표적을 직선으로 빠르게, 자주포는 장거리 표적을 포물선으로 길게 날아가 정확히 격파한다.

K-방산의 상징인 K9 자주포는 천둥과 같은 위력을 지녀 별칭이 '썬더'다. 포신 길이는 8m를 포함하면 전체 길이가 12m다. 포신에서 발사되는 포는 직경이 155mm, 포 무게는 40kg이 넘는다. 곡사포이기에 최대사거리도 길다. 장전 시스템이 장착돼 포탄을 발사하면 최대 사거리 40km이상까지 날아서 목표물을 정확히 맞힌다. 자동 장전으로 15초에 3발까지 사격할 수 있으며, 분당 6~8발

연속 사격이 가능하다. 일반적으로 자주포 대부분이 탄을 운반하고 장전하는 데만 2~3분이 소요된다. 화포 자동화를 통해 30초 내에 초탄을 발사할 수 있는 기술은 세계에서 손꼽히는 수준이다.

산악부터 사막, 설원 등 지형과 상관없이 47톤에 이르는 육중한 무게로 거침없이 달린다. 각기 다른 세계 환경에서도 K9 자주포가 제약 없이 운용될 수 있는 이유다. 1,000마력에 달하는 엔진이 장착됐으며 최고 속도는 시속 $67km$ 속도다. 사격 후 신속한 진지 변환이 가능하고 기동성 및 생존성도 뛰어나다. 또한 나토 구격을 적용해 우리나라 포탄 이외에도 포환이 가능하게 개발해 일찍부터 수출 가능성을 열었다. 이렇게 뛰어난 성능에도 불구하고 가격은 1문 당 경쟁 국가 대비 40~50% 수준이다. 비슷한 성능의 타 자주포에 비해 가성비가 뛰어난 점도 K9 자주포가 세계적으로 인기를 끌 수 있었던 이유다.

스톡홀름국제평화연구소(SIPRI)에 따르면 K9 자주포가 2000~2017년 세계 자주포 시장에서 48%의 점유율로 1위를 기록했다. 이후 급속하게 증가한 K9 자주포 수출 성과를 더하면 최대 70% 점유율도 기대해 볼 수 있다. K9 자주포의 첫 수출은 2001년이다. 10억 달러 상당 물량을 튀르키예로 수출하면서 유럽 진출의 물꼬를 텄다. 이후 2014년 폴란드와 3억 1,000만 달러의 수출 계약을, 2017년 핀란드와 48문, 같은 해 4월 인도와 100문 수출 계약을 체결했다. 이 외에도 노르웨이, 에스토니아 등에도 줄줄이 수출 계약을 맺었다.

K9 자주포의 잭팟을 터트린 건 폴란드 계약이다. 2022년 폴

란드는 러시아의 우크라이나 침공을 계기로 국방력 강화를 위해 K9 자주포 672문, 천무 288대 등을 구입한다는 기본 협정을 체결했다. 같은 해 8월 한화에어로스페이스는 폴란드 군비청과 K9 자주포 212문, 11월 다연장로켓 천무 218대를 수출하는 1차 계약을 맺었다. 약 5.5조 원 규모다. 이어 2023년 12월 K9 자주포의 남은 계약 물량(460문) 중 일부인 152문에 대한 2차 계약을 체결했다.

왜 폴란드는 수많은 무기 강국 대신 한국의 K9 자주포를 택했을까? 그 이유는 세 가지로 정리할 수 있다. 먼저 유럽은 냉전 종식 후 국방 예산을 급격히 감축했다. 그 과정에서 재래식 무기 개발과 생산을 사실상 포기했다. 우리는 반대다. 북한 위협에 대비하기 위해 재래식 무기 체계의 성능을 지속해서 향상시켰다. 세계 방산 시장에서 한국은 북한과 대치하고 있는 상황이기에 새로운 무기를 지속해서 개발하고 실전과 같은 훈련을 거쳐 검증된 무기를 생산한다는 신뢰가 단단히 형성돼 있다. 또 하나는 빠른 공급이다. 이미 생산 라인이 갖춰져 있기에 폴란드가 원하는 대규모 물량을 바로 공급할 수 있다. 그야말로 배달의 민족이 빛을 발하는 부분이다. 신속한 안보 강화가 필요한 시점이라 빠른 공급 시기 역시 무시할 수 없다. 세 번째는 가성비다. 방산 분야는 다른 나라에 비해 이미 규모의 경제가 이뤄졌다. 아무리 가격이 싸다고 해도 전쟁을 앞둔 나라에서 가성비만으로 무기를 사지 않는다. 미국이나 유럽에 비해 뒤지지 않은 최고의 성능과 그에 반해 저렴한 가격을 형성했기에 가능하다.

한화에어로스페이스는 수출국 확대를 위한 노력에도 큰 공을 들인다. 2024년 1분기 중 루마니아와 54문 K9 자주포 수출 계약을 추진 중이다. 2023년 11월 이집트 방산전시회에 K9 자주포 패키지를 공개해 중동 국가를 향한 프로모션도 진행할 계획을 밝혔다.

이번 폴란드와 대규모 수주를 성사시키며 방산 부문 수주 잔고도 눈에 띄게 성장했다. 2020년 약 3조 1,000억 원에서 2021년 약 5조 1,000억 원으로 증가, 2022년 약 19조 8,000억 원을 기록했다. 2023년 수주 잔고는 약 26조 원 이상으로 전망되며 3년 전에 비해 7배 가까이 늘어난 수준이다. 세계 주요 방산업체 중 증가율 1위다. 수익성도 높다. 지상 방산 부문의 2023년 1분기 영업이익률 21%, 전체 영업이익률은 12%에 달한다. 한화에어로스페이스는 2030년까지 매출 4조 원, 영업이익 5조 원 달성이 목표라는 미래 비전을 내놓았다.

한화에어로스페이스 글로벌 현황

아시아

- 중동 　　천궁II(2022),
　　　　　K9 자주포(2022), K10 탄운차(2022)
　　　　　K11 사격지휘차(2022)
- 터키 　　K9 자주포(2001)
- 말레이시아 K200 장갑차(1993)
- 인도네시아 바라쿠다(2001), 타탄롤라(2009)
- 베트남 　바라쿠다(2015)
- 필리핀 　KAAV(2016)
- 인도 　　K9 자주포(2017)

유럽

- 폴란드 　K9 자주포(2014, 2022), 천무(2022)
- 노르웨이 K9 자주포(2017), K10 탄운차(2017)
- 핀란드 　K9 자주포(2017)
- 에스토니아 K9 자주포(2018)

기타

- 호주 　　K9 자주포(2021), K10 탄운차(2021)
- 콜롬비아 혜성 발사대(2013)

호주 레드백부터 괴물 미사일 현무,
그리고 한국의 스페이스X로 거듭날 우주 사업까지

앞으로도 폴란드와 같은 대량 수주는 더 있을 것으로 보인다. 대표적으로 호주의 신형 장갑차 도입 사업이다. 한화에어로스페이스는 2023년 3조 2,000원 규모의 레드백 장갑차 129대 수출 계약을 맺으며 수출 시장의 폭을 넓혔다. 레드백은 K-21 보병전투장갑차와 K9 자주포 파워팩 솔루션을 기반으로 방호력과 화력의 성능을 강화한 미래형 장갑차다. 30㎜ 포탑, 대전차 미사일, 각종 탐지 및 추적 기능과 방어 시스템 등을 갖췄다.

또 하나의 핵심 무기가 바로 북한, 중국, 러시아 등 인접 국가를 벌벌 떨게 만드는 괴물 미사일 현무다. 핵무기가 없는 상황에서 핵무기와 비슷한 파괴력을 내며 북한 도발에 대응할 수 있는 전략 무기로 손꼽힌다. 세계에서 가장 무거운 8톤 중량의 탄도가 1,000㎞ 고도까지 상승한 뒤 마하 10 이상의 속도로 표적을 관통한다. 파괴력도 크기지만 초고속 낙하를 통해 탄두에 가해지는 운동에너지로 인공 지진을 일으켜 지하 벙커는 물론 축구장 200개를 초토화하는 위력을 발휘한다. 세계 8번째로 국산 잠수함발사탄도미사일(SLBM)을 수중에서 발사하는 시험에도 성공했으며, 한화에어로스페이스 보은 공장에서 2023년 말부터 연간 최대 70여 발을 생산할 계획이다.

한화에어로스페이스는 크게 우주사업부, LS(Land System, 지상방산)사업부, 항공사업부, 엔진부품사업부, 전기추진체계사업부로 나뉜다. 육해공을 아우르는 방위산업 기술을 바탕으로 미래 먹거리인 우주 사업 확장에도 힘쓴다.

2022년, 우리 기술로 만든 한국형 발사체 누리호의 성공적인 발사로 한국은 세계에서 7번째 자력 위성 발사국이 됐다. 누리호 3차 발사는 한국의 민간 우주사업의 시작을 알리는 신호탄이기도 했다. 그 전과 달리 민간기업이 로켓 부품 제조부터 발사 전 과정에 대거 참여해서다. 특히 한화에어로스페이스는 누리호의 심장인 75톤급 액체로켓 엔진을 포함해 터보점프, 추진기관, 배관조합체, 구동장치 등 다양한 핵심 구성품 제작에 참여하며 한국의 우주 독자기술 확보에 기여했다.

이런 성과를 바탕으로 2022년 12월, 항공우주연구원으로부터 2,860억 원 규모의 '한국형발사체(누리호) 고도화사업 발사체 총괄 주관 제작' 사업도 수주했다. 이를 통해 민간 우주사업 시대를 본격화하며 한국판 스페이스X로 거듭나는 행보를 시작한다. 위성 제작, 발사 수송, 위성 서비스로 이어지는 그룹 내 밸류체인을 구성해 우주 수송 산업을 상업화할 계획이다.

한화에어로스페이스는 러시아와 근접한 폴란드가 우크라이나에 무기와 군사 장비를 지원하며 서방국가의 병참 기지 역할을 한 것처럼, 앞으로 전 세계 자유 민주주의 국가의 병기창 역할을 할 것이라고 강조한다. 실제 호주 시드니대학 미국연구센터의 연구원은 한국을 '민주주의 무기고'라 평가했다.

이제 한화에어로스페이스는 글로벌 K-방산 트렌드 선도에 힘입어 항공, 해양, 우주 등으로 포트폴리오를 확대하고 있다. 푸르른 바다를 가르고 드넓은 대지를 달려 창공을 날아올라 우주와 조우하는 꿈. 이는 막연한 꿈이 아닌 한화에어로스페이스가 실제 구현 중인 현재진행형의 모습이다. 지구를 넘어 우주까지 아우르는 무한한 가능성의 길을 앞장서서 개척하는 한화에어로스페이스가 앞으로 어떤 미래를 그려 나갈지 주목해 보자.

서블리 인사이트

K-9 자주포는 1989년부터 10년 이상의 개발 기간이 소요된 국가 장기 프로젝트다. K-9 자주포를 만들기 위해서는 2,100여 종의 부품이 필요했다. 그 과정에서 개발자가 순직하는 등 우여곡절도 많았지만 결국 2001년 튀르키예에 첫 수출을 성공했다. 이처럼 방위산업은 시간과 기술, 시험평가 등 진입장벽이 높은 산업이다. 또 수주산업으로서 원가 변동이 타 산업에 비해 낮고 중국, 러시아 등과 경쟁하지 않는 고성장이 담보된 유일한 산업이다.

한화에어로스페이스, 한국항공우주, LIG넥스원, 현대로템 등 국가 주요 방위산업체는 각 회사별 전문성과 특정 분야를 분할·담당해 한국업체 간의 경쟁을 덜고 기술 집중도를 높여 나갈 것으로 전망된다. 이 외에도 한국형 차세대 전투기 KF-21(대당 가격 1,000억 원 내외) 개발이 완료돼 실전 배치되고 수출길도 열리면 한국의 방위산업은 한 단계 레벨업도 가능하다.

방산 장비를 찾는 국가와 무기 체계가 다양해지면서 이미 5년치 수주 물량도 가득 확보했다. 한화에어로스페이스가 글로벌 방위산업의 선두주자로 자리매김하면서 록히드마틴과 어깨를 나란히 하는 세계적인 기업으로 성장하기를 기대해 본다.

전기에너지 수요 증가,
환경 측면에서 원전이 답이다

몇 년 사이 국내를 비롯한 글로벌 전기요금 상승이 심상치 않다. 2022년 러시아-우크라이나 전쟁으로 시작된 에너지 안보 위기로 원유와 천연가스 공급에 이상 신호가 왔고, 2015년 파리기후협정은 탄소제로 정책으로 친환경 산업을 가속화시켰다. 친환경 산업

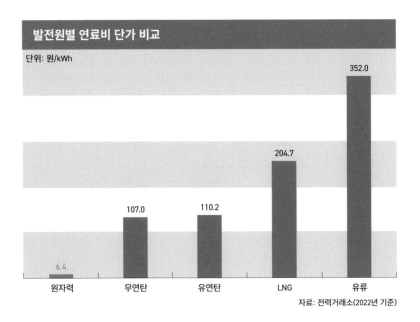

발전원별 연료비 단가 비교

단위: 원/kWh

원자력	무연탄	유연탄	LNG	유류
6.4	107.0	110.2	204.7	352.0

자료: 전력거래소(2022년 기준)

에 일환으로 전기차가 발전했고, 챗GPT는 AI 산업에 성장을 이끌었다. 이러한 산업 발전으로 전력 사용량은 가파른 속도로 늘어날 것이 자명하지만 제한적인 공급량으로 전기요금은 천정부지 솟구치는 실정이다. 이전까지 경험해 본적 없는 '전력부족'에 대한 해결책이 필요하다.

대한민국은 원전건설 최강국

팀코리아(Team Korea)는 한국형 대형원전 수출에 앞장서고 있다. 체코, 폴란드를 시작으로 한국형 원전 수출을 적극 추진 중이며,

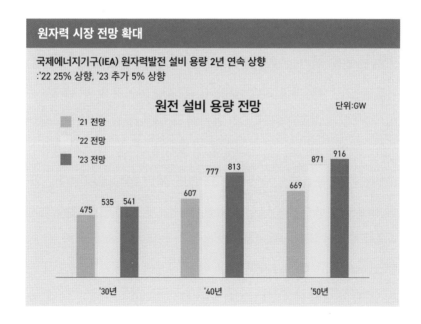

원자력 시장 전망 확대

국제에너지기구(IEA) 원자력발전 설비 용량 2년 연속 상향
: '22 25% 상향, '23 추가 5% 상향

원전 설비 용량 전망   단위:GW

'21 전망
'22 전망
'23 전망

'30년   475 535 541
'40년   607 777 813
'50년   669 871 916

국내는 11차 전력수급기본계획에 원자력 신규 건설이 반영될 것으로 예상된다. 한국은 1956년 원자력이 에너지원으로 주요한 역할을 담당할 것이란 걸 확신하고 경제성장을 뒷받침하는 전력원으로 원자력을 일찍부터 선택했다. 이에 정부 주도로 체제를 수립하고 한국원자력연구원을 중심으로 원자력의 기술 자립을 시작했다. 한국은 제3세대플러스(3.5세대) 원전을 성공적으로 건설한 유일한 나라로 확고한 글로벌 경쟁 우위를 갖고 있다. 3.5세대 원전 건설 경험을 보유한 현대건설과 삼성물산, 세계 최고 수준의 주기기를 생산하는 두산에너빌리티, HRSG 원천기술을 보유한 비에이치아이 등이 기대되는 이유다.

전세계 원전 확대, 탈원전국가도 친원전 국가로 회귀 중

2024년 3월 벨기에 브뤼셀에서 첫 '원자력정상회의'가 열렸다. 이전에는 상상하기 어려운 일이다. 1986년 체르노빌 원전사고와 2011년 후쿠시마 원전사고로 원전의 안전문제가 제기됐기 때문이다. 하지만 러시아-우크라이나 전쟁이 불러 온 에너지 위협과 2030년까지 온실가스 배출량을 1990년 대비 55% 줄이겠다는 목표 달성이 어려워지자 다시 원전을 주목하게 된 것이다. 탈원전의 대표주자였던 '독일'은 원자력발전소 가동을 연장하기로 했고, 프랑스는 2050년까지 14기의 신규 원전 건설하겠다는 '원전 르네상스' 계획을 발표했다. 탈원전의 단초를 제공했던 일본도 11년 만에 차세대 원전 신설로 정책을 바꾸는 분위기다.

　세계의 공장으로 불리던 제조업 강국 중국의 원전 확대 속도는 그 어느 국가보다도 눈에 띈다. 중국은 경제성장과 함께 전기 수요가 급증하면서 만성적인 전력 부족에 시달려 왔다. 세계 온실가스 배출량도 1위다. 전 세계 원전 현황은 미국 93기, 프랑스 56기, 중국 55기 순으로 현재 미국과 프랑스는 각각 1기씩을 건설 중이고, 중국은 무려 23기(2023년 기준) 건설을 추진한다. 중국은 건설이 끝나면 미국에 이어 가동 원전 규모 세계 2위가 된다.

　AI/차세대 반도체, 전기차 등의 발전으로 부족한 전력을 공급하는 (초)소형 원자로 역할도 기대가 된다. 중대형 원자로 대비 소형원자로는 건설비용이 적고 공기냉각이 가능해 도심에 설치해 전력난을 해결할 수 있다. 초소형 원자로는 운송 수단으로 이동이

원전 확대 기조가 뚜렷해진 전 세계

- **영국**
  2050년까지 최대 원전 8기 건설 계획

- **스웨덴**
  탈원전서 유턴, 20년간 원자로 10기 건설 목표

- **핀란드**
  41년만에 신규 원전 가동 시작(유럽 최대 규모)

- **프랑스**
  2035년까지 원전 6기 건설 계획

- **폴란드**
  자국 첫 원전 건설 승인

- **체코**
  신규 원전 건설 추진

- **네덜란드**
  2035년까지 신규 원전 2기 건설 계획

- **벨기에**
  탈원전 보류, 원자로 가동기한 10년 연장

- **캐나다**
  30년만에 신규 원전 건설 추진

가능해 원자로 건설이 어려운 지형 또는 전쟁 중에도 설치 및 운용할 수 있다. 우라늄 1kg이 핵분열을 하면 석유 200만 리터 또는 석탄 3,000톤의 에너지와 맞먹는다. 원전은 현재 경제적이고, 효율적이며, 친환경적으로 전력 생산이 가능한 유일한 에너지이다. 이미 글로벌 신재생에너지 분위기는 원전으로 돌아섰다. 국내는 원전 건설기술 국산화 및 규격표준화 인증, 정부 방향성 등 모든 준비를 마쳤으며, 수출 경쟁력을 높이기 위해 전략적으로 '방산+원전' 패키지 수출도 준비 중이다. 앞으로 원전 사업이 또 하나의 핵심 성장 엔진이 되길 바란다.

두산
에너빌리티

▶ 글로벌 최대 원전 주기기 공급사

기업 분석 핵심 포인트

- **원전 핵심 설비 기술력 세계 1위**
  - 지난 40년간 전 세계에 원자력 주기기 공급
  - 세계 최고 수준의 원전 관련 핵심 주기기(원자로, 증기발생기, 터빈/발전기) 설계 및 제작 기술 보유
  - 세계 원전 시장 중국, 러시아 제외 미국, 프랑스, 한국 경쟁 구도

- **국내 원자력발전소 26기 전량 주기기 공급, 한국 원자력발전의 주역**

- **친원전 정책의 최대 수혜 기업, 2023년 신한울 3, 4호기 3조 원 수주 계약 성공**
  - 신한울 3, 4호기 원자로, 증기발생기, 터빈발전기 등 핵심 주기기 공급, 각각 2032년과 2033년 준공 예정
  - 2024년 정부가 발표할 11차 전력수급기본계획 최소 2~4기 추가 신규 원전 반영 예상, 이에 따른 수주 전망 확대

- **미국 원전 기업 웨스팅하우스 수주 프로젝트에 원전발전설비 공급**

- **체코, 폴란드 등 해외 14개국 원전발전설비 수주 기대**
  - 팀코리아와 함께 체코, 폴란드를 중심으로 영국, UAE, 사우디, 튀르키예, 슬로베니아, 베트남, 남아공 등 14개 국가 영업 적극 추진 중

- **2028년 연 12.9조 원 수주 목표, 수주잔고 약 16조 원(2024년 1월 기준)**

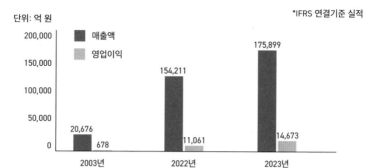

단위: 억 원   *IFRS 연결기준 실적

■ 매출액
▨ 영업이익

200,000
150,000
100,000
50,000
0

	2003년	2022년	2023년
매출액	20,676	154,211	175,899
영업이익	678	11,061	14,673

● ━ **2019년 세계 5번째로 대형 가스터빈 개발 성공, 글로벌 기술력 입증**

 • 미국 GE, 독일 지멘스, 일본 미츠비시, 이탈리아 안살도 이어 대형 가스터빈 기술 국산화 성공

 • 가스터빈 기술력 발판으로 수소 터빈 개발 집중, 강자 없는 수소 터빈 시장 선도 계획

● ━ **미래 먹거리 차대세원전 SMR 사업 추진**

 • 소형 원전모듈 SMR 시장의 글로벌 파운드리 기업 목표

글로벌 원전 기술력 1위, 2023년 3조 원 규모의 신한울 3, 4호기 수주 성공하며 다시 비상!

정부가 2024년 상반기 안에 11차 전력수급기본계획 초안을 공개한다고 밝히며 국내 원전업계를 중심으로 신규 원전 건설에 대한 기대감이 커지고 있다. 에너지 정책의 무게중심이 원자력발전으로 모이면서 국내 대표 기자재 기업인 두산에너빌리티도 원전 기업의 입지를 강화하는 중이다. 사업 전략을 원전 중심으로 재편하는 동시에 향후 10기 이상의 수출에서 주도적인 역할을 하겠다는 계획이다.

1962년 창립한 두산에너빌리티는 친환경 에너지원으로서 안전성이 중요한 원자력발전 분야에서 세계 최고의 기술력으로 시장을 개척해 왔다. 원자로와 증기발생기의 소재부터 완제품까지 모든 공정을 한 공장에서 일괄 생산할 수 있는 세계 유일한 회사이며, 이런 원스톱 공급 능력은 두산에너빌리티의 가장 큰 글로벌 경쟁력이다.

국내 모든 원전의 주기기를 공급한 대한민국 원자력 역사의 주역이기도 하다. 1982년 한울 1, 2호기 대형 원자력발전소 건설 공사를 시작으로 한울 3, 4호기와 5, 6호기까지 연이어 원전 건설 공사를 성공적으로 완수했다. 2008년에는 최초의 한국형 원전 APR 1400이 적용된 새울 1, 2호기(구 신고리 3, 4호기) 공사에 참여했으며, 2016년에는 새울 3, 4호기 건설 공사를 착수해 2025년 완공을 앞두고 있다. 특히 윤석열 정부의 친원전 정책의 최대 수혜기업으로 손꼽힌다.

2023년 3월 한국수력원자력의 신한울 3, 4호기 주기기 공급 계약을 수주하며 'K-원전' 부활에 신호탄을 쏘아 올렸다. 2014년 신고리 5, 6호기에 이어 9년 만에 성사된 원전 대규모 수주이며, 전체 수주 규모는 4조 원이며, 주기기 수주가 2조 9,000억 원, 시공 수주가 1조 1,000억 원이다. 보통 원전은 주기기 설비 공급과 건설 두 파트로 나눠 수주가 진행되는데, 두산에너빌리티가 먼저 주기기 설비 수주를 따냈고 2023년 12월, 입찰 방식을 통해 두산에너빌리티를 포함해 현대건설과 포스코 3곳이 시공 부문을 함께 수주했다.

이번 계약으로 신한울 3, 4호기에 들어가는 원자로, 증기발생기, 터빈발전기 등 핵심 주기기를 제작·공급한다. 신한울 3, 4호기에는 1,400㎿급 한국 표준형 모델인 APR1400이 적용된다. APR1400은 2019년 준공한 새울 1호기를 시작으로 UAE 바라카 원전 1~4호기, 새울 3, 4호기에 적용되면서 성능, 안전성, 경제성 등의 글로벌 기술력과 경쟁력을 인정받았다. 경북 울진군에 건설되는 신한울 3, 4호기는 각각 2032년과 2033년 준공을 목표로 추진된다.

11차 전력수급 계획은 두산에너빌리티에게 호재로 작용할 전망이다. 두산에너빌리티는 최소 2~4기 가량 신규 원전 수주를 받을 것이라고 보고 있다. 반도체·데이터센터 등 첨단산업 영향으로 전력수요가 크게 오르면서 신규 원전의 필요성 또한 커지기 때문이다.

매출 실적을 보면 2023년 연결 기준 매출액이 17조 5,899억 원, 영업이익은 1조 4,673억 원을 기록했다. 매출액은 2022년 대비 14.1%, 영업이익은 전년 대비 32.7% 확대됐다. 영업이익률은 8.3%다. 수주 잔고는 관리연결(에너빌리티) 기준 15조 9,244억 원이다.

2025년 체코 4기, 폴란드 6기 K-원전 수출 청신호! 수주 기대감 향상!

세계적으로 원자력발전소를 지을 수 있는 나라는 5곳이다. 중국과 러시아, 그리고 미국, 프랑스, 한국이다. 중국과 러시아를 제외하면 세계 원전 시장은 한국, 미국, 프랑스 3개 국가가 경쟁한다. 특히 원자력발전소의 핵심이 되는 1차 계통 주기기의 기술력과 공급 실적 쪽에서는 두산에너빌리티가 큰 경쟁력을 지닌다.

1979년 TMI-2호기 원전 사고 이후, 2008년 30년 만에 신규 원전 건설을 재개한 미국으로부터 6기의 핵심 주기기를 모두 수주한 바 있다. 또 한국형 노형을 처음으로 수출한 UAE 원전 프로젝트에 주기기 공급사로 참여하고, 이어 원전 정비사업 계약까지 체결하며 원전 사업 분야에서의 기술력을 인정받았다.

두산에너빌리티는 미국형 원전 AP1000과 한국형 원전 APR1400의 노형을 모두 설계할 수 있는 능력을 갖췄다. 지난 40년간 국내는 물론 전 세계에 가장 많은 원자력 주기기를 공급한 기업이다. 글로벌 원전 시장은 설계에 맞춰서 다양한 제품을 제작할 수 있는 역량이 필수이며 그 중 주기기는 진입장벽이 상당히 높은 분야다. 기본적으로 실적이 없으면 진입하기 어렵다.

2025년 이후에는 국내외 대형원전 수출로 연간 10조 원 이상 수주하겠다는 목표를 제시했다. 두산에너빌리티는 한국수력원자력이 이끄는 해외 대형 원전 프로젝트의 '팀코리아' 일원으로, 가시성이 높은 체코와 폴란드를 중심으로 영국과 UAE에 한국형 원전 수출을 위한 선제적 영업 활동을 적극 추진 중이다. 이 외에도 타임라인이 구체화되지 않았지만 계속 협의 중인 나라는 사우디, 튀르키예, 슬로베니아, 베트남, 남아공, 카자흐스탄, 벨기에, 핀란드, 네덜란드, 필리핀 등이 있다.

체코의 두코바니 원전 사업은 1,200MW 원전 4기를 건설하는 프로젝트로, 2036년 가동을 목표로 한다. 두코바니 원전 사업은 당초 1기에서 3기를 더 늘려 총 4기 건설로 프로젝트가 확장되면서 수주액도 4배 이상 높아질 것으로 예상된다. 2024년 7월, 우선 협상대상자가 발표될 예정이다.

폴란드 신규 원전은 2023년 미국의 웨스팅하우스가 3기를 수주했다. 나머지 3기는 민간 발전소를 설립해 팀코리아 단독 발주로 협의 중이다. 웨스팅하우스가 수주받은 폴란드 원전 3기도 두산에너빌리티에게 돌아올 가능성이 크다. 원전 원천기술을 보유했지만 기자재 제작 공장이 없는 웨스팅하우스는 원자로 용기, 증기 발생기 등 주기기를 두산에너빌리티에 발주해 왔다. 이전에도 두산에너빌리티는 미국 보글 원전 3, 4호기, 브시 섬머 원전 2, 3호기의 주기기 제작을 맡았으며, AP1000 모델이 적용된 중국 산먼·하이양 원전 1호기에 증기발생기와 원자로를 공급했다. 자회사가 있지만 품질 이슈로 두산에너빌리티가 다시 원전 주기기를 납품했던 이력이 있어 이번 웨스팅하우스의 폴란드 수주 프로젝트도 영업을 따내기 위해 노력 중이다.

영국은 2023년 4월, 영국 정부 원전 확대 정책을 발표하고 원자력청을 설립했다. 2024년 1월, 영국 정부는 2050년까지 원전 용량을 4배(24GW)로 확대하는 로드맵을 발표했다. 이를 위해 팀코리아 차원에서 정부, 의회 등을 대상 전방위적 수주 활동을 추진하고 있다. 이 외에도 UAE 사우디, 튀르키예, 슬로베니아, 베트남, 남아공, 카자흐스탄, 벨기에, 핀란드, 네덜란드, 필리핀 등도 수주 활동을 진행 중이다.

한국형 대형원전 주요 시장

팀코리아는 체코, 폴란드를 중심으로 한국형 원전의 수출을 위한 영업활동을 추진 중이다. 국내는 '24년 상반기 확정 예정인 11차 전기본에 신규 원전 건설이 반영될 것이 예상된다.

폴란드

- 팀코리아-폴란드국영전력공사, 민간 발전사 간 원전 건설 합의
- 한국형 원전 건설을 위한 특수 목적 기구 설립
- 현지화 확대 위한 현지 제작업체 협력 MOU 체결
- 코닌 원전 걸설 타당성 조사 착수 예정 (2024년 2분기)

체코

- 최초 입찰 제안서 제출 완료
- 체코 발주사는 기존 1기에서 4기 건설 시 수정 제안서를 2024년 4월까지 제출 요청
- 우선 협상 대상자 발표(2024년 7월 예정)

국내

- 11차 전력 수급 기본 계획에 원자력 신규 건설 반영 예상(2024년 상반기)
- 반도체, 이차전지, 전기차 확산 등 급변하는 전력 수급 여건 대응을 위해 무탄소 전원인 원자력 확대 전망

영국

- 영국 정부 원전 확대 전책 발표 및 원자력청 설립
- 영국 정부는 2050년까지 원전 용량을 4배로 확대하는 로드맵 발표
- 팀코리아 차원에서 정부, 의호 등을 대상 전방위적 수주 활동 추진 중

UAE 후속

- UAE 1~4호기 준공 이후 후속 호기 건설 기대

기타

- 사우디, 튀르기예, 슬로베니아, 베트남, 남아공, 카자흐스탄, 벨기에, 핀란드, 네덜란드, 필리핀 등에 팀코리아 차원에서 수주 활동 진행 중

2028년 연 12.9조 수주 목표!
'대형원전, SMR, 가스·수소터빈, 신재생에너지'
4대 중점사업 비전 제시

두산에너빌리티 사업 분야는 원자력, 파워서비스, 플랜트 EPC 크게 3개의 비즈니스 그룹으로 나뉜다. 대형 원자력 수주는 2~3년에 한두 개씩 꾸준히 발주가 나온다. 원자력이 밑바탕을 단단하게

받치고 그 위에 몸집을 키우기 위해서 파워서비스와 플랜트 EPC 사업을 추진하는 방식으로 비즈니스를 이끈다. 발전플랜트의 핵심인 터빈, 발전기의 원천기술을 바탕으로 국내외 화력발전소에 핵심 주기기를 공급하고 있다. 발전플랜트의 설계에서 기자재 제작, 설치, 건설, 시운전까지의 전 과정을 일괄 수행하는 EPC 사업도 수행한다.

2013년 기술 개발의 정점으로 불리는 발전용 대형(215~299.9 ㎿) 가스터빈 개발에 착수해 2019년 세계 5번째로 개발을 완료했다. 그전까지 발전용 가스터빈의 생산업체는 세계적으로 미국의 GE, 독일의 지멘스, 일본의 미츠비시, 이탈리아 안살도 뿐이었다. 국내는 물론 해외 LNG 발전은 저탄소 기반의 에너지전환 정책으로 지속 성장이 전망되며, 가스터빈 국산화에 성공한 두산에너빌리티 역시 매출 성장에 크게 기여할 것으로 예상된다.

환경문제로 석탄 화력발전이 줄어드는 건 예정된 수순이다. 정부가 발표한 10차 전력수급기본계획에 따르면 전국 석탄발전소 58기 중 노후된 28기가 2036년까지 단계적으로 폐쇄된다. 국내뿐만 아니라 유지보수, 부품교체 등 서비스사업과 해외 시장 진출까지 감안하면 이 시장 역시 더 커질 것으로 보인다. 수주 형태에 따라 다르지만, 석탄화력을 복합화력으로 바꿀 경우 한 건당 수주 규모는 약 2,000~3,000억 원이다.

김포열병합발전소에 가스터빈을 처음으로 공급했으며 2023년 7월 상업운전에 성공하며 신뢰성을 확보했다. 이를 기반으로 국내는 2023년 보령신복합발전소, 2024년 안동복합발전소 가스터빈 공급 계약을 따내며 수주를 이어가고 있다. 향후 5년간 국내에서 7조 원 이상 수주를 목표로 사업을 가속화할 계획이다.

가스터빈 원천기술을 활용해 미래 성장 사업 가운데 하나로 수소터빈 개발에도 속도를 내고 있다. 2020년부터 국내 산·학·연과 공동으로 'H급 대형 수소 터빈용 수소 혼소 친환경 연소기 개발'을 진행 중이며, '5MW급 수소 전소 터빈 개발' 국책 과제에 참여하는 등 수소터빈 분야도 기술 개발에 나섰다. 2027년 개발을 완료해 수소 겸용 터빈으로 무탄소 발전 시장을 선도할 계획이다.

또 다른 미래 먹거리 중 하나가 바로 차세대원전이라 불리는 SMR(small modular reactor, 소형모듈원전)이다. 300MW이하 수준으로 대형원전에 비해 출력 전기량은 적지만 설비가 쉽고 사고 발생시 방출되는 유해 물질이 적어 비교적 안전하며 친환경 측면에서도 우위에 있다는 장점이 있다. 하지만 실제 상용화가 되려면 약 5~6년에 걸친 원자력규제위원회 설계 승인을 받아야 하는 등 몇 가지 허들이 있다. 두산에너빌리티는 SMR 파운드리 기업으로 도약하기 위해 2019년부터 SMR 분야에서 선두를 달리는 미국 원전기업 뉴스케일파워(Nuscale power)와 협력관계를 맺는 등 빠른 행보를 걷고 있다. 뉴스케일 파워의 SMR 첫 상용 시기는 약 2030년이라고 예상하고 있으며, 그때부터는 SMR 시장이 급격하게 성장할 것이라고 보고 있다.

두산에너빌리티는 가스터빈, 수소, 소형모듈원전(SMR), 풍력 등으로 확장하며 비상을 준비 중이다. 대형원전 수주 확대에 힘입어 친환경 성장 사업을 늘리고 고부가가치 사업 포트폴리오를 구축해 중장기적으로 수익성을 개선할 계획이며, 이를 통해 2028년 연간 수주액 12조 9,000억 원을 달성한다는 목표를 내세웠다.

실제 두산에너빌리티의 로드맵에 따라 국내 대형원전, 해외 복합 EPC, 국내 가스터빈 등의 수주로 2023년 가이던스 8.6조 원에서 103.2% 추가 달성한 8.9조 원의 수주액을 기록했다. 탈원전 이후 EPC(설계·조달·시공) 치중했던 수주 방식에서 벗어나 이익률 높은 기자재 중심으로 대전환하는 행보다. 두산에너빌리티는 2025년 말부터는 변화된 사업 구조의 실적이 반영돼 수익성이 급상승할 것이라고 자신한다. 친원전 정책과 신재생에너지 확대로 반등의 기회를 잡은 두산에너빌리티. 길지만 확실한 그 성장의 길을 함께 따라가 보자.

 서 블 리 인 사 이 트

탈탄소화 등 지구촌 환경문제가 심각한 상황에서 원자력발전이 친환경 에너지로 인식되고 있다. 독일과 같은 일부 국가를 제외하고 전 세계가 원전건설을 확대하거나 원전 친화적으로 변화하는 추세다. 두산에너빌리티는 원자력발전의 증기발생기, 가압기, 터빈 등 핵심 발전설비 분야에 글로벌 최고 수준의 기술을 보유하고 있다. 파워서비스 기자재인 대형가스터빈도 글로벌 5위 이내 기술을 보유 중이다. 스웨덴, 영국 등 유럽과 베트남, 캐나다, 중국, UAE 등 전 세계가 원전 건설을 확대하는 추세이기 때문이다. 두산에너빌리티의 중장기적 수주도 지속될 것으로 전망된다.

비에이치아이

▶ HRSG 글로벌 정상의 발전기 자재 기업

기업 분석 핵심 포인트

- **친환경 LNG 복합발전소 핵심 기기 HRSG 세계 시장점유율 1위(2014년, 2021년)**
  - 발전소와 제철에 필요한 발전용 기자재를 설계부터 제작·설치·시공하는 발전용 기자재 전문 업체
  - '탈원전·탈석탄' 정책으로 기존 발전 설비업체 문닫을 때, LNG 복합화력발전으로 발빠르게 사업 전환해 위기를 기회로 바꿔

- **미국 아멕 포스터 휠러의 HRSG 원천기술 인수**
  - 2020년 100년이 넘는 역사를 지닌 미국 발전설비업체 아멕 포스터 휠러의 HRSG 원천기술 인수
  - 미국 GE, 독일 지멘스, 일본 미쓰비시파워와 협력하는 세계적인 HRSG 원천기술 보유
  - 기술 독립으로, 로열티 줄이고 기술 경쟁력 확보하며 2021년 강자 제치고 세계 1위 수주 실적 기록
  - 국내 유일 대형 HRSG 원천기술사

- **2023 한국형 가스복합화력 표준 사업자로 선정**
  - 두산에너빌리티와 협업해 보령신복합화력발전소 1호기에 초초임계압 대용량 HRSG 공급
  - 1기당 450㎿급으로 매출 규모는 약 4~500억 원

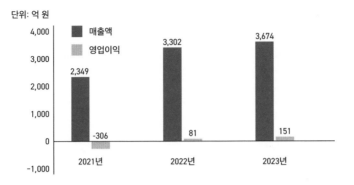

단위: 억 원

- 매출액
- 영업이익

2021년: 2,349 / -306
2022년: 3,302 / 81
2023년: 3,674 / 151

- **1998년 경남 함안 설립, 함안에서 제일 큰 기업**
  - 경남 함안에 본사와 제1,2공장, 경남 사천 제3공장까지 총 13만 평 규모의 시설 보유
  - 직원 470여 명의 50% 이상 10~20년 경력을 갖춘 R&D와 엔지니어링 핵심 인력

- **국내 수주 4,000억 원, 2024년 수주 1조 원 달성 목표**
  - 2024년 내수시장만 4,000억 원 이상 수주 예상, 해외 수주까지 더하면 8,000억 원에서 1조 원까지 가능

친환경 LNG 복합화력발전의 핵심 설비
HRSG 세계 시장점유율 1위!

국내 발전설비시장은 2017년 정부의 탈원전·탈석탄 정책으로 부진한 실적을 피하지 못해 수십 곳이 도산하는 직격탄을 맞았다. 이렇게 생존이 위태한 상황 속에서도 비에이치아이는 새로운 에너지 전환에 발맞춘 빠른 세태 전환으로 2020년 미국 아멕 포스터 휠러(Amec Foster Wheeler)의 HRSG 원천기술을 독점 인수, 2021년 기존 강자를 제치고 LNG 복합화력발전의 핵심 설비인 HRSG 세계 시장점유율 1위를 차지하는 이변을 일으켰다. 이는 친환경 에너지 흐름에 따라 기존 화력과 원자력 사업 부문을 과감히 축소하고 대신 LNG 복합발전의 핵심 설비인 HRSG에 공격적인 투자를 감행한 성과다.

가스터빈, 스팀터빈과 함께 복합화력발전의 3대 장비로 손꼽히는 HRSG는 배열회수보일러를 뜻하는 Heat Recovery Steam Generator의 약자다. 복합화력발전 시 LNG 가스터빈에서 배출되는 1차 고온·고압의 열을 HRSG 장비로 재활용해 2차 스팀 터빈을 돌리는 친환경 방식의 발전설비다. 에너지 효율은 1차 발전 시 40%에서 20% 상승해 60%까지 올라간다. 발전소 효율을 높이는 데 없어서는 안 되는 핵심 장비이며 비용 절감과 환경 보호에도 효과적이다.

1998년 설립된 비에이치아이는 발전소·제철 공정에 필요한 발전용 기자재를 설계·제작·설치·시공하는 발전 기자재 전문기업이다. 기존 석탄화력발전을 포함해 LNG 복합화력발전소와 원자력발전소 관련 설비를 모두 만든다. 경남 함안에 본사와 제1, 2공장, 경남 사천 제3공장까지 총 13만 평 규모의 시설을 갖췄다. 직원은 470여 명. 50% 이상이 10~20년 경력을 갖춘 R&D와 엔지니어링 핵심 인력이다.

소규모 발전용 보조기기부터 시작한 비에이치아이는 당초 석탄화력과 원자력발전 분야에서 두각을 나타내는 전통 발전설비업체였다. 친환경 에너지 정책으로 신규 원전 설립이 줄줄이 무산되면서 긴 겨울의 시간을 보냈다. 하지만 다른 기업과 달리 꿋꿋하게 살아남을 수 있었던 건 2005년부터 미래를 내다보고 철저하게 준비한 HRSG 기술 덕분이었다.

복합화력발전 핵심 설비인 HRSG는 전체 매출액 비중에서 50% 이상을 차지하는 효자 아이템이다. 2008년부터 본격적으로 매출을 일으켜 2014년, 2021년 각각 HRSG 세계 시장점유율 1위를 달성하는 쾌거를 이뤘다. 2012년에는 세계적으로 검증된 기술력과 국가 수출 증대에 기여한 공로를 인정받아 지식경제부로부터 '세계일류상품'으로 선정됐다. 비에이치아이 우종인 대표는 HRSG 시장은 종합 설계 경쟁력이 중요한 분야이기에 2020년 세계 3대 발전설비업체 미국 아멕 포스터 휠러(Amec Foster Wheeler) 사의 HRSG 원천기술을 독점 인수해 막대한 로열티 부담을 덜고 세계적인 기술경쟁력과 입지를 확보한 성과라고 말한다.

국내 유일 대형 HRSG 원천 기술사로 등극했으며 이를 기반으로 유럽과 중동, 동남아시아 시장 등 글로벌 수주 확보에도 적극 나서고 있다. 2023년 기준, 국내를 비롯해 해외 18개 개국에 150기가 넘는 HRSG를 공급했다.

2023 한국형 가스복합화력 표준 사업자로 선정, 2036년까지 HRSG 성공 지속!

HRSG 관련해서 눈여겨볼 부분은 정부가 주도하는 '한국형 표준 가스복합발전 사업'이다. 국내 28개의 노후화된 석탄화력발전소를 이산화탄소 배출량이 적은 LNG 복합화력발전소로 교체하는 사업으로, 비에이치아이가 한국형 표준 가스복합발전 사업자로 선정됐다. 그 첫 프로젝트는 두산에너빌리티와 협업하는 보령신복합화력발전소 1호기다. 여기에 비에이치아이가 세계 최초로 친환경 고효율을 자랑하는 초초임계압 대용량 HRSG를 공급한다. 1기당 450㎿급으로 매출 규모는 약 400~500억 원이다.

LNG발전은 발전소 가운데 가장 국산화율이 저조한 분야였다. 지난 10년간 해외로 빠져나간 HRSG 로열티만 약 1,000억 원 가까이 된다. 비에이치아이가 HRSG 원천기술을 확보한 덕에 이제 100% 국산 기술로 건설되는 LNG발전소를 짓게 될 수 있다. 정부는 이를 시작으로 안동, 울산, 분당 등 한국형 표준 가스복합발전사업은 지속 확대하며 약 1.4조 원 규모의 시장을 형성할 전망이다. 안동은 이미 확정됐으며, 비에이치아이가 HRSG 분야 글로벌 1위임과 동시에 한국형 가스복합발전 표준 사업자로 선정된 만큼 향후 추가 수주 가능성도 크다. 우 대표는 약 10년 이내 국내 석탄화력발전은 사라지거나 LNG복합발전, 또는 원자력발전으로 전부 바뀔 것이기에 2036년까지는 HRSG 성장이 이어질 것으로 본다. 이 외에도 2024년 8~9개의 HRSG 공급 계약이 예정돼 있다.

복합화력발전 시장의 활성화로 해외 시장 개척도 적극 추진한다. GE, 지멘스, MHPS 등 기존 고객과 더불어 신규 해외 시장을 추가하고, 미래 먹거리를 발굴하는 데도 전사적 역량을 집중할 계획이다. 특히 중동과 동유럽 재건 등 기저 전력 구축에 힘쓸 계획이다. 내륙이나 사막 등 특수 환경에서는 LNG 복합화력발전이 현존하는 유일한 발전 방식으로 손꼽힌다. 2023년 10월, 비에이치아이는 국가 경제사절단으로 사우디아라비아를 방문해 레자아트그룹의 'SAFAMI(Saudi Arabian Fabricated Metals Industry Limited)' 와 전략적 업무협약(MOU)을 체결했다. 협약에 따라 사우디를 포함해 카타르, UAE(아랍에미리트) 등 걸프협력회의(GCC) 6개국에서 진행되는 다양한 발전 플랜트 구축 프로젝트에 주요 발전 기자재 공급자로 참여할 예정이다. 포스코, 삼성 등 국내 EPC(설계

(engineering), 조달(procurement), 시공(construction) 원스톱 형태의 사업) 기업의 해외 프로젝트 역시 150기가 넘는 공급 레퍼런스 기반으로 기민한 대응이 가능해 매출과 이어질 수 있는 사업이다.

이 외에도 포항제철소, 광양제철소, 광양 LNG CCPP 개조 사업, 이스라엘 Sorek2 열병합발전설비 개조 등 복합화력발전 EPC 부문도 폭넓게 사업을 전개하며 외형 성장을 극대화하고 있다. 환경 보호를 위해 석탄화력발전을 탄소중립 에너지로 전환시키는 암모니아 혼소 보일러 신기술도 개발했다. 당진과 삼척 2개의 발전 사이트에서 실증을 위한 국책 과제를 진행 중이며 연구비만 두 곳 합쳐 400억 원이 넘는다. 2027년 실증 후 신규 매출 성장 동력이 될 것으로 기대된다. 여기서 중요한 점은 참여 기관 전부가 발

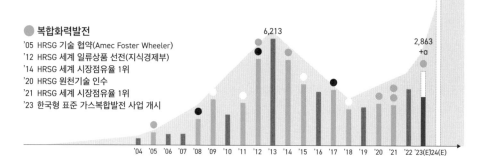

비에이치아이 현황

● **화력발전**
'08 PC 보일러 기술 협약(Amec Foster Wheeler)
'12 CFB 보일러 기술 협약(Amec Foster Wheeler)
'17 PC 보일러 원천기술 인수 / 북평화력발전
　　보일러 상업 생산 개시

원자력
'09 미국 신규 원전 보조 설비 수주
'11 UAE 원전 보조 설비 수주
'15 스마트 원전 사업 진출
'18 CASK 관련 해외사와 협력 계약 체결

● **신재생**
'21 국내 최초 1.25MW급 안산
　　수전해 프로젝트 수주

● **복합화력발전**
'05 HRSG 기술 협약(Amec Foster Wheeler)
'12 HRSG 세계 일류상품 선전(지식경제부)
'14 HRSG 세계 시장점유율 1위
'20 HRSG 원천기술 인수
'21 HRSG 세계 시장점유율 1위
'23 한국형 표준 가스복합발전 사업 개시

6,213

2,863
+α

'04 '05 '06 '07 '08 '09 '10 '11 '12 '13 '14 '15 '16 '17 '18 '19 '20 '21 '22 '23(E)24(E)

전소와 연구소다. 기업은 비에이치아이와 두산에너빌리티다.

다시 기지개 켜는 원자력발전소 보조기기 사업으로 2024년 매출 1조 원 기대!

최근 탈원전을 선언했던 유럽 국가가 속속 원전으로 회귀하는 가운데 국내에도 2030년까지 원전 비율을 30% 이상 확대하는 친원전 정책을 내놓으면서 원전 시장에 다시 활기가 찾아왔다. 비에이치아이도 다시 기지개를 켜는 원자력발전소 보조기기 사업을 적극 추진하며 2024년 이후 총 매출의 15%를 원자력발전소 보조기기 분야로 확장할 계획이다.

비에이치아이는 국내는 물론 해외에서도 인정받는 원자력발전소 핵심 보조기기 공급사다. 스테인리스 스틸 라이너(SSLW), 격납 건물 포스트 텐셔닝 시스템(CPTS), 격납 건물 철판(CLP), 복수기(Condenser) 등 7개에 달하는 다양한 제품 포트폴리오를 보유한다. 국내는 우선 한국수력원자력의 신한울 3, 4호기를 시작으로 국내 신규 원준 수주에 적극 참여할 계획이다. 해외는 한국수력원자력과 함께하는 '팀코리아'와 글로벌 파트너 '웨스팅하우스'를 중심으로 투트랙 전략을 전개한다. 원자력 산업은 탈원전 정책으로 생태계가 무너진 것과 다름없다. 전 세계적으로 원자력 관련 업체가 많지 않다는 건 해외 수주 성사 기회가 많다는 것을 뜻한다.

2009년 일본 도시바와 미국 섬머(Summer), 보글(Vogtle)의 보조설비 공급을 체결하고 성공적으로 납품한 바 있다. 2011년 한국전력과 UAE 원전 보조설비를 수주하고 2015년 정부 주도의 스마트 원전 사업에도 진출했다. 스마트 원전은 당장의 매출이 아닌, 향후 시장이 열렸을 때 기회를 잡기 위해 준비하는 사업이다. 원자력 분야는 아무 회사나 넘볼 수 있는 영역이 아니다. 안정성 및 설비 자격을 인증받은 업체만 참여 가능한데, 국내에서는 두산에너빌리티와 비에이치아이만이 유일한 원자력발전소 보조설비 자격사다.

웨스팅하우스의 폴란드 원전 프로젝트는 2024년 주기기 업체 선정과 함께 본격적으로 개시될 것으로 보인다. 과거부터 웨스팅하우스를 최종 고객사로 주기기 업체인 도시바와 협업해 왔기에 비에이치아이가 이번에도 수주 성공 가능성이 높다. 비에이치아이는 한수원과 웨스팅하우스 모두를 고객사로 보유하고 있어 글로벌 원전 사이클 진입에 따른 최대 수혜를 입을 것으로 기대된다. 2024년 체코와 영국, 2025년에는 네덜란드 신규 원전 프로젝트에 대한 최종 사업자 작업도 곧 마무리될 것이며 미래 발전소 보조기기 분야도 세계 1위를 차지할 가능성이 크게 열렸다. 이 외에도 소형모듈원전과 핵 연료 운반 및 건식저장 용기인 캐스크(CASK) 사업을 원자력 분야의 새로운 성장동력으로 주목하고 있다. 2028년 이후 꾸준한 매출 동력이 될 것으로 예상한다. 신재생 에너지 분야도 놓치지 않는다. 국내 최초 1.25MW급 안산 수전해 프로젝트를 수주했다.

비에이치아이는 2004년부터 가파른 성장 가도를 달리며 2013

년 8만 평 규모에서 6,000억 이상의 매출을 기록했다. 수주 1조 원 달성을 눈앞에 두고 에너지 전환이라는 역풍을 만나 고전을 면치 못했지만 절대 포기하지 않았다. 위기를 성장의 발판으로 삼고 HRSG 원천기술이라는 새로운 성장동력을 확보해 2023년도 매출 3,673억 원 이상을 달성하며 다시 수주 1조 기업을 향해 빠르게 달려가고 있다.

2024년은 비에이치아이에게 재도약의 해가 될 것으로 보인다. 다시 복합화력발전, 원자력 시장이 본격적으로 열리는 흐름에 올라탔기 때문이다. 2024년 내수시장만 4,000억 원 이상의 수주를 예상한다. 해외 수주까지 더하면 8,000억 원에서 1조 원까지 가능하리라 기대해 본다. 이미 HRSG 원천기술 보유로 진입장벽도 단단히 구축해 놓은 비에이치아이가 또 어떤 전략으로 세계 1위를 탈환할지 지켜봐도 좋을 듯하다.

서 블 리 인 사 이 트

비에이치아이는 전형적인 수주 산업을 영위하는 기업이라 정부 정책이나 글로벌 경기 등에 영향을 많이 받는다. 수주산업은 회사의 기업 가치 평가 적용 시 배수가 높지 않을 수 있으며 예측이 어렵다는 단점이 있다. 전 세계 대부분 국가가 원전을 확대하는 추세이며 석탄을 대체하는 LNG 발전소 건설도 증가해 수주 환경은 우호적으로 바뀌고 있다고 판단된다. 두산그룹은 GE에 HRSG 원천기술을 매각해 비에이치아이가 유일하게 원천기술을 보유하고 있어 앞으로 수주 확대가 예상된다.

Part 4

조선 / 철강

한국 제조업의 주춧돌
미중 갈등과 친환경 바람 타고
세계 우위 선점

조선업은 국내 제조업 고용의 3%에 해당하는 주요 산업이다. 특히 지방의 산업생태계와 더불어 해당 지역 경제를 견인하고 있다. 이처럼 우리 경제와 안보에 중요한 역할을 하는 조선업계에 다시금 훈풍이 불고 있다. 2011년 이후 국내 수주 잔고는 최고 수준을 기록했다. 산업용 선박의 수주 발주량이 중국에 이어 점유율 세계 2위를 차지했다. 고부가 LNG선은 한국이 수주 점유율 90%로 단연 세계 1위다.

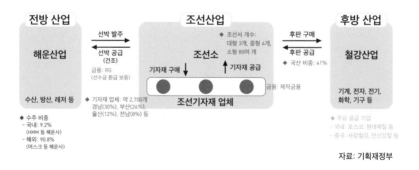

자료: 기획재정부

고부가 LNG선 점유율 90% 세계 1위

이번 사이클은 과거와 사뭇 다르다. 중국의 WTO 가입 후 물동량과 수주가 함께 늘어나며 성장을 견인했다면 이번에는 달라진 세계 정세가 그 요인이다. 먼저 IMO(국제해사기구)를 비롯한 환경 규제가 강화됐다. 단계적 탄소 감축에 이어 2050년까지는 탄소중립을 목표로 한다는 방침이다. 이에 따라 당장 2030년부터 상향된 탄소중립 목표를 기점으로 친환경 선박으로 탈바꿈해야 한다.

한국 조선업은 친환경 선박 개발에 중점을 둔다. 한국의 조선소는 세계 점유율 50%를 차지하는 저탄소 고부가 선박의 주문을 대량 확보하며 선도적인 위치를 차지했으며, 친환경 선박 수요가 증가함에 따라 한국의 조선업 기술적 우위는 중요한 경쟁력으로 작용하고 있다.

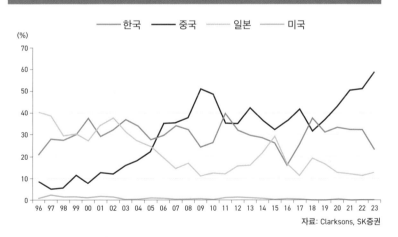

한·중·일·미 글로벌 선박 수주 점유율 추이

자료: Clarksons, SK증권

과거 2000년대 초, 일본을 제치고 세계 1위를 달성한 한국 조선업은 설비 과잉 투자와 글로벌 수주 절벽 이후 뼈를 깎는 노력으로 살아남아 그때의 교훈을 잊지 않았다. 현재는 중국의 저가 수주에 참여하지 않고 고부가, 저탄소 선을 넘어 무탄소선으로까지 가능한 기술력으로 세계 조선 시장을 선도하고 있다. 중국과는 약 5년 정도 기술 격차로 앞서고 있으며 계속해서 기술 개발에 힘쓰고 있다.

원조 IT강국, 스마트 선박의 선두주자로 자리매김!

선박이 진화하고 있다. 자율운항 선박시대가 멀지 않은 미래에 도래한다. HD현대중공업은 자회사로 자율운항 전문회사인 아비커스를 설립했다. 아비커스는 4월 자율운항 솔루션을 통해 연료 절감 및 저탄소 효과를 세계 최초로 입증했다. 자율운항 선박은 사물인터넷(IoT), AI, 빅데이터, 센서 등 최신 IT 기술을 망라한 미래의 신사업이다. 약 330조 원의 시장을 형성하는 미래 먹거리다.

달라진 글로벌 정세,
친환경과 미중 분쟁에서 한국의 우위를 찾다

미중 패권 전쟁의 여파가 조선업까지 미치고 있다. 미국은 현재 선박 건조 점유율이 채 1%가 되지 않는다. 1920년 미국의 조선업 보호를 위한 존스법(Johns Act)이 제정되면서 미국 내 연안 운송 선박은 미국에서 건조·소유하여 미국인이 운항해야 한다. 그러나 자국의 산업을 보호한다는 명목하에 만든 이 법은 기업 간의 경쟁과 발전을 막아 산업 쇠퇴를 초래했다.

미국 최대 건조 시설은 국내 조선소 건조 규모의 절반도 되지 않는다. 높은 인건비와 열악한 설비는 납기를 맞추지 못하고 기술력도 떨어져 결국 미국의 해군력에도 영향을 미쳤다. 미 해군 정보국에 의하면 중국의 조선 능력은 미국에 233배에 이른다. 심각성을 인지한 미 해군성 장관은 2024년 2월 HD현대중공업과 한화오션 조선소를 방문했다. 국내 조선소 역량 확인과 미 해군의 MRO(유지, 보수, 정비), 함정 사업을 포함한 한미 협력안을 논의하기 위해서다. HD현대중공업은 미 해국 MRO를 위한 자격인 MSRA(Master Ship Repair Agreement) 신청했고, 야드 실사까지 마쳤다. 한화오션은 국내 업계 최초로 MRO 전담 조직을 운영하고 있다.

이렇듯 한국의 조선업체는 중국 저가 수주 공세와 다르게 글로벌 기술력으로 차별화를 두며 고부가선과 방산업체로 변모 중이다. 특히 한화오션의 경우 대우조선해양 인수 후 1.5조 원에 달하는 유상증자를 단행했다. 함정 건조용 전문시설투자에 1,500억 원과 해외 생산 거점 및 MRO기업 지분확보에 4,200억 원을 배정했다. 2024년 4월 한화오션은 미국 군함 제조를 영위하는 호주의 '오스탈' 인수를 추진하고 있다. HD현대중공업 역시 2024년 4

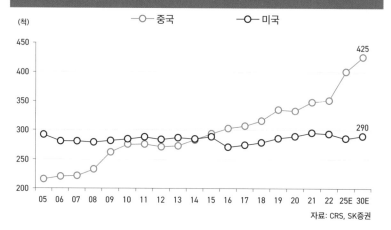

중국과 미국의 보유 함정 수 추이 및 전망

(척) —○— 중국   —●— 미국

425

290

05 06 07 08 09 10 11 12 13 14 15 16 17 18 19 20 21 22 25E 30E

자료: CRS, SK증권

월 페루에서 함정 4척을 수주하며 중남미 시장 진출에 박차를 가하고 있다. 이번 수주는 중남미 방산 수출 사상 최대 규모다. 추후 15년간 10척 이상의 함정을 추가 발주될 예정이다. K-방산의 저변이 글로벌 해군력까지 영향을 미치고 있다. 단기적인 조선업 주가의 향방보다 탈세계화를 향하는 글로벌 정세에 맞춰 장기적인 청사진을 그려 나가고 있는 한국 조선업의 미래가 기대된다.

HD현대중공업

▶ 세계 조선 수주 1위 기업

기업 분석 핵심 포인트

- **세계 1위 조선업체, 선박 건조 및 엔진 분야 세계 점유율 1위**
  - 2023년 세계 시장 조선 수주 154억 달러(한화 약 20조 5,000억 원), 10% 세계 시장점유율 1위 차지
  - HD현대중공업, 자회사 현대미포조선·현대삼호중공업 등 모두 합치면 세계 시장점유율 15~20%

- **독자 개발한 발전기용 중형엔진 세계 시장점유율 35% 1위, 1만 5,000대 생산 신기록 달성**
  - 추진 엔진인 대형엔진 원천 기술은 세계 최대 엔진 제작사인 바질라와 만(MAN) 2곳만 보유
  - HD현대중공업 두 곳과 라이선스 계약 맺고 대형엔진 제작, 대형엔진 시장점유율 20% 1위

- **약 42조 원, 3.5년 치 수주 잔고 확보**
  - 2023년 연매출 12조 원, 2024년 약 14조 원 성장으로 계산하면 수주 잔고 약 42조 원
  - 매년 15~20%씩 성과 오르는 추세, 고부가가치 가스선 선박 수주 10년간 1위 유지 예상

- **친환경 선박 퍼스트 무버, 선제적 투자 통한 초격차 달성**

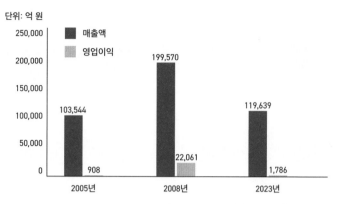

단위: 억 원

*2005년, 2008년은 지주회사 분할 전 금액, 2023년은 HD현대중공업 기준
**주가 2004년 2만 원에서 2007년11월 55만 원까지 상승

- **LNG, LPG, 암모니아선 등 친환경 연료 선박 분야 선도적 입지 확보**
  - 전 세계 선박 비율 유조선, 컨테이너선, 일반화물선(벌커) 각각 30%, LNG, LPG 등 가스선이 나머지 10%의 6% 차지
  - 현대중공업 수주 잔고 기준, 가스선 50%, 가스선 중국보다 기술력 최소 4~5년 앞서
  - 수주에서도 현대, 삼성, 한화 3사를 합치면 약 70척, 90% 시장점유율 차지, 중국 10척

- **중국보다 앞선 기술력으로 친환경 선박 수주 경쟁에 유리**

- **선박 주요 원재료 후판 가격 변동성 영향 커, 지속적인 인건비 상승도 부담**

조선산업 불모지 한국 세계 1위의 조선 강국으로 성장, 선박 수주 및 건조량 부문 세계 1위!

현대중공업의 창업 스토리는 한 편의 드라마다. 정주영 회장은 조선소를 짓기도 전에 먼저 해외에서 수주를 받고 그 주문서를 가지고 영국 은행에 대출을 신청했다. 오백 원 지폐에 그려진 거북선을 보여주며 우리가 500년 전부터 배를 만들었던 민족이었다고 설득했고 끝내 대출을 받아 울산 미포만에 조선소를 지었다. 모두가 반대했지만 뜻을 굽히지 않았다. 정 회장의 어록 중 하나인 "임자 해봤어?"라는 말이 여기서 처음 나왔다. 그렇게 불굴의 도전 정신으로 시작한 현대중공업은 10년 만에 일본을 제치고 조선사업의 불모지였던 한국을 세계 1위 조선 강국으로 이끌었다. 50년이 지난 지금도 세계 1위의 기세는 여전하다.

1972년 설립된 현대중공업은 2년 3개월이라는 단기간 내에 세계 최대 규모의 조선소를 완공하는 초유의 기록을 세웠다. 동시에 그리스 리바노스(Livanos)에 26만 톤급 초대형 유조선(VLCC)

을 성공적으로 건조해 세계 조선 역사상 최초로 조선소 준공과 함께 선박 건조를 완료하는 신화를 썼다. 이어 2012년 세계 최초로 '선박 건조량 1억 GT(Gross Tonnage·총톤수)', '2015년 세계 최초 선박 2,000척 건조'라는 신기록을 달성하며, 세계 역사상 최단 기간 내 최대 건조 실적의 대기록을 세웠다. 2024년 기준, HD현대중공업은 51개국 334개 선주사에 2,400여 척의 선박을 성공적으로 인도했다.

주요 사업은 크게 조선, 엔진 기계 해양플랜트로 나뉜다. 조선 사업을 통해 축적한 기술을 바탕으로 엔진 기계, 해양플랜트 사업에 진출해 세계적인 종합중공업으로 성장했다. 주요 제품 LNG 운반·부유식 LNG 재기화설비·LPG/암모니아 운반선·컨테이너선·원유운반선·석유제품운반선 등이 있으며 지금도 여전히 조선과 대형엔진 부문은 각각 세계 1위의 실적을 기록하며 글로벌 선도기업으로서 위상을 강화하고 있다.

선박의 심장, 대형엔진 및 발전기용
중형엔진 글로벌 기술력 및 생산 1위!

HD현대중공업 엔진기계 사업부는 세계 선박용 엔진 시장의 약 35%를 점유하는 세계 최대의 엔진제작사다. 선박 엔진은 크게 추진을 위해 프로펠러를 돌리는 대형엔진(메인엔진)과 배 안에서 필요한 전기를 생산하는 발전기용 중형엔진 두 가지로 나뉜다. HD

현대중공업이 10년 넘는 연구 끝에 2000년 8월 국내 최초로 독자 개발한 중형엔진인 힘센(HiMSEN)엔진은 2024년 1월 기준, 누계 생산 1만 5,000대를 달성했다. 조선 분야 중 세계에서 유일하게 중형엔진 제작 기술을 보유하며 선박용 중형엔진 시장점유율은 35%로 압도적인 1위를 기록 중이다. 중형엔진은 수주받은 선박에 장착되며 다른 조선소나 공장용 발전기로도 판매된다. 독점 기술이라 매출 마진도 높다.

대형엔진의 원천기술은 전 세계에서 바질라와 만(MAN) 2곳에서 보유한다. HD현대중공업은 두 회사와 라이선스 계약을 맺고 메인엔진을 제작한다. 세계에서 가장 많이 배를 만들고, 그 배에 자체 제작한 메인엔진을 장착하기에 메인엔진도 자동적으로 세계 1위다. 2023년 조선 분야 수주 금액은 154억 달러(한화 약 20조 5,000억 원). 세계 시장점유율 10%로 1위다. HD현대중공업과 자회사 현대미포조선·현대삼호중공업 등을 모두 합치면 세계 시장점유율이 15~20%다.

하지만 풀어야 할 숙제도 있다. 인건비와 생산 시간이다. 주52시간제 도입으로 현재 가동률이 70%가 안 된다. 2011년 한 해에 80척 이상을 건조했지만 지금은 41척 정도로 반이 줄었다. 가스선은 1년 남짓 걸리는 일반 대형 상선에 비해 제작 시간이 2배가 더 걸린다. 하지만 가스선 마진은 컨테이너선의 2배 이상이다. 수소 및 암모니아 선박 등과 같은 친환경 선박 분야에 집중해 고부가가치 선종의 수익성을 극대화할 전략이다.

발 빠른 친환경 규제 대응으로 위기를 기회로 선점, 친환경 선박 수요 타고 고속 질주!

HD현대중공업은 친환경 선박의 퍼스트 무버로, 선제적 투자를 통한 초격차 달성을 목표로 삼는다. 선박에 대한 환경 규제법이 강화되면서 벙커C유와 같은 기존 연료와 LNG, LPG, 메탄올, 수소 등 친환경 연료를 함께 사용하는 이중연료 DF(Dual fuel) 추진 엔진 기술에서도 선두를 달리고 있다. 최근 수주 받거나 납품된 배 90%가 DF엔진이다. DF엔진은 연료가 두 개인만큼 탱크도 두 대이며 주변 장비도 추가로 장착된다. 환경 규제법에 따라 LNG 벙커 선박의 증발가스(Boil-off gas, BOG)를 재활용해 일부를 선박 연료로 사용할 수 있고, 초과분은 다시 LNG로 판매할 수 있는 연료 재생산 기술도 개발했다.

전 세계 선박은 유조선, 컨테이너선, 일반 화물선(벌커)가 각각 30%, LNG, LPG 등 가스선이 나머지 10%의 6%를 차지한다. 기타에는 암모니아선 등이 있다. 최근 현대중공업 수주 잔고 기준으로, 50%가 가스선이다. 가스선에 대한 수주 비중이 앞으로도 더 커질 전망이며 특히 LNG선은 HD현대중공업 기술력이 압도적으로 우세다. 다른 선박은 중국이 그 뒤를 바짝 쫓고 있지만 가스선은 아직까지는 HD현대중공업의 기술이 최소 4~5년 앞서 있다. 수주 면에서도 현대, 삼성, 한화 3사를 합치면 약 70척, 세계 시장 점유율 90%다. 중국은 10척이다.

2030년 이후 암모니아 추진선이 10배 정도 늘어날 것이라는 보고서가 있다. 암모니아 추진선 역시 HD현대중공업의 새로운 경쟁력이다. 2~30척의 수주를 받아 놓았으며 암모니아선은 LPG선과 비슷해 LPG선을 조금만 개조하면 암모니아선을 만들 수 있어 HD현대중공업 입장에서는 친환경 선박으로 갈수록 오히려 이득이다.

HD현대중공업은 국제해사기구(International Maritime Organization 이하 IMO)의 탄소배출 규제가 점점 더 엄격해지면서 뛰어난 기술력을 앞세워 이를 기회의 장으로 만들고 있다. IMO는 2030년까지 탄소배출을 20% 감축하고 2050년까지 넷제로를 달성해야 한다고 밝혔다. 이에 HD현대중공업은 일찌감치 수소 밸류체인 구축에 나서는 등 기술력 개발에 착수해. LNG 운반선 같은 고부가가치선, 메탄올 추진선 같은 친환경 선박에 집중하며 성과를 내고 있다.

이미 LNG 운반선, 초대형 컨테이너선 등을 수주받으며 3.5년치의 수주 잔고도 확보했다. 2023년 연매출이 12조 원, 2024년 약 14조 원 성장으로 계산하면 수주 잔고액은 약 42조 원이다. 매년 15~20%씩 성과가 오르는 추세이며 고부가가치 가스선 선박 수주는 10년간 1위를 유지할 것으로 본다. HD현대중공업은 세계 1위 조선과 엔진사업을 바탕으로 글로벌 조선산업의 패러다임 변화를 선도 중이다. 지난 50년에 이어 다가올 50년에서도 친환경 미래 기술에 집중적으로 투자해 조선업계 1위를 군건히 지킬지 기대해보자.

글로벌 조선산업 주도하는 국가는 네덜란드에서 일본, 한국, 중국으로 중심축이 이동하는 형세다 중국의 거센 도전에도 불구하고 한국의 조선 업체들은 고부가치선인 LNG, 암모니아 등의 친환경 연료 선박 분야에서는 절대적인 우위를 지키고 있으며, 앞으로 3~5년은 안정적으로 선두를 지속할 것으로 보인다.

하지만 조선소 근무 인력의 평균 연령이 2023년 말 기준, 50세 내외로 높아지고 있는 데다 현장 노동을 기피하는 추세다. 인력을 구하는 것도 쉽지 않아 인력 확보에 리스크가 큰 편이다. 이에 HD현대중공업은 인력 문제 해결 강구책으로 2023년 동남아 인력 약 5,000명을 채용, 교육을 통한 인력의 질적 향상을 위해 힘쓰고 있다.

고려아연

▶ 글로벌 비철금속 제련의 절대강호

기업 분석 핵심 포인트

- **아연, 연 글로벌 생산점유율 1위**
  - 아연 8.4%, 연 9.3% 점유율로 세계 아연 및 연 생산점유율 1위 달성
  - 2022년 해외 매출 비중 68.3%,

- **세계 최대 규모 43만 평 울산 온산제련소 보유**
  - 단일 제련소 기준 세계 최대 규모 생산 캐파
  - 아연과 연, 금, 은, 동 이외에 10여 종의 비철금속 연간 100만 톤 이상 생산

- **아연 및 연 정광에서 아연과 연 이외 금, 은, 동 및 기타 유가금속 회수**
  - 2023년 기준, 전체 매출 비중 아연 34%, 연 18%, 은 26%, 금 10%, 동 5%, 기타 금속 7%
  - '단일화', '대형화', '불순물제품화' 통해 유가금속 회수율 극대화
  - 공정 합리화로 생산과 원가 경쟁력 강화

- **최종 잔여물 폐기물이 아닌 친환경 청정 슬래그 발생, 산업용 골재로 판매'**

- **자체 개발한 퓨머(Fumer) 생산설비로 아연 97% 회수**
  - 타 아연 제련소 아연 채취율 평균 85%, 고려아연 97% 회수율로 높은 매출 및 수익 성과
  - 이 외 개별 유가금속 회수율 모두 97% 수준

- **세계 최대 점보(Jumbo) 크기 아연 극판 생산**

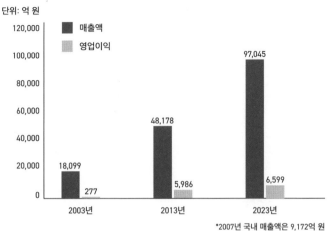

단위: 억 원

- 매출액
- 영업이익

	2003년	2013년	2023년
매출액	18,099	48,178	97,045
영업이익	277	5,986	6,599

*2007년 국내 매출액은 9,172억 원

- **95분기 연속 흑자 달성**

- **2024년 신성장동력 이차전지 소재 사업 추진**
  - 1974년 설립, 50살 맞아 안정된 제련 사업 기반으로 신사업 본격화
  - 이차전지 소재 사업 2024년~2033년 향후 10년간 총 2.1조 투자, 2033년 5.3조 원 매출 목표
  - 2033년 황산니켈 85, 전구체 44, 동박 60ktpa 생산 캐파 확보 예정

아연, 연 세계 생산점유율 1위, 세계 최대 제련소와 압도적인 기술력으로 95분기 연속 흑자 달성!

아연은 철의 녹을 방지해 건설용 철강 제품부터 자동차, 가전제품 등 여러 산업에 두루 활용된다. 이렇게 우리 일상에서 다양하게 쓰이는 아연의 생산점유율 세계 1위 기업이 바로 비철금속의 최강자라 불리는 고려아연이다. 철 분야에 포스코가 있다면, 철 외의 비철금속 분야에는 고려아연이 있다고 할 정도로 명성이 높다.

고려아연은 회사 이름처럼 아연 제련이 주된 사업이다. 아연 8.4%, 연 9.3% 점유율로 세계 아연 및 연 생산량 1위를 달리며 세계 비철금속 시장에서 선도적인 입지를 단단히 구축했다. 단일 제련소 기준 세계 최대 규모의 제련소를 갖췄으며, 아연과 연 외에도 금, 은, 동 등 10여 종의 비철금속을 연간 100만 톤 이상 생산한다. 2023년 기준, 수출 비중은 약 70.8%. 전체 매출 비중은 아연 34%, 연 18%, 은 26%, 금 10%, 동 5%, 그리고 나머지 기타 금속

이 7%를 차지한다. 95분기 연속 흑자를 달성했으며 2022년 11조 2,000억 원이라는 역대 최고의 매출을 기록했다.

고려아연이 아연과 연 세계 생산점유율 1위를 거머쥘 수 있었던 강점은 압도적으로 차별화된 기술력에 있다. 이는 '단일화', '대형화', '불순물제품화' 세 가지로 요약할 수 있다.

먼저 세계에서 유일하게 단일화를 이룬 통합공정기술이다. 복잡한 제련 공정을 최대한 단순화하고 하나로 통합해 생산 효율과 유가금속 회수율을 극대화했다. 일반적으로 아연 제련소는 아연만 추출하고 남은 잔여물은 쓰레기로 땅에 매립한다. 아연 외에 다른 비철금속을 추출하지 못해서다. 각 금속 마다 채취하는 방법과 기술이 다르기 때문에 아연 정광(제련의 원료, 원광에서 1차 불순물을 없애 품위가 높아진 광석)에서 아연 외에 다른 비철금속을 채취하는 건 제련소의 역량이다. 고려아연은 세계에서 유일하게 아연, 연, 그리고 금, 은, 동, 기타 금속까지 전부 채취한다.

예를 들어 고려아연은 아연 생산라인에 호주, 북미 및 남미에서 사 온 아연 정광을 넣어 아연을 1차적으로 채취한다. 아연은 한 번에 100% 회수가 안 된다. 남은 잔여물을 다시 퓨머(Fumer)라는 뜨거운 가마에 넣고 열을 가해 각기 다른 온도에서 남은 아연은 물론, 연, 금, 은, 동 그리고 기타 금속까지 모두 채취한다. 2017년부터는 퓨머에 페릭 옥사이드(Ferric Oxide) 공법을 새롭게 접목해 아연과 동 회수율을 한층 더 높였다. 이 과정을 유가금속이 거의 제로가 돼 흙이 될 때까지 반복한다. 이런 단일화된 통합공정 시스템을 통해 생산과 원가 경쟁력을 강화할 수 있었다. 여기서 차별화된 핵심 기술은 바로 퓨머(Fumer)다. 설립 당시부터 자체 개발한 퓨머라는 생산 설비에 세계 최초로 유가금속 회수공법인 TSL(Top Submerged Lance)을 접목해 유가금속 회수율을 97%까지 높였다. 이는 온도에 따라 각기 다른 유가금속을 추출하는 공법으로, 기술은 이미 다 공개됐지만 지난 50년 동안 고려아연을 능가하는 회수율을 달성한 업체는 아직까지 없다. 아연 제련소의 아연을 채취율은 평균적으로 약 85%다. 고려아연은 아연 97%로 약 12% 높은 회수율을 자랑한다. 이 외에 개별 유가금속 회수율도 모두 90%를 가뿐히 넘는다.

다음 대형화다. 가장 많은 아연을 생산한 만큼 아연 제품 역시 점보(jumbo) 사이즈를 자랑한다. 아연을 추출하면 금괴처럼 네모난 덩어리로 만드는데, 용도별로 보통 S, M, L 크기로 나뉜다. 고려아연은 그보다 큰 세계 최대 점보(Jumbo) 크기를 생산한다. 생산설비 크기도 세계 최고 수준이다. 울산 온산국가산업단지에 위치한 약 43만 평 규모의 고려아연 온산제련소는 단일 제련소 기준 세계 최대 생산 캐파 시설을 갖췄다. 2023년 아연 기준 약 64만 톤을 웃돌며 그 외 연 43만 톤, 귀금속 2,000톤, 동 3만 톤 수준의 생산능력을 보유하고 있다. 동 생산능력의 경우 2028년까지 15만 톤으로 5배 늘릴 계획이다.

버리는 쓰레기 하나 없이 금, 은, 동은 물론
흙과 돌까지 모두 제품화해 매출로 연결!

'단일화', '대형화' 그리고 남은 '불순물제품화'를 설명하기 전, 고려아연의 수입 구조에 대해 알아보자. 보통 광산에서 파는 아연 정광은 품위가 약 60%다. 아연 정광 100톤이면 아연이 60톤 들어 있다는 뜻이다. 아연 정광을 사 올 때는 런던 금속 거래소 가격 기준으로 산출해 그에 해당하는 가격을 지불한다. 그런데 100톤을 사서 60톤의 아연 가격을 지불한 뒤 아연 60톤만 제련해 팔면 기업은 적자가 난다. 금속 종류에 따라 차이는 있지만 아연은 85%에 해당하는 비용을 지불한다. 고려아연의 아연 회수율이 97% 정도이니 돈을 지불하지 않은 나머지 아연은 추가 수익이 된다.

아연을 팔아 매출을 높이려면 아연 국제 시세가 높아야 한다. 2023년은 아연 가격이 급락했다. 톤당 3,500달러가 넘었는데 2,500달러 안팎으로 1,000달러 이상 하락한 수준이었다. 고려아연 역시 그 영향을 받았지만 제련소 중 비교적 리스크가 적었다. 그 이유는 아연 정광에서 아연뿐 아니라 연과 금, 은, 동 등의 유가금속을 채취해 부수입을 올리고, 땅에 묻는 나머지 돌과 흙도 제품화해서 시멘트 제조업체 등에 판매하기 때문이다. '불순물제품화'가 바로 이것이다. 정광 하나를 사오면 버리는 쓰레기 하나 없이 티끌까지 모두 야무지게 제품화해 판매한다. 심지어 다른 제련소의 남은 부산물을 헐값에 사와 같은 방식으로 아연과 유가금속 등을 제련해 수익을 낸다. 남에게는 쓰레기이지만 고려아연에

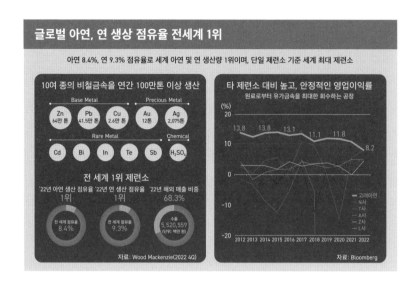

글로벌 아연, 연 생상 점유율 전세계 1위

아연 8.4%, 연 9.3% 점유율로 세계 아연 및 연 생산량 1위이며, 단일 제련소 기준 세계 최대 제련소

10여 종의 비철금속을 연간 100만톤 이상 생산

Base Metal

| Zn 64만 톤 | Pb 41.5만 톤 | Cu 2.6만 톤 |

Precious Metal

| Au 12톤 | Ag 2,075톤 |

Rare Metal

| Cd | Bi | In | Te | Sb |

Chemical

| H₂SO₄ |

전 세계 1위 제련소

'22년 아연 생산 점유율 1위 전 세계 점유율 8.4%

'22년 연 생산 점유율 1위 전 세계 점유율 9.3%

'22년 해외 매출 비중 68.3% 수출 5,520,559 (단위: 백만 원)

자료: Wood Mackenzie(2022 4Q)

타 제련소 대비 높고, 안정적인 영업이익률
원료로부터 유가금속을 최대한 회수하는 공정

고려아연 13.8 13.8 13.1 11.1 11.8 8.2

2012 2013 2014 2015 2016 2017 2018 2019 2020 2021 2022

— 고려아연 — N사 — T사 — A사 — Z사 — L사

자료: Bloomberg

게 오면 돈이 된다. 고려아연이 땅에 묻는 부산물은 없다고 봐도 무방할 정도다.

아연 제련 50년 외길, 앞으로 50년은 이차전지 사업에 승부수!

1974년 설립해 2024년 50살을 맞은 고려아연은 과거 독보적인 기술력으로 세계 1위 기업에 이름을 올린 제련 사업으로 성장했다면, 앞으로 50년은 안정된 제련 사업과 더불어 시너지를 낼 수 있는 신성장동력 사업인 '트로이카 드라이브(Troika Drive, TD)'를 통해 새로운 역사를 써내려 갈 방침이다.

이른바 TD사업은 고려아연의 미래 성장 동력을 확보하는 신사업으로 신재생발전과 그린수소 생산, 이차전지 소재, 자원 순환 세 가지 사업으로 구성된다. 2033년 TD사업 매출 12.2조 원, EBITDA 마진율은 14.8% 달성을 목표로 한다. 이중 고려아연이 승부수를 던진 사업이 바로 이차전지 소재다. 전기차의 이차전지 배터리 핵심 소재인 동, 니켈, 리튬, 망간, 코발트 등은 고려아연이 수십 년 동안 쌓아 온 비철금속 제련에 대한 기술력과 노하우로 누구보다 경쟁력 있게 접근할 수 있는 분야다. 2024년부터 2033년까지 10년간 총 2.1조 원을 투자하며 5.3조 원의 매출을 달성한다는 계획이다.

먼저 가장 큰 매출 동력은 바로 동(구리)이다. 동은 이차전지의 핵심 소재인 동박의 재료로, 동박은 얇은 구리 막으로 음극재를 감싸는 역할을 한다. 이를 위해 2020년 3월, 자회사 케이잼(KZAM)을 설립하고 동박 사업에 본격적으로 뛰어들었다. 고려아연은 이미 아연 제련 과정에서 동을 추가로 추출해 왔다. 이 원료를 사용하면 타사 대비 낮은 주원료비로 고순도 전기동 생산이 가능하다는 것이 가장 큰 장점이다. 또 동은 100% 재활용이 가능해 동 부산물 외에 인쇄회로기판(PCB) 회수를 통해 동을 추가 생산한다. 앞으로 기존 설비 증설과 순환체제 구축으로 동 제련 경쟁력을 확보해 2024년 1.3만 톤에서 2025년 2.6만 톤, 2033년까지 6만 톤으로 생산 규모를 확대할 계획이다.

양극재 원료인 전구체 분야도 빠르게 확장 중이다. 고려아연은 2017년 계열사 캠코를 통해 LG화학과 이차전지 양극재 핵심 원료인 전구체 생산 합작법인을 설립했다. 이 전구체에 들어가는 원료 중 하나가 바로 니켈이다. 고려아연은 원래 생산하던 황산니켈의 판로를 전구체 사업으로 빠르게 확보했고 니켈제련 사업을 본격화하기 위해 2023년 9월, 현대자동차와 손잡고 울산 온산제련소 내에 세계 최초의 올인원 니켈 제련소 건설을 착공했다. 고려아연은 약 5,063억 원을 투자해 2025년까지 연간 생산능력 4만 2,600톤의 올인원 니켈제련소를 건설한 뒤 2026년부터 본격적으로 니켈 생산을 시작, 배터리 메이커 및 완성차 업체에게 공급할 예정이다. 니켈 제련소가 완성되면 자회사인 켐코의 황산니켈 생산능력(황산니켈 10만 톤, 메탈 기준 2.2만 톤)과 합해 총 생산능력은 6.5만 톤으로 확대된다. 국내 완성차 업체는 그동안 중국에서 니켈을 공급받았다. 그러나 고려아연에서 니켈이 공급되면 미국 인플레이션감축법(IRA) 보조금 지급 규정을 충족해 보조금 혜택을 받게 된다.

폐배터리 사업도 큰 관심을 두고 있는 분야다. 고려아연은 전기차 배터리 수명이 다해 폐기물 시장으로 쏟아져 나오는 시점이 약 6~7년 후가 될 거라고 예상한다. 향후 시장에 나올 EoLB(end of life battery, 수명 종료 배터리)에 대한 물량 공급은 자동차 회사가 쥐게 될 것으로 보고, 재활용 사업도 준비 중이다.

이 외에도 고려아연의 기타금속 매출 7%에는 황산 반도체가 3~4%를 차지한다. 아연 제련으로 나온 황산의 순도를 높여 재가공하면 반도체에 쓰이는 반도체 황산이 된다. 이 역시 동만큼 수익이 좋다. 2023년 17만 톤에서 2033년 50만 톤으로 생산량을 증대하기 위해 생산 설비를 증설하고 있다. 고려아연의 반도체 황산

이차전지 소재

'33년 총 CAPA	'33년 매출액	누적 CAPEX ('24~'33년)
황산니켈: **85**ktpa Ni	**5.3조 원**	**2.1조 원**
전구체: **44**ktpa Ni	EBITDA 마진율: 10.4%	
동박: **60**ktpa Cu		

매출은 2024년 약 1,000억 원, 2033년은 약 4,000억 원으로 증가할 것으로 기대한다.

2024년, 50년 동안 한길만 꾸준히 걸어온 고려아연이 '트로이카 드라이브(Troika Drive, TD)를 통해 2033년 연결 매출 25조 3,000원을 바라보며 새로운 도전을 시작한다. 지난 50년간 잘 알려지지 않은 은둔의 기업이었지만 창사 이래 처음으로 IR 행사인 인베스터 데이도 개최할 만큼 향후 10년의 로드맵과 자신감을 두둑이 장착했다. 50년간 축적된 세계 최고 제련 기술과 세계 1위 기업 역량을 활용해 앞으로 50년 역시 세계 이차전지 소재 시장에서 중추적인 역할을 담당할 수 있을지 지켜보자.

 서 블 리   인 사 이 트

고려아연은 자체 광산이 없어 정광을 호주와 남미에서 매입해 아연, 연 등을 추출하는 제련 업체인데, 광산을 보유한 경쟁사보다 이익률이 높다. 이는 제련 기술을 독자 개발해 경쟁사 대비 월등히 높은 아연을 추출하며 여기에 부산물을 다시 제련해 구리, 황산 등도 추가 판매하는 일괄 생산 시스템을 보유하기 때문이다. 단, 경기에 따라 아연 시세의 변동이 크다. 단, 아연 시세가 낮을 때는 고려아연의 또 다른 주력인 금, 은 등의 가격이 상승해 비교적 경기 변화에 영향을 덜 받는다. 이를 통해 95분기 연속 영업이익 흑자를 기록했다. 주력 제품인 아연, 연, 금, 은 등은 안정적인 비즈니스이긴 하나 저성장 산업이기도 하다. 미래 신성장동력으로 구리·니켈 제련과 이를 활용한 전구체와 동박 등 이차전지 소재산업을 적극 투자 중이다. 과연 고려아연이 혁신적인 변화를 잘 성공시킬 수 있을지 지켜봐야 할 것으로 보인다.

Part 5

바이오 /
의료기기 /
뷰티

드라마틱하게 성장하는 바이오의약품, 한국의 새로운 성장축

새로운 K-바람

제약과 바이오 산업은 1980년대부터 국가 전략 산업(G-7 프로젝트) 중 하나로 집중 육성해 왔다. 본격적으로 가시화되고 있는 성과는 바이오의약품 ODM 글로벌 1등 기업으로 등극한 삼성바이오로직스, 알테오젠과 같은 일부 제약사의 성과와 기술 수출 등이다. 제약 바이오 산업은 크게 바이오의약품과 합성의약품으로 분류된다. 바이오의약품은 세포를 배양하는 주사제이며 합성의약품은 화학적인 합성 제조로 만든 알약이다.

바이오의약품의 대표 업체는 셀트리온, 삼성바이오로직스를 손꼽을 수 있다. 셀트리온 서정진 회장은 1999년 자본금 5,000만 원으로 셀트리온의 전신인 넥솔을 창업해 20년 만에 한국 부자 서열 2위에 오르기도 했다. 서 회장은 합성의약품에서 바이오의약품으로 향하는 변화의 흐름에 과감하게 베팅했으며, 여기에는 램시마를 개발한 성과가 크게 기여했다.

삼성바이오로직스는 2011년 설립해 10년 만에 바이오의약품

단위: 억 원, 전망 컨센서스		2013년	2023년	연평균 성장률	시가 총액 (2024. 4. 30 기준)
셀트리온	매출액	2,245	21,764	25.5%	412,114
	영업이익	1,009	6,514	20.5%	
삼성 바이오로직스	매출액	437	36,945	55.9%	555,868
	영업이익	-1,463	11,136	흑전	
유한양행	매출액	9,436	18,589	7.1%	58,071
	영업이익	618	567	-0.86%	
한미약품	매출액	7,301	14,908	7.4%	40,546
	영업이익	618	2,206	13.6%	

ODM 생산 세계 1위로 등극했다. 2023년 ODM 생산하는 자체 사업은 영업이익률 40%를 기록했다. 최근 10년간 삼성바이오 매출은 127배 증가한 반면, 국내 합성의약품 제조 생산 판매 1위인 유한양행은 2.1배 증가했다. 영업이익에서 삼성바이오로직스는 2013년 적자에서 2023년 1.1조 원 흑자를 기록했으나 유한양행은 10년 전과 비슷한 수준에 머물렀다. 이는 바이오의약품산업의 시장 규모가 훨씬 커지고 있다는 방증이다.

바이오의약품, 바이오시밀러
합성의약품보다는 바이오의약품이 정답이다!

합성의약품 위주의 국내 제약업체는 400여 개 곳이 과다경쟁을 하고 있어 이익의 큰 폭 성장이 쉽지 않을 수 있다고 판단된다. 예를 들어 화이자의 비아그라 특허 만료(2012년) 이후 국내 제약사 100여 곳이 오리지널 의약품보다 70~80% 저렴한 제너릭을 쏟아 냈다. 이는 합성의약품은 특허 만료 시 제조 방법이 공개되면 대학원실험실에서도 제조 가능한 수준으로 진입장벽이 낮아진다는 의미다.

구분	바이오의약품	합성의약품
명칭	바이오시밀러	제너릭
분자량	~150만	~100
제형	주사제(단백질 항체)	알약
제조방법	세포배양	합성(대학원 실험실 가능)
대표품목	키투루다, 아일리아, 옵티보 등	비아그라, 아스피린, DPP-4
시장 규모	키투루다: 22년 10조 원 → 28년 36조 원 예상	DPP-4 억제제: 23년 14조 원 → 28년 16조 원 예상
성장성 (10년 간)	삼성바이오로직스: 127배, 셀트리온: 10배	유한양행: 2배, 한미약품: 3배
업체	삼성바이오로직스, 셀트리온, 삼천당, 알테오젠, 아미코젠	유한양행, 한미약품 등 기존 400여 개 제약사
특허 만료시	임상 1상, 임상 3상 (비용: 500억 원 이상)	동등성 시험 (비용 2~5억 원)

단백질 항체 위주인 바이오의약품은 치료 효과나 지속성 면에서 우위에 있다. 대표적인 바이오의약품인 키트루다는 폐암 치료에 탁월한 효과를 보이면서 2023년 25조 원 규모의 매출을 일으켰다.

바이오의약품 ODM 생산하는 삼성바이오로직스 생산 캐파는 2023년 말 기준으로 60만 리터가 넘는다. 세계 2위권인 론자 30만 리터, 베링거인겔하임 40만 리터보다 월등히 높은 수준이다. 여기에 2025년 상반기까지 18만 리터를 증설을 추진 중인데 더 나아가 2030년까지 72만 리터를 추가로 증설할 것이라고 밝혔다. 바이오의약품 ODM 생산으로 보면 50% 이상 점유율이 예상되며 반도체 분야의 TSMC로 불리는 기업이 바로 삼성바이오로직스라고 할 수 있다

정부 바이오의약품 전략 지원

2030년까지 바이오의약품 분야에 17조 7,000억 원 규모의 민간 투자가 이뤄질 전망이다. 2024년 4월, 정부 역시 2조 1,000억 원 규모의 예산 투입 계획을 발표했다. 연구개발·인력 양성 등에 투자하여 바이오의약품 성장의 마중물 역할을 하겠다는 것이다.

삼성
바이오로직스

▶ 글로벌 의약품위탁개발생산(CDMO) 명가

기업 분석 핵심 포인트

- **세계 1위 생산능력을 갖춘 바이오의약품 CDMO 기업**
  - 항체의약품 위탁생산 CMO DS(원료 의약품) 매출 비중이 85~90%
  - 바이오의약품 위탁생산 승인 건수 271건(중복 포함), 바이오의약품 배치 성공률 99%
  - 규모의 경제로 경쟁사 대비 높은 원가 경쟁력 보유, 항체 품질 우수

- **생산능력 60.4만 리터(2024년 1월) 세계 최대 규모 생산 시설 보유**
  - 글로벌 순위 삼성바이오로직스 60.4만 리터, 론자 40만 리터, 베링거인겔하임 약 40만 리터, 셀트리온 20만 리터
  - 대규모 수주 물량 증가로 2023년 6월 4공장 전체 가동 개시
  - CMO 분야 세계 최대 규모 생산 시설 보유
  - 반도체 사업 노하우 반영, 제조 공장을 빠르고 효율적으로 완공하는 능력 탁월
  - 평균 산업 공장 건설 기간 4~5년, 삼성바이오로직스 18만 리터 제조설비 공장 기준 24개월

- **2025년 4월, 18만리터 5공장 완공 예정, 2032년까지 72만 리터 추가 증설 추진**
  - 18만 리터 규모 4개 공장 증설, 기존 60.4만 리터에 72만 리터 추가
  - 완공 후 약 132만 리터 규모로 초격차 경쟁력 확보

- **2023년 최대 실적 기록, 연매출 3조 6,946억 원 7년 만에 매출 12배 상승**
  - 2016년 상장 당시 2,946억 원 약 12배 매출 상승 달성, 영업이익 1조 원 돌파
  - 7년간 연평균 성장률 약 44%

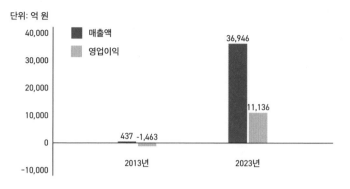

단위: 억 원

- 매출액
- 영업이익

	2013년	2023년
매출액	437	36,946
영업이익	-1,463	11,136

- **수주 누적금액 120억 달러, 2023년 수주액 3조 5,009억 원 역대 최고 실적**
  - 로슈, 화이자, 노바티스 등 글로벌 빅파마 20곳 중 14곳 고객사 확보

- **CDMO 영업이익률 40%, 100% 자회사 삼성바이오에피스 영업이익률 20%**

- **CDO 서비스, mRNA 등 사업 분야 다각화로 글로벌 종합 바이오기업 도약!**
  - 생산능력, 비즈니스 포트폴리오, 지리적 거점 3대 축으로 확장 전략
  - 차세대 바이오 기술로 주목받는 ADC 분야 집중, 이중항체 플랫폼 고도화

- **미국 중국기업 견제 법안 발의 통과, 기회로 작용 가능**
  - 중국 기업 우시바이오로직스 글로벌 5위, 미국 매출 46% 차지
  - 향후 우시바이오로직스 거래 빅파마 삼성바이오로직스로 변경 가능성 커

공격적인 투자와 혁신으로 7년 만에 매출 12배 상승, 2023년 역대 최고 실적 달성!

바이오의약품 시장 규모는 2023년 3,890억 달러(한화 약 519조 7,000억 원) 규모로 전체 제약시장에서 30.7% 비중을 차지한다. 2026년까지 연평균 10%의 성장성을 보이며 제약시장의 성장을 빠르게 견인할 것으로 전망된다. 이런 변화와 함께 글로벌 제약사의 CMO(위탁생산) 수요가 증가하면서 역대 기록적인 폭풍 성장을 이룬 대표 바이오의약품 CDMO(Contract Development and Manufacturing Organization, 위탁개발생산) 기업이 바로 삼성바이오로직스다.

삼성바이오로직스는 최대 그리고 최첨단 설비를 기반으로 바이오의약품 개발 및 생산에 이르기까지의 전 과정을 아우르는 CDMO 기업이다. 바이오의약품 시장의 주류인 동물 세포 기반의 항체의약품 생산을 전문으로 하는 CMO(Contract Manufacturing Organization, 위탁생산) 사업은 원제(DS, Drug Substance), 완제(DP,

Drug Product)로 나뉜다. 삼성바이오로직스는 이 중 CMO DS 매출 비중이 85~90%다.

삼성바이오로직스는 화이자, 노바티스, 로슈 등 글로벌 빅파마(Big Pharma)와 대규모 위탁생산 계약을 체결하며 매년 실적 신기록을 경신했다. 2023년 전체 매출액은 3조 6,000억 원을 넘어섰는데, 이는 2016년 상장 당시 2,946억 원이었던 매출액의 약 12배에 달하는 높은 성과다. 영업이익은 1조 1,000억 원을 돌파했다. 7년간 연평균 성장률은 약 44%에 이른다. 연간 수주액은 3조 5,009억 원으로, 이 역시 역대 최고 수주 실적이다. 누적 수주 총액은 약 120억 달러(한화 약 16조 원), 글로벌 상위 20개 제약사 중 14곳을 고객사로 확보하며 세계 최고의 수주경쟁력을 입증했다.

삼성은 2010년 바이오 분야를 신수종사업으로 선정한 뒤 2011년 삼성바이오로직스를 설립해 바이오의약품 위탁생산 사업을 본격화했다. 2012년에는 바이오의약품 개발 및 상용화를 위해 삼성바이오에피스를 설립했다. 삼성바이오에피스는 한국 식약처 기준, 2015년 바이오시밀러 제품의 첫 허가를 받았다. 항암제, 자가면역질환, 혈액질환, 안질환 치료제 등 7종에 대한 허가 획득, 2023년 매출 1조 원 돌파 등 최대 실적에 이바지했다.

현재 삼성바이오로직스는 글로벌 CDMO 시장의 전통 강호들과 어깨를 나란히 한다. 삼성이 바이오의약품 CDMO 사업을 시작한 지 불과 13년 만에, 120여 년이 넘는 업력을 가진 론자의 생산능력을 제치는 등 세계 시장에서 팽팽한 경쟁을 펼칠 수 있을 만큼 급성장했다는 건 놀라운 성과다. 이를 두고 삼성이라는 글로벌브랜드가 뒷받침됐기에 영업 면에서 큰 이득을 보았다는 평가도 있다. 하지만, 바이오의약품 CDMO 시장의 특성을 잘 파악하고 선제적이며 공격적인 투자를 감행한 전략이 없다면 불가능한 결과다.

2032년까지 4개 공장 추가 증설 총 132만 리터
세계 1위 생산능력으로 초격차 경쟁력 확대!

바이오의약품 위탁생산인 CMO 사업은 글로벌 제약사가 개발한 항체 바이오의약품의 제조법을 위탁받아 대신 생산하는 방식으로 운영된다. 구조는 반도체 개발사가 제조를 다른 회사에 맡기고 칩만 설계하는 반도체 시장과 비슷하다. 글로벌 제약사가 반도체 팹리스라면, 삼성바이오로직스와 같은 CDMO 기업이 바이오의약품을 위탁생산하는 파운드리가 된다.

바이오의약품은 화학반응을 이용해 만드는 합성의약품과 다르다. 몸속의 항체 원리를 이용한 주사약이다. 살아 있는 세포를 배양하기 위한 먹이인 배지를 넣고 세포를 배양한 뒤 레진 등을 통한 분리정제 과정을 거쳐 고순도 항체 단백질을 만든다. 그 세포를 키우는 거대한 통이 바이오리액터(bioreactor)이며, 삼성바이오로직스의 생산능력은 바이오리액터 규모를 말한다. 1만 5,000리터들이 바이오리액터의 높이가 6m가 넘는다.

바이오의약품은 개발과 제조공정 모두 높은 수준의 바이오 전문 기술력이 요구된다. 설비 자체도 까다로운 인증 절차를 받아야 하기에 진입장벽이 높다. 높은 기술력과 빠른 속도로 고객사의 타임라인을 잘 지키는 것 또한 경쟁력이다. 조금이라도 늦게 납품되면 경쟁사 약을 환자에게 먼저 투약하게 되고, 한 번 투약을 시작하면 약을 바꾸기가 쉽지 않다. 그러다 보니 고객사 요구에 맞는 균일한 품질을 제시간에 납품하는 속도가 중요하다. 또 무엇보다 CDMO 분야는 거액을 초기 투자해 대규모 양산 체제를 갖춰야 하는 대표 장치산업이다. 삼성바이오로직스는 이런 시장의 특성을 반영해 사업 초기 단계부터 전 세계 수요를 맞출 공장 증설에 초점을 맞추며 시장을 빠르게 선점하는 전략을 추구했다. 여기에 코로나 시기로 다른 경쟁사가 주춤할 때 높은 생산능력을 추가 확보하며 경쟁사를 추월할 수 있는 성장의 발판을 마련했다. 2024년 1월 기준, 바이오의약품 위탁생산 승인 건수는 271건이며, 2022년과 2023년 바이오의약품 1회분을 생산하는 단위인 배치(Batch) 성공률은 99%에 달한다.

지금도 여전히 글로벌 최대 규모의 생산능력 확보에 가장 많은 공을 들인다. 4공장은 2022년 10월 6만 리터 부분 가동에 이어 2023년 6월 18만 리터 가동을 개시했다. 이로써 2023년 6월 총 60.4만 리터의 생산 설비가 가동 중이며, 대규모 수주 물량을 기반으로 가동률을 높여 가는 중이다. 약 30만 리터 규모의 생산능력을 보유한 스위스 론자와 40여 만 리터의 독일 베링거인겔하임을 넘는 압도적 생산능력이다.

최근 급증하는 바이오의약품 수요에 차질 없이 신속하게 대응하며 성장동력을 이어가는 전략으로 2032년까지 7조 5,000억 원을 투자해 18만 리터 규모의 5~8공장 4개를 증설, 총 8개 공장 약 132만 리터의 생산능력을 갖출 계획이다. 2024년 1월 기준, 1~4 공장의 캐파 금액은 약 4조 원이며, 8공장까지 완성되면 10조 원이 넘는다.

이 같은 가파른 성장은 빠르고 효율적인 공장 건설 능력도 한몫했다. 공장 하나를 짓는 산업의 평균 기간은 약 4~5년이다. 삼성바이오로직스는 24만 리터의 세계 최대 규모 생산시설을 단 31개월 만에 지었다. 2023년 4월 착공한 제5공장은 공기를 단축한 24개월 완공이라는 신기록을 세울 것으로 예상된다. 2025년 4월을 목표로 하며, 제5공장이 완공되면 총 78만 4,000리터로 압도적인 1위 규모의 생산능력을 보유하게 된다. 대규모 설비를 갖춘 공장을 빠르게 짓고 많은 인력을 갖출 수 있는 역량은 삼성이 그동안 반도체 사업을 하면서 쌓았던 노하우가 반영된 결과다.

2024년 ADC 상업 생산, 2025년 5공장 준공 등 3대 축 확장 전략 가속화

삼성바이오로직스는 바이오의약품 CMO 중심 서비스에서 글로벌 종합 바이오기업으로 도약하기 위해 CDO 서비스, mRNA, ADC 및 세포/유전자치료제 생산 등 다양한 분야로 사업 영역을 확장하는 중이다. 특히 2024년은 생산능력, 비즈니스 포트폴리오,

지리적 거점으로 대표되는 3대 축 확장 전략에 속도를 내며 성장세를 이어 나갈 계획이다.

먼저 차세대 바이오 기술로 떠오르는 ADC(Antibody-drug conjugate, 항체-약물 접합체) 분야에서 경쟁력을 확보하고 시장에 선제적으로 대응하기 위해 2024년 준공을 목표로 ADC 의약품 생산시설 건설을 추진 중이다. 차세대 항암 기술인 ADC는 항체에 암세포를 죽이는 약물을 붙여 다른 세포의 피해를 최소화하면서 암세포만 제거하는 기술이다. 바이오 업계는 2022년 8조 원 규모였던 ADC 시장이 2026년까지 17조 원으로 대폭 성장할 것으로 전망한다. 이에 삼성바이오로직스는 빠르게 생산능력을 확보하고 세포/유전자 치료제와 관련해 기초 경쟁력을 확보할 목적으로 기술 동향, 시장성, 수익성 등을 전반적으로 고려해 건설 및 M&A 포함 다양한 옵션을 검토 중이다.

위탁개발사업(CDO) 부분은 기술 플랫폼 S-DUAL™(차세대 이중항체 플랫폼)과 DEVELOPICK™(신약 후보 물질 발굴 플랫폼) 등의 플랫폼을 지속 고도화 중이다. 이 외에도 S-CHOsient™(임시 발현 플랫폼), S-Glyn™(글리코실화 분석 기반 물질 개발 지원 플랫폼) 등 두 개의 신규 플랫폼을 2023년 출시해 기술 경쟁력을 확보하고 차별화된 서비스를 제공하는 데 주력하고 있다.

글로벌 고객사와 접점을 늘리기 위한 확장 전략도 속도를 낸다. 2023년 주요 빅파마가 위치한 뉴저지에 구축한 영업 사무소는 고객과의 소통 채널로 활용한다. 향후 중요성이 높은 해외 거점에 추가로 진출해 글로벌 수주 네트워크를 구성하고 영업 역량에서도 초격차 경쟁력을 만들어 나갈 예정이다.

2024년 1월, 미국 하원이 바이오안보(Biosecure Act) 법안을 발의하면서 경쟁사인 중국의 우시바이오로직스를 비롯한 중국 바이오기업이 연방 계약 접근 차단의 위험이 처했다. 덕분에 삼성바이오로직스가 역전의 발판을 마련할 수 있다는 관측도 나오고 있다. 중국 우시바이오로직스 매출은 2023년 기준 삼성보다 높지만, 역전의 가능성이 크다.

2011년 설립 당시 50명 남짓한 인원으로 시작한 삼성바이오로직스의 직원 수는 현재 약 4,300명으로 늘었다. 전체 직원의 평균 연령이 29세. 삼성바이오로직스는 공격적인 투자와 혁신으로 최대 규모의 바이오의약품 생산능력 1위를 달성했지만, 아직 경쟁사 매출과 CDO 분야를 비교하면 아직 다져야 할 부분이 많다. 이는 반대로 더 큰 성장이 가능하다는 것을 의미한다고 볼 수 있다. 후발주자로 시작했지만, 광폭 행보로 거침없는 성장을 이뤄나가는 삼성바이오로직스가 앞으로 보여줄 미래의 바이오산업이 어떤 모습일지 궁금하다.

 서블리 인사이트

반도체 생산기술을 바이오의약품 생산에 도입해 10여 년 만에 세계 1위가 된 기업이다. 이는 한국 역사상 전무후무한 신기원을 기록한 것으로 판단된다. 세계 가장 빠르게 24개월 만에 공장을 건설했으며, 제조 공정관리, 고객사 니즈 적기 대응 등을 통해 규모의 경제를 달성했다. 마케팅 측면에서는 고 이건희 회장이 신수종사업으로 바이오를 선택했고,

삼성이라는 브랜드를 활용한 이재용 부회장의 전략이 글로벌 제약사 영업에 결정적인 역할을 했다. 비즈니스 전략 측면에서는 삼성바이오에피스가 개발을 담당하고 삼성바이오로직스는 생산기술을 업그레이드하면서 품질이 좋은 제품을 완성할 수 있었다. 이 외에도 선제적 시설 투자를 통한 고객 대응 전략 또한 안정적인 고성장을 이끌 것이라고 생각한다. 압도적인 바이오시밀러 CDMO 1위 기업으로 반도체의 TSMC가되길 기대해 본다.

에스티팜

▶ 올리고 생산능력 세계 1위 등극

기업 분석 핵심 포인트

- **'올리고핵산' 연평균 79%씩 성장, 생산능력 세계 1위**
  - 올리고핵산 치료제부터 mRNA 플랫폼까지 유전자치료제 전문 CDMO 기업
  - 올리고핵산_RNA 기반 치료제 원료(유전 정보에 관여하는 RNA를 이용한 약물)
  - 질병의 원인이 되는 단백질 생성 차단 또는 발현 조절, 근원적 치료 가능
    저렴한 가격과 폭 넓은 질병 치료 가능성, 빠른 개발 속도와 내성이 적다는 것이
    장점, 코로나19 백신에 활용되면서 급부상

- **2018년 이후 연평균 성장률 약 79%씩 10배 상승**
  - 신약 개발 전 과정 커버 가능한 벨류 체인 보유

- **제2 올리고동 완공 시 생산 규모 14mol(2.3~7t) 기존 대비 약 7배 상승**
  - 2026년 제2 올리고 공장 완공 시, 연간 최대 7톤 생산량 확보, 4~5배 생산 효
    율 향상

- **수출 비중 약 80% 이상**

- **반월공장, 5,000억 원 규모 공장 신축, 글로벌 제약사 무상 지원, 공용 설비로 운영**

- **세계 최초 새로운 기저의 에이즈 치료제 2024년 2상 완료 계획, 상업화 마무리 단계**

- **2030년 올리고핵산 CDMO 단일 연 매출 1조 원 달성 눈앞**

- **100조 원 투자해 용인 반도체 클러스터 조성 사업 추진**

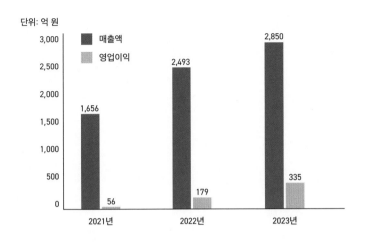

단위: 억 원

- 매출액
- 영업이익

	2021년	2022년	2023년
매출액	1,656	2,493	2,850
영업이익	56	179	335

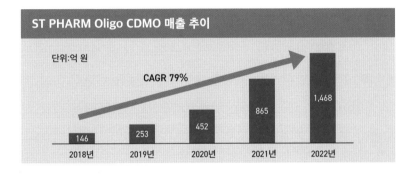

ST PHARM Oligo CDMO 매출 추이

단위:억 원

CAGR 79%

2018년	2019년	2020년	2021년	2022년
146	253	452	865	1,468

**연평균 매출 성장률 79%,
올리고핵산 생산능력 세계 1위!**

최근 하락세를 이어가며 고전을 면치 못하는 국내 제약 분야에서 발군의 기량을 발휘하며 글로벌 제약사와 어깨를 나란히 하는 국내 기업이 있다. 바로 의약품 위탁개발생산(CDMO)에서 신약 개발까지 폭넓은 스펙트럼과 역량을 마음껏 펼치며 승승장구하는 기업, 에스티팜이다.

동아쏘시오홀딩스의 원료의약품(API) 전문 계열사인 에스티팜의 주력 사업은 올리고핵산(Oligonucleotide) 원료의약품 위탁개발생산(CDMO)이며 전체 매출의 80% 이상을 차지한다. 2018년부터 연평균 매출 성장률이 79%씩 상승했으며 생산능력은 전 세계 1위다. 여기에 신사업 mRNA 분야와 에이즈 치료제와 같은 자체 신약 개발에서도 남다른 두각을 나타내며 광폭 행보를 이어가고 있다.

다른 제약사는 바이오 시밀러(바이오의약품 복제약) 단계로도 쉽게 진입하지 못한다. 막대한 투자 비용과 고난이도 기술력이 필요한 사업이기 때문이다. 그런데 에스티팜은 어떻게 유전자 치료제 전문 CDMO 사업으로 진출할 수 있었던 것일까? 그 이유에 대해 먼저 기업의 시작부터 거슬러 올라가 보자.

1983년 삼천리 제약으로 시작된 에스티팜은 미국 나스닥 제약 바이오 분야에서 역사적으로 손꼽는 5가지 중요 이벤트 중 2개와 관련이 깊다. 첫 번째가 2000년 세계 최초로 등장한 에이즈 치료제, 지도부딘(Zidovudine)이다. 에스티팜은 1988년부터 에이즈 치료제를 개발한 글로벌 제약사 GSK(GlaxoSmithKline)에게 핵심 원료를 납품한 단독 공급자였다. 두 번째는 C형 간염 바이러스 치료제 '소발디(Sovaldi)'의 등장이다. 2010년경, 미국 제약회사 길리어드(Gilead)와 협업해 C형 간염 치료제 개발했고, 임상을 거쳐 2016년 길리어도 C형간염 치료제 CDMO 첫 수주를 성사시켰다. 계약 규모는 1,519억 원으로 국내 의약품 수주 중 처음으로 1,000억 원을 넘긴 거래였다. 하지만 기쁨도 잠시, C형 간염 치료제는 96%에 이르는 높은 완치율을 보이면서 환자가 크게 줄었다. 이 일로 에스티팜은 매년 수백억 원의 적자로 허덕였다. 그런 에스티팜을 다시 일으킨 원동력이 바로 '올리고핵산'이다. 2018년부터 본격적으로 올리고핵산 신약들이 임상 후기 단계로 올랐고, 에스티팜 매출도 함께 증가해 4년 만에 다시 흑자 전환했다.

이런 결과는 그렇게 쌓아 온 노력의 결실이다. 앞서 말했듯 에스티팜은 바이러스 질환에 들어가는 원료 의약품을 글로벌 제약사에 공급할 만큼 항바이러스 치료제 분야에서 명성이 높았다. 바이러스 치료제를 개발하면서 비슷한 구조를 지닌 올리고핵산 원료 의약품을 만드는 역량도 자연스럽게 높아졌고, 올리고핵산 치료제가 트렌드로 떠오르면서 기사회생했다.

올리고(oligo)는 라틴어로 여러 개란 뜻이다. 당이 여러 개 연결되면 올리고당, 핵산이 여러 개 연결되면 올리고핵산(oligonucleotide)이다. 올리고핵산은 대표적인 RNA 기반 치료제의 원료다. RNA 기반 치료제에 올리고핵산 치료제가 포함되자 에스티팜은 이 기세를 몰아 사업의 폭을 넓혀 RNA 분야도 진출했다.

신사업 mRNA 플랫폼으로 성장 모멘텀 가동!

에스티팜은 전 세계 올리고핵산 치료제 CDMO 역량 3위 안에 드는 기업이다. 글로벌 CDMO 회사 중 유일하게 고분자화합물(Monomer)과 올리고핵산 치료제 원료를 동시에 생산 가능한 시스템을 갖췄다. 국내 최초 2018 Global API 제조 성장 우수 리더십상을 수상했으며, 2021년 아태지역 최고 올리고 CDMO 선정, 올해의 기업상을 수상했다. CDMO 회사는 GMP(Good Manufacturing Practice, 의약외품 제조·품질관리 기준) 역량이 실력이자 실적이다. 에스티팜의 반월캠퍼스는 FDA 제조 설계 실사에서 최고 등급인 NAI(No ActionIndicated, 최초 등급) 인증을 받았다.

RNA 기반의 치료제는 1세대 저분자화학물, 2세대 항체치료제 한계를 뛰어넘는 3세대 고분자화학물 치료제다. mRNA는 메신저 RNA(messenger RNA)라고 불리며, DNA 유전 정보를 세포질 안 리보솜에 전달한다. 쉽게 말해 mRNA는 몸속에서 단백질을 만들고, 올리고핵산은 단백질을 억제하며 질병을 치료하는 방식이다. 질병의 원인이 되는 단백질 생성을 차단해 근본적인 치료가 가능하다.

항체 의약품이 인위적으로 만든 단백질을 인체에 넣어 항원·항체 반응을 일으켜 치료한다면, mRNA는 이런 과정이 필요 없이 몸속에 넣으면 단백질이 저절로 생성된다. 항체 의약품이 몸 바깥에 공장이 있었다면, mRNA는 우리 몸을 공장으로 이용하는 셈이다. 몸을 공장으로 이용하니 비용도 대폭 줄어든다. 단백질의 유전 정보만 알면 빠르게 약을 만들 수 있기에 개발 속도도 한층 빠르다. 또 항체 의약품은 항원이 없으면 만들 수가 없다. 이는 질병의 약 10~20% 정도만 치료할 수 있다는 뜻이다. mRNA 기반의 치료제는 항체·항원 반응이 필요 없기에 치료 폭도 무한대다. 거기에 단백질 상호작용이 없어 내성이 거의 없다는 장점이 있다.

코로나19 대유행은 mRNA 의약품 시대를 빠르게 열었다. 화이자와 모더나가 mRNA 기반의 코로나 백신을 내놓았고 90% 이상의 예방 효능을 자랑하며 팬데믹을 잠재우는 데 큰 공을 세웠다. mRNA 백신을 개발한 기업이 단숨에 세계적인 바이오 회사로 발돋움하는 순간이었으며, 이는 앞으로 모든 치료제가 mRNA로 바뀔 가능성이 크다는 것을 시사했다.

RNA 기반의 올리고핵산 치료제 원료 의약품 시장을 프로젝트 순으로 보면 일본 아베시아가 약 80개로 1위, 미국 에질런트

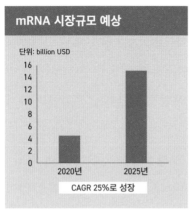

mRNA 시장규모 예상

단위: billion USD

CAGR 25%로 성장

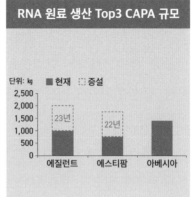

RNA 원료 생산 Top3 CAPA 규모

단위: kg ■ 현재 ▯ 증설

는 약 40개로 2위, 에스티팜이 20개로 3위다. 하지만 생산능력으로만 보면 세계 1위 수준으로, 대량 생산능력도 월등히 높다. 후기 임상 단계 비중은 압도적이다. 에스티팜의 올리고핵산 치료제 CDMO 프로젝트는 20개 중 2개는 이미 상업화가 됐다. 미국과 유럽 등에 출시가 된 고지혈증 치료제는 6개월에 한 번씩 복용하면 되는 간편한 신약이다. 희귀질환인 척수성근위축증 치료제는 약 2조 원이 넘는 매출을 내는 신약이다. 주사 한 방에 1억 원에 달한다. 특히 올리고핵산 치료제 분야에서 최초로 개발한 혈액암 치료제는 올리고 약물 시장에서는 가장 블록버스터로 예상되는 유일한 약이며, 2024년 6월 본격 출시를 앞두고 있다. 유전성 혈관 보존 치료제, 심혈관 질환 치료제 역시 2024년 말 상업화 승인을 받을 예정이다. 2024년 임상 후기 단계의 3개 프로젝트가 완료되면 2025년 급격한 매출 성장이 가능하다.

반월공장, 글로벌 제약사 5,000억 원대 투자로 대규모 공장 신축, 세계 최초 새로운 기저의 에이즈 치료제 신약 개발도 마무리 단계 도입!

에스티팜의 핵심 경쟁력은 차별화를 앞세운 고도의 기술력과 대량 생산능력이다. 2018년 경기도 안산에 위치한 반월공장 부지에 2,000억 원을 투자해 4층 높이의 제1올리고동을 신축했다. 2022년 말에는 약 1~3.2톤의 올리고핵산 치료제 원료를 생산할 수 있는 설비를 증설했다. 이는 기존 대비 약 3.2배 증가한 수치다. 여기에 2026년까지 1,500억 원을 더 투자해 제2올리고동을 신축하고 약 7배의 늘어난 올리고 치료제 원료를 공급할 수 있는 생산 라인을 추가할 계획이다. 여기에 신사업 동력인 mRNA동을 7층 높이로 신축 중이다. 일반 건물로는 12~14층 높이다. mRNA 대규모의 생산 설비는 이미 갖췄다. 1년에 약 3,000만, 최대 1억 도즈 이상을 생산할 수 있는 규모다. 3,000만 도즈면 3,000만 명분이며, 양은 1.5리터 페트병 한 병이다. 이는 에스티팜이 전개하는 유전자 치료제 분야가 얼마나 하이테크놀로지 사업인지를 보여주는 한 예다. mRNA 기반 치료제는 기술력이 없는 회사는 절대 할 수 없다.

여기서 중요한 건, 이런 1,000억대의 어마어마한 투자가 에스티팜의 고객사인 글로벌 제약사의 무상 지원으로 이뤄진다는 점이다. 글로벌 제약사가 안정적인 원료 확보를 위해 먼저 에스티팜에게 그들의 전용 라인을 요구했다. 만약 원료를 제때 구하지 못하면 약을 출시할 수 없고 수천억 원의 손실을 본다. 이것만 봐도 에스티팜 공장 증설과 신축 투자는 그들에게 아까운 비용이 아니다. 생산 비용부터 인건비까지 모두 고객사가 지불한다. 에스티팜은 고객사에게 1년에 약 90억 원의 수수료도 받는다. 이 역시 에스티팜의 CDMO 기술력을 증명하는 예 중 하나다.

에스티팜의 본 게임은 지금부터다. 2016년 미국 콜로라도 대학 교수가 알리니 (ALLINI, Allosteric Integrase Inhibitor)의 신규작용에 대한 논문을 발표했고, 에스티팜은 이를 바탕으로 전 세계 최초로 알리니 기전을 적용한 에이즈 치료제 STP040을 개발했다. 2022년 7월 프랑스에서 FDA 임상 1상을 마치며 안정성을 확인했다. 2024년 4~7월 정도면 상업화 및 해외 제약사에 기술이전이 가능하다. 에스티팜 에이즈 치료제는 기존 에이즈 치료제와 겹치지 않는 새로운 기전의 약물로, 치명적 약점인 내성 문제 극복과 에이즈 완치 가능성마저 높아 업계 관심이 집중되고 있다.

글로벌 시장조사기관 리서치앤마켓은 전 세계 RNA 의약품 시장이 2021년 6조 5,000억 원에서 2030년 32조 6,000억 원 규모로 연평균 17.6% 성장할 것으로 전망했다. 시장이 커지는 만큼 다양한 국내외 제약사들이 너도나도 뛰어드는 중이다. 탄탄한 기술력과 대규모 고품질의 생산능력을 확보하며 이미 레이스 선두로 달리고 있는 에스티팜. 2030년까지 올리고핵산 치료제 단일 연매출로 1조 원을 달성할 수 있을지 긍정적인 시각으로 기대해 봐도 좋을 듯하다.

에스티팜은 미래 바이오 시장에 변화를 추구하는 혁신 기업이다. 제너릭에서 RNA치료제 원료인 올리고핵산 CDMO 생산 회사로, 더 나아가 mRNA 플랫폼 기술 개발 회사로 변신 중이다 올리고핵산 기반 신약은 지속적으로 출시될 것으로 전망되며 자체 올리고핵산 공장을 지으면서 글로벌 제약사에게 수백억 원 상당의 지원을 무상으로 받는 등의 신규 분야의 메리트도 톡톡히 보고 있다. 세계 1위의 올리고핵산 치료제 생산능력을 갖추고 있으며, GSK, 노바티스, 머크, 얀센, 로슈 등 글로벌 제약사를 고객사로 보유 중이다. 이 외에도 에이즈치료제 신약 개발, 꿈의 신약인 RNA 분야 진출 등 미래 성장이 기대된다.

미용기기 초음파
리프팅 글로벌 1위 부상!

최근 미용기기 시장은 레이저, 고주파, 초음파, 마이크로니들 등을 활용, 칼을 대지 않는 비외과적인 시술로 젊고 건강한 피부를 만드는 의료기기가 대세다. 미용기기 시장 2010년 초반까지 고강도 집속 초음파로 시술하는 하이푸(high intensity focused ultrasound, HIFU) 분야는 미국의 멀츠에스테틱스 기업 울쎄라가, 고주파 장비 분야는 솔타메티칼의 써마지가 국내 시장을 독점했다. 모두 외

단위: 억 원 (2023년 기준)	2020년	2023년	연평균 성장률	수출 비중
클래시스	764	1,801	33.1%	75.3
제이시스메디칼	478	1,430	44.1%	81.2
원텍	300	1,156	56.8%	48.4
비올	121	425	52.0%	90.3
이루다	210	562	38.8%	75.9
하이로닉	129	337	37.7%	62.2
단순 평균			43.8%	72.2

국 기업이 주도하는 시장이었지만 혜성처럼 나타난 국내 미용의료기기 전문 기업 클래시스가 슈링크를 선보이며 하이푸 시장의 판도를 바꿔 놓았다. 슈링크는 외국 장비보다 저렴한 가격과 동일한 수준의 성능으로 국내 초음파 미용의료 기기 시장을 확대했다. 국내뿐 아니라 해외에도 적극 진출하면서 세계 초음파 미용기기 시장에서 당당히 글로벌 1위를 차지했다.

여기에 루트로닉, 제이시스메디칼, 원텍, 비올 등 국내 미용기기 업체도 국내 및 수출에서 괄목한 성장을 이뤘다. 국내 미용기기는 기술면에서도 글로벌 최고 수준으로 부상했고 글로벌 시장 점유율도 크게 상승했다.

급 성장 중인 미용기기 산업

지난 3년간 국내 미용기기 업체 중 상장사 기준, 연평균 성장률은 약 43.8%다. 특히 수출은 폭발적으로 증가하는 양상이다. 2023년 기준 국내 미용기기 업체의 수출 비중도 90%를 넘기며 크게 증가했다. 수출 국가 역시 브라질, 미국, 중국 등 80여 개 국가로 다양하다. 2023년 기준 매출액 대비 영업이익률도 높다. 클래시스 50%, 제이시스메디칼 25%, 원텍 40%, 비올 52% 등 다른 제조 산업에 비해 높은 편이다.

미용기기 산업은 빠르게 성장하며, 영업이익률도 높게 나타나는 산업이므로 지속적인 관심이 필요해 보인다.

미용의료기기 시장은 고속 성장 중!

나이가 들어감에 따라 젊고 예뻐지고 싶은 욕망이 커지는 것은 인간의 본능이다. 경제가 발전할수록 함께 성장하는 대표적인 시장이 바로 미용기기 산업이다. 미용기기 산업이 지속 성장을 이룰 수밖에 없는 4가지 요인이 있다.

첫째는 피부과 미용 시술은 한 번도 안 해 본 사람은 있어도 한 번만 한 사람은 없다고 할 정도로 재방문율이 높다. 초음파, 리프팅, 고주파 등 미용 의료기기 시술은 평균 약 6개월에서 1년간 효과가 지속되므로 그 후에는 다시 병원에서 미용의료 시술을 받아야 한다.

둘째는 고객의 스펙트럼 확대다. 과거 미용 의료기기 시술 연령층은 40~50대가 대부분이었으나, 최근에는 20~30대부터 50~60대까지도 늘어나는 추세다. 또 남성 역시 피부 미용에 관심을 많이 갖는 트렌드가 고객의 폭을 넓혔다. 피부 미용의 스펙트럼 확대는 시장 수요가 지속될 수 있다는 의미다.

셋째는 많은 사모투자전문회사(Private Equity Fund; PEF)가 미용 의료기기 업체와 M&A를 하고 있다는 것이다. 기본적으로 사모투자전문회사는 투자를 할 때 향후 매각으로 투자한 자금을 회수하는 전략을 추구한다. 클래시스와 루트로닉 등이 2022년, 2023년에 각각 사모투자전문회사에 경영권이 매각됐다. 이는 사모투자전문회사가 인수한 회사를 잘 성장시켜서 매각할 가능성이 크다고 판단할 수 있는 증거다. 미용 의료기기 시장은 성장하는 산업이고 이익률도 좋을 것으로 기대해 볼만 하다.

넷째는 미용의료기기 산업은 동남아, 중국, 일본인에게 주요 관광상품으로 자리매김하고 있으며 수출도 지속하고 있다는 점이다. 일례로 병원 MRO(maintenance, repair and operation, 유지보수·수리·분해 서비스) 사업을 하는 예쁨주의 '쁨'이 2023년에 쁨글로벌이라는 외국인 전용 피부과를 개원했는데, 매출이 국내 유사한 규모의 병원보다 2~3배 높게 나타났다. 일본, 중국 등 외국인 여성 관광객에게 인기가 높은 주요 상품으로 떠오르면서 수출도 활발하다. 가장 큰 시장인 미국, 중국 등에서 국내 미용기기 업체의 의료기기 인허가가 본격화돼 해외 매출 기대감도 크다

피부과, 성형외과는 의사의 위험 리스크가 적고 상대적으로 고수익이라는 장점이 있어 국내 의대 졸업생이 선호하는 분야로 부각됐다. 이는 미용의료기기 시술이 그만큼 수요가 증가하는 이유이기도 하다. 미용의료기기 시장도 한국의 성장 산업의 한 축이 될 거라는 기대를 해본다.

클래시스

▶ 피부 리프팅 HIFU 장비(슈링크)로 글로벌 미용 시장 돌풍

기업 분석 핵심 포인트

- **고강도 집속 초음파(HIFU) 리프팅 의료기기, 슈링크 세계 시장점유율 1위**
  - 슈링크(Shrink) 영어로 '줄어들다.'라는 뜻, 햇빛을 돋보기로 모아 불을 지피는 원리와 유사, 고강도 집속 초음파(HIFU)로 피부 내 열 집중시켜 수축 작용으로 피부 탄력을 개선하는 기술
  - 2023년 기준 해외 매출 비중 65%, 전 세계 70여 개국 수출, 29개국 의료 허가 보유

- **기존 미용 의료기기 시장 페인 포인트 해결로 리프팅 시술 대중화 이끌어**
  - 통증, 고비용, 시술 시간 등 기존 초음파 리프팅 의료기기 시장의 문제점을 기술로 혁신
  - 업그레이드 제품 출시 통해 지속적인 성장 사이클 구축

- **2023년 기준 슈링크 계열 누적 판매 수 15,000대 돌파, 글로벌 연간 시술 수 400만 회 이상**
  - 국내 시장점유율 약 55% 차지
  - 2022년 최신 버전 슈링크 유니버스 출시 후 국내 1,150대 판매, 역대 단일 모델 1년 최고 판매 대수 기록
  - 국내 슈링크 계열 장비 보유 병의원 3,000여 개 이상, 대형 네트워크 병원 600여 곳 중 90% 사용
  - 연간 120만 회 이상 슈링크 시술 진행, 기존 고강도 집속 초음파(HIFU) 시술 대비 재방문율 6~70% 상승

- **카트리지 소모품 판매로 수익성 극대화**
  - 카트리지 매출 비중 45~50%, 누적 판매 대수 증가에 따라 소모품 매출 증가
  - 소모품 매출 5년 연평균 성장률 44%

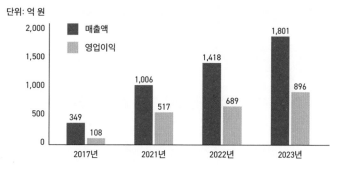

단위: 억 원

■ 매출액
■ 영업이익

	2017년	2021년	2022년	2023년
매출액	349	1,006	1,418	1,801
영업이익	108	517	689	896

- **국내 슈링크 대중화에 이어 글로벌 시장으로 확장하며 성장 가속화**
  - 주요 국가 브라질, 태국에서 누적 판매 대수 증가에 따른 시장 확대 및 소모품 매출 증대
  - 2024년 미국 진출 가능성 커져, 중국과 스페인, 포르투갈, 튀르키예 등 유럽 시장 진입도 초읽기

- **린(Lean) 생산 시스템 및 연속 흐름 공정 구축으로, 글로벌 원가 경쟁력 강화**

- **최근 5년간 매출 성장률 31%, 소모품 매출 성장률 39%**

- **2017년 대비 매출 약 5배, 영업이익 8.3배 증가**
  - 직원 약 380명, 2023년 기준 연구개발비 103억 원
  - 연구개발 인력 수는 관리직 중 연구개발본부 인원 34%, 약 64명, IP 등록 수 902건

에너지 기반의 리프팅 의료기기 슈링크로
미용 의료기기 시장 패러다임 바꿔, 수술이 아닌
자연스러운 아름다움 추구하는 리프팅 시술 대중화 주도!

최근 미용 의료기기 시장은 자연스러운 아름다움에 대한 니즈가 증가하면서 인위적인 수술보다 에너지 기반의 고강도 집속 초음파(HIFU, High-intensity focused ultrasound) 기술이 적용된 리프팅 시술이 크게 각광받고 있다.

특히 클래시스의 슈링크(Shurink)는 안전하고 효과적인 탄력 개선 효과로 국내외 리프팅 시술 대중화를 주도하며 비수술적 미용 의료기기 시장을 혁신한 대표 아이템이다. 슈링크는 고강도 집속 초음파(HIFU)인 에너지를 피부 속에 전달해 탄력을 개선하는 미용 의료기기다. 이는 햇빛을 돋보기로 모아 불을 지피는 원리와 유사하다. 피부 내 늘어진 조직에 고강도 집속 초음파(HIFU) 에너지로 열을 집중시키면 응고가 일어나면서 수축 작용으로 피부에 탄력이 생긴다.

클래시스 본사에서 만난 백승한 대표는 슈링크 개발 취지에 대해 기존 성형수술이 지닌 페인 포인트(pain point)를 해결하는 것에서부터 출발했다고 말한다. 기존 피부미용 관련 시술은 큰 통증과 시술 후 붓기, 흉터로 인해 일상생활의 어려움이 컸다. 부담스러운 비용과 크고 작은 부작용 등의 문제도 있었다. 그러면서 자연스러운 아름다움에 대한 고객의 니즈가 증가하고 피부에 상처를 내지 않는 비침습적 시술이 각광받기 시작했다. 대표적으로 집속 초음파 리프팅 의료기기인 멀츠에스테틱의 울쎄라가 인기를 얻었다. 하지만 울쎄라 역시 해결하지 못한 부분이 있었다. 바로 통증과 부담스러운 시술 비용 등이었다. 그러다 보니 경제력이 있는 일부 계층에만 공급됐다. 시술 시 통증이 커 마취 과정이 추가로 필요했고 그로 인해 피부 반응도가 떨어지면서 화상과 같은 부작용도 발생했다. 의사 입장에서는 마취를 하게 되면 마취 전문의의 인건비와 마취 전후의 시술 시간도 추가된다. 당연히 비용이 올라갈 수밖에 없는 구조다. 이런 문제점을 모두 해결해 초음파 리프팅 시술을 대중화하자는 것이 슈링크의 주요 개발 목적이었다. 그렇게 2014년 통증이 적어 마취가 필요 없으며, 시술 시간도 짧고 시술 직후 바로 일상생활 복귀가 가능한 신개념 고강도 집속 초음파(HIFU) 리프팅 장비인 슈링크를 처음 선보였다.

기존 집속형 초음파 시술은 한 샷, 한 샷 스탬프를 찍는 방식이었다. 슈링크는 스탬프 찍는 방식부터 촘촘하게 샷을 찍어 선으로 시술하는 2가지 에너지 모드를 제공해 부위에 맞는 섬세하고 빠른 시술이 가능하다. 점으로 찍어 열을 전달하는 방식에서 한 단계 더 나아가 선을 추가하니 그만큼 시술 시간도 단축되는 효과를 가져왔다. 최신 버전 슈링크 유니버스(Shurink Universe, 해외 명 울트라포머 MPT(Ultraformer MPT))는 샷 수에 따라 다르지만 평균 시술 시간이 2분 30초 전후다. 통증과 시술 시간이 줄고 부위별로 세심하게 시술되니 리프팅 효과는 더 높아졌다. 의사 역시 시술 시간이 줄면 동일 시간 대비 더 많은 환자를 시술할 수 있어 병원의 수익에도 큰 도움이 된다.

장비 외에 카트리지 판매로 지속적인 추가 매출 확보,
모노폴라 RF 볼류머 판매 가속화 일으키며
전 세계 70여 개국 수출로 세계 시장점유율 1위 달성!

클래시스는 2023년 기준, 누적 판매 대수 15,000만 대를 돌파하며 국내 고강도 집속형 초음파(HIFU) 시장점유율 약 55% 차지했다. 글로벌 연간 시술 수는 400만 회 이상이다. 해외 매출 비중은 65%이며 전 세계 70여 개국에 진출해 시장을 확대 중이고 29개 국가에서 의료 허가를 받았다.

클래시스가 단시간에 세계 시장점유율 1위를 차지할 수 있었던 성공 요인은 크게 세 가지다.

먼저 앞서 말한 시장의 페인 포인트를 혁신적으로 해결한 제품 개발에 있다. 고객의 잠재적인 니즈를 해결하는 가장 진화된 기술력으로 기기를 개발하고 혁신의 혁신을 거듭한 보완 과정을 거쳐 2022년 슈링크 유니버스를 출시했다. 업그레이드 제품 출시를 통한 지속적인 성장 사이클을 구축한 결과, 그 해에만 국내에서 1,150대가 판매됐다. 역대 단일 모델로서는 1년 최고의 판매 대수다. 생산 일정을 따라가지 못할 정도로 인기는 압도적이었다. 국내 약 5,500개의 집속 초음파 기기를 사용하고 있는 의료기관이 있다고 하면 이 중 3,000곳은 클래시스의 슈링크를 사용했다. 대형 네트워크 병원 600곳 중 90%가 슈링크를 사용 중이다. 백승환 대표는 슈링크가 경쟁사의 점유율을 빼앗아 온 게 아니라 미용 의료기기 시장의 사이즈를 키우는 역할을 했다고 말한다. 미용 시술을 하지 않았던 병원에서도 슈링크를 사용하기 시작했으며, 피부과, 성형외과 등 미용 전문의원 개원 시 필수 기기로 성장했기 때문이다.

두 번째는 소모품 판매에 따른 수익성 극대화다. 기존 집속 초음파 리프팅 시술은 한 번 시술을 받으면 통증이 심해 재방문율이 떨어졌다. 슈링크는 통증 완화로 재방문율을 60~70%까지 올렸다. 울쎄라가 600샷에 150~200만 원대라면, 슈링크는 600샷에 40만 원대. 병원 입장에서는 지속 기간이 짧아 고객이 자주 방문해야 다른 시술과 교차 시술도 가능해 이득이다.

이렇게 재방문율이 높아지면서 장비 판매율이 높아졌고 카트리지 매출 역시 크게 늘었다. 카트리지 매출 비중은 45~50% 사이다. 새로운 제품이 출시되면 카트리지 매출 비중이 잠시 낮아지지만, 장비가 공급되면 카트리지 매출 역시 함께 증가한다. 이 외에도 카트리지 다양화를 통해 의사는 물론 고객 입장에서도 피부에 맞는 맞춤 시술을 가능하게 하는 두 마리 토끼를 잡았다.

세 번째는 바로 공격적인 해외 시장 진출이다. 클래시스는 검증된 매커니즘을 글로벌 시장에도 적용해 글로벌 매출을 대폭 상승시켰다. 국내 설치 대수 기준으로 보면 약 55% 시장점유율을 차지하지만 해외는 아직 정확한 점유율 추정이 어렵다. 주요 수출국인 브라질 같은 경우, 한 대의 장비로 여러 클리닉에서 돌아가며 사용하기 때문이다. 브라질에는 슈링크가 약 3,000대가 넘게 판매됐는데 이는 울쎄라보다는 압도적인 수치다. 슈링크는 해외에 런칭되면 3년 내 시장점유율 1위를 차지한다. 70여 런칭 국가 중 90% 이상에서 설치 대수나 신규 건수 측면에서 1위를 기록한다. 메디컬 디바이스이기에 인허가 장벽이 있지만, 인허가 절차완료 후에는 3년 내 시장점유율 1위를 차지할 만큼 시장 침투력이 막강하다.

혁신 제품 선순환 프로세스를 위해 고주파(RF) 기술을 활용한 리프팅 의료기기인 볼뉴머를 출시했고, 국내에는 약 400대 이상 판매됐다. 고강도 집속 초음파(HIFU)인 슈링크가 열을 한 점에 모아줘 응고로 인해 수축 작용을 일으키면서 리프팅 효과를 준다면 RF는 큰 규모로 열을 집중시켜 피부 변성을 일으킨 뒤 스스로 콜라겐을 재생시켜 피부가 차오르는 느낌을 준다. 슈링크와 마찬가지로 시술할 때마다 필요한 소모품을 가지고 있어 향후 미래 성장 동력이 될 것으로 예상된다.

국가별로 인허가 절차를 받고 있으며, 일본과 홍콩은 인허가 과정이 없어 판매를 시작했다. 2024년 3월, 최대 미용 의료 강국 중 하나인 태국에서도 런칭쇼를 열고 본격적인 판매를 알렸다. 클래시스의 태국 매출은 최근 3개년간 연평균 성장률 63%를 기록 중이다. 코로나19가 유행한 2021년 대비 2023년 수출액은 5배 넘게 성장했다. 태국 내 슈링크 계열 장비의 누적 판매 대수는 1,000대를 돌파했으며, 신제품인 울트라포머 MPT도 빠르게 성장 중이다. 슈링크 시리즈를 통해 만족도가 높아진 현지 고객 사이에서 신제품인 볼뉴머에 대한 관심도 폭발적이라 추가 고객 확보의 기대도 크다. 이런 성공 전략을 통해 클래시스는 2017년 연매출 349억 원, 영업이익은 108억 원에 이어서 2023년 연매출 1,801억 원, 영업이익은 896억 원으로 2017년 대비 매출은 약 5배, 영업이익은 8.3배 증가했다. 최근 5년간 매출성장률이 약 31%, 소모품 매출성장률은 39%에 이른다.

린(Lean) 생산 시스템 및 연속 흐름 공정 구축으로, 원가 경쟁력 극대화!
2024년 미국 시장 진출 본격화로 글로벌 입지 확대!

국내를 넘어 글로벌 1위 자리에 오른다는 건 훨씬 더 많은 노력이 필요하다. 가장 중요한 건 바로 품질과 원가 경쟁력이다. 클래시스는 전 세계에서 메디컬 디바이스를 생산하는 회사 중에 원가 경쟁력이 높은 기업이다. 이를 위해 제1공장, 제2공장 두 개의 생산 공장을 하나로 통합했다. 원가 경쟁력을 높이려면 모든 프로세스가 한 곳에 집중해야 한다. 과거에는 셀 단위로 제품을 생산했다면 플로우 단위로 가면서 도요타의 린(Lean) 생산 시스템을 구축해 원가 절감과 효율성을 대폭 개선했다. 자동화 설비를 통해 품질관리시스템을 확보하고 노동집약적 공정도 개선했다. 중국 제조사의 추격에도 경쟁력을 확보할 수 있도록 생산과 품질관리에 적극적으로 투자했다.

클래시스가 매년 20~30%씩 성장하면서 영업이익률 또한 50%대를 유지할 수 있었던 건 바로 원가 경쟁력을 가질 수 있는 자체 생산 프로세스를 구축한 성과다. 이는 다른 글로벌 제조사와 동종업계보다도 앞서가는 시스템이다. 시장에서 압도적 1위를 하기 위해서는 품질 또한 중요하다. FDA 인허가 획득은 누구나 받을 수 있다. 하지만 불량률이 발생하면 품질 이슈가 생긴다. 차곡차곡 쌓아 온 브랜드 이미지도 하루아침에 추락할 수 있기에 품질관리 쪽에 많은 공을 들인다. 클래시스가 앞세울 수 있는 장점 중하나가 바로 고장이 적다는 점이다. 특히 해외는 A/S 센터가 적고 장비가 고장이 나면 영업 자체가 불가능하다. 클래시스는 20개 그룹을 만들어 품질이나 프로세스 개선 사항을 매일 도출해 이를 프로젝트화하는 작업을 진행한다. 이런 노력이 지금의 고강도 집속초음파(HIFU) 글로벌 시장 1위를 자랑하는 클래시스의 단단한 토양이 됐으며 원가나 품질 경쟁력도 높였다. 영업 전략도 국내외 해외가 다르다. 국내는 직접 영업과 지역별 대리점, 딜러들로 구성된 하이브리드 모델이다. 해외는 독점 대리점 체제다. 현지 파트너 선정이 중요하기에 심도 있게 모색 중이다.

미국 리프팅 의료기기 시장은 멀츠에스테틱의 '울쎄라'와 솔타메디칼의 '써마지'가 주도하고 있다. 하지만 이들은 클래시스의 경쟁사가 아니다. 타깃이 다르기 때문이다. 클래시스는 하이엔드(High-end)의 소수 타깃이 아니다. 국가에 따라 다르지만 미드엔드(Mid-end)에서 로우엔드(Low-end)까지 확대한 폭 넓은 시장을 공략한다.

클래시스는 2028년 전 세계 Top3 도약을 목표로 한다. 이런 목표가 충분히 가능한 이유는 미용 의료기기의 큰 시장인 미국과 중국에는 아직 진입하지 않았기 때문이다. 미국은 2026년 진출할 예정이었으나 의료기기 인허가 완료 시점이 예상보다 빨라져 이르면 2024년 안에 슈링크 제품을 선보일 것으로 보인다. 중국과 스페인, 포르투갈, 튀르키예, 폴란드 등 본격적인 유럽 시장 진입도 초읽기에 들어갔다.

어느 시장에서나 맨 처음 나온 제품을 비슷하게 벤치마킹해서 카피캣을 만든다. 하지만 1위를 역전할 기회는 혁신 유무에 달렸다. 그 혁신은 바로 사용자의 목소리에서 나온다. 과거 성형시장은 '아픈 만큼 예뻐진다.'는 말이 진리로 통용됐다. 슈링크는 조금 덜 아프고, 조금 더 자연스러운 아름다움을 원하는 사용자의 목소리에 집중해 슈링크를 개발했고, '아픈 만큼 예뻐진다.'라는 말을 무색하게 했다. 여기서 '아픈 만큼'은 시장의 페인 포인트다. 합리적인 비용으로 가성비 있게 예뻐질 수 있고, 짧은 시술 시간과 회복기 없이 바로 일상생활에 복귀할 수 있는 편리함 등을 해결할 수 있도록 끊임없이 노력했다. 클래시스의 회사명은 '최고의, 일류의'란 영어 'Classic'에서 비롯됐다. 고강도 집속 초음파(HIFU) 분야를 넘어 다양한 미용 의료기기 분야에서 '클래시스가 클래시스하는' 그날을 곧 만나볼 수 있기를 기대해 보자.

서블리 인사이트

클래시스는 통증을 완화하면서 낮은 비용으로 국내외 리프팅 시술 대중화를 주도하며 비수술적 미용 의료기기 시장을 혁신한 기업이다. 한국의 미용기기 시장을 빠르게 선도했으며, 미용기기 글로벌 수출에도 큰 역할을 했다. 제품 개발도 고주파, 레이저 등 구색 맞추기보다는 고강도 집속 초음파(HIFU) 리프팅기인 슈링크 하나의 제품에 집중했다. 그 결과 해외 경쟁사 대비 가격은 저렴하고 시술 시간은 단축되면서 성능은 유사한 효과를 가져왔다. 마케팅 측면에서도 와썹맨 등 인플루언서와 SNS를 적극 활용하는 등 트렌드에 맞게 대응했으며 수출도 적극 추진하는 전략이 주효했다고 판단된다.

최근 미용 의료기기시장에 여러 경쟁사가 뛰어들고, 업체 간 기술 격차도 줄어든 상태라 성장성과 수익성 지속 여부는 지켜봐야 할 듯하다.

코스맥스

▶ 화장품 ODM 시장의 글로벌 No.1

기업 분석 핵심 포인트

- **세계 화장품 ODM 시장, 화장품 매출 1위**
  - 화장품 연구 개발부터 생산, 포장 등 완제품으로 고객사에 공급
  - 사업 보고서 기반 화장품 ODM 시장 세계 1위, 2015년부터 이탈리아 인터코스 추월 8년 연속 1위 유지

- **2023년 그룹 연결 매출 1조 7,775억 원, 영업이익 1,157억 원**
  - 매출, 영업이익 각각 전년 대비 11%, 118% 상승
  - 전체 매출 비중 한국 59%, 중국 31%, 미국 8%, 동남아시아 6%

- **전 세계 1,300여 개 고객사 보유**
  - 글로벌 20위 뷰티 기업 중 15개 기업이 코스맥스 고객사

- **전체 직원 중 R&D 인력 30%, 화장품 연구원 약 1,000명**
  - 그룹 전체 23개 화장품 연구 Lab 조직 운영
  - R&D 집중 투자, 누적 특허출원 1,037개, 누적 특허등록 581개(23.12.31 키워트 (KEYWERT) 기준)

- **총 화장품 생산능력은 연간 약 27억 개 이상, 생산능력 규모 세계 1위 수준**
  - 한국(화성, 평택), 중국(상하이, 광저우), 인도네시아(자카르타), 태국(방콕), 미국(뉴 저지) 공장 보유

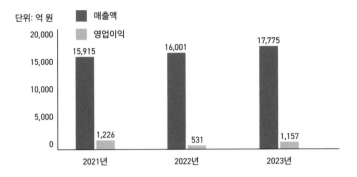

- **시장 변화에 맞게 움직이는 유연성과 품질 기반 스피드로 위기 극복**
  - 2004년 등장한 저가 브랜드숍 채널의 고품질 전략으로 성장 이끈 주역
  - 최신 트렌드에 맞게 인디 뷰티 브랜드로 고객사 확장, 시대에 맞게 고객사 수정 전략으로 트렌드 선도

- **창업자 이경수 회장의 발로 뛰는 영업 마인드, 코스맥스 유연성과 차별화 이끈 원동력으로 작용**
  - 연구개발 역량 대폭 강화해 미래 화장품 경쟁에서 초격차 1위 차지가 목표

**연구 개발부터 생산, 포장까지 완제품으로 공급하는
화장품 ODM 시장 세계 1위,
글로벌 상위 20개 뷰티 브랜드사 중 15개 고객사 보유!**

세계 화장품 시장은 브랜드 다양화로 제조와 유통이 분리됨에 따라 ODM시장이 크게 성장하는 추세다. 시장 조사기관 글로벌 시장 비전(Global Market Vision)은 화장품 OEM·ODM(ODM(Original Development Manufacturing, 제조사 개발 생산) 기업을 대상으로 공급망 관리, 유통 채널, 수출 실적, 공급 및 수요, 생산능력 등을 분석한 결과, 2030년 화장품 OEM·ODM 시장 규모는 722억 7,000만 달러로 성장할 것이라고 전망하며 글로벌 화장품 OEM·ODM 시장을 이끌 키플레이어로 한국의 코스맥스를 선정했다.

글로벌 화장품 OEM·ODM 시장은 코스맥스와 한국콜마, 인터코스(Intercos), 코스모뷰티(Cosmobeauty), 토요뷰티(Toyo Beauty), 라이프뷰티(LifeBeauty), 코스메카(Cosmecca) 등이 경쟁한다. 이중

코스맥스는 독보적인 인프라와 탄탄한 기술력, 가격 경쟁력을 두루 갖춘 국내 화장품 ODM기업으로, 국내를 넘어 세계 화장품 시장까지 영향력을 확대하며 글로벌 화장품 ODM 시장 1위 자리를 굳건히 유지하고 있다.

코스맥스는 화장품 회사지만 일반 화장품 브랜드사와 달리 기업 간의 거래로 운영되는 B2B(Business to Business) 방식이다. 코스맥스의 고객은 소비자가 아니라 화장품 브랜드사다. 또 제조사 개발 생산에 주력하는 ODM(Original Development Manufacturing) 서비스에 특화된 비즈니스를 영위한다. 각 뷰티 브랜드의 콘셉트에 맞게 코스맥스가 연구 개발한 화장품을 생산과 포장까지 끝마친 완제품으로 공급한다. 코스맥스 고객사는 완제품을 받아 판매만 한다. 고객사 주문대로 화장품을 생산해 상표만 부착하는 OEM에 비해 ODM은 독자 기술과 생산력을 보유하고 있다는 점이 다르다. 이제는 ODM을 넘어 브랜딩까지 아우르는 OBM(Original Brand Manufacturing, 제조업자브랜드개발) 서비스까지 포괄하며 뷰티 브랜드가 성장하기 위한 A부터 Z까지의 모든 서비스를 제공한다.

코스맥스가 글로벌 1위를 자신하는 이유가 있다. 화장품 ODM 시장점유율에 관한 객관적인 데이터는 없지만, 코스맥스가 화장품 매출 분야에서는 1위라 확신하는 근거는 글로벌 탑 화장품 ODM 회사가 공시한 사업보고서에 기반한다. 글로벌 ODM 선두 기업의 사업보고서에 따르면, 코스맥스의 화장품 ODM 매출액이 2015년부터 1위를 차지하던 이탈리아의 인터코스를 앞질렀다. 국내 경쟁사는 한국콜마가 있다. 한국콜마의 전체 매출액은 코스맥스보다 높다. 한국콜마가 HK이노엔(HK inno.N)이라는 의약품 사업을 함께 하고 있기 때문이다. 하지만 ODM화장품 매출로만 보면 2023년 기준, 코스맥스 그룹 연결 매출 1조 7,775억 원, 영업이익은 1,157억 원이다. 경쟁사인 인터코스는 1조 3,957억 원, 한국콜마가 1조 1,065억 원으로 코스맥스가 단연 1위다.

2023년 말 기준, 코스맥스의 국내외 고객사 수는 1,300여 개에 이른다. 특히 글로벌 뷰티 산업을 대표하는 20여 뷰티 기업 중 15개 기업이 코스맥스의 고객사다. 대표적으로 글로벌 파트너는 로레알과 에스티로더 그룹, 국내는 클리오, 스타일난다, LG생활건강 등이 있다.

R&D, 생산 및 품질관리 능력으로 세계 경쟁력 초격차 확보!

글로벌 1위의 ODM 업체로 성장할 수 있었던 강점은 세 가지다.

첫 번째는 R&D. 화장품 ODM 시장은 누가 먼저 제품을 개발해 고객사에 제안하느냐가 관건이다. R&D 인력은 전체 직원의 30%를 차지하며, 23개의 화장품 연구 Lab 조직을 운영한다. 화장품 연구원만 약 1,000명이다. 누적 특허 출원 1,037개, 누적 특허 등록 581개에 이른다. 대표적인 기술 성과로는 2011년부터 피부 마이크로바이옴 연구를 시작해 2019년 세계 최초의 피부 마이크로바이옴 화장품 상용화했고 2024년 아토피 등과 같은 문제성 피부에 효능을 가진 피부 마이크로바이옴 솔루션(언토피놀 Untopinol™) 개발도 세계 최초로 성공했다. 클린 뷰티 관련 기술도 앞서간다. 일반 화장품 제조 공정에선 화학 유화제가 필수적이다. 그러나 코스맥스는 인체 유익 미생물이 자동으로 유화물을 만드는 '천연 미생물 유화 시스템'을 세계 최초로 개발했고 화학물질을 완전히 배제한 100% 친환경 천연 화장품을 만들 수 있는 포문을 열었다. 이 외에도 식품의약품안전처로부터 업계 최초로 4중 기능성화장품 허가를 취득하며 기능성화장품 시장을 혁신했다. 별도의 뷰티 디바이스 없이 화장품을 피부에 두드리는 것만으로 미세전기를 유발해 항노화 효과를 높이는 압전 화장품은 대한민국 기술 대상 부문 국무총리상을 수상했다.

두 번째는 생산능력이다. ODM 기업은 고객사가 원할 때 원하는 수량의 제품을 공급할 생산능력을 갖춰야 한다. 특히 화장품은 계절을 타는 특성이 있어 생산력이 중요한 분야로 손꼽힌다. 2024년 1월, 평택 2공장 준공으로 국내에 총 6곳의 화장품 생산공장을 확보했으며 기초 및 색조 화장품의 국내 연간 생산능력을 약 7억 8,000만 개로 확대했다. 이외 중국(상하이, 광저우), 인도네시아(자카르타), 태국(방콕), 미국(뉴저지)에 공장이 있으며 코스맥스가 생산하는 총 화장품 생산능력은 연간 약 27억 개를 넘어서 생산능력 규모도 세계 1위 수준이다. 이는 세계 인구 3~4명 중 1명이 사용하는 화장품을 공급할 수 있는 생산능력이다. 지역별 매출 비중은 한국 59%, 중국 31%, 미국 8%, 동남아시아 6%다.

세 번째는 품질관리 능력이다. 코스맥스는 재고를 쌓아놓고 고객사 주문이 들어올 때마다 공급하는 시스템이 아니다. 화장품은 연 단위 계약이 없다. 철저하게 볼륨 계약이다. 브랜드사가 목표하는 판매량만큼 주문한다. 재생산 주문 역시 그때그때 하기에 동일한 품질의 제품을 공급하는 능력 또한 중요하다. 국내를 넘어 유명 글로벌 화장품 기업이 가장 먼저 찾는 대표적인 화장품 ODM 기업으로 정평이 난 이유 역시 높은 품질관리 능력 덕분이다.

스피드와 유연성으로 시장 트렌드에 맞춰 동반성장, 바이오 역량 강화로 미래 화장품 시장 선도!

코스맥스는 R&D 역량과 생산 및 품질관리 능력 세 가지 경쟁력으로 글로벌 시장 공략에 성공했다. 하지만 트렌드에 민감한 업종 특성상, 시장 변화에 적절히 대응하는 스피드와 유연성이 부족했다면 지금의 1위의 영예도 없었다.

먼저 코스맥스는 속도가 빠르다. 이 속도는 제품력을 담보로 한다. 속도에 품질이 더해지면 시너지는 엄청나다. 쿠션 파운데이션의 경우, 코스맥스가 최초 개발사는 아니다. 하지만 트렌드에 맞게 경쟁사보다 빠르게 독자적인 쿠션 파운데이션을 개발했고, 지금은 가장 많은 쿠션 파운데이션을 공급하는 기업으로 유명하다. 대표적으로 입생로랑, 랑콤, 나스 등의 글로벌 유명 브랜드에 쿠션 파운데이션을 공급한다. 이는 시대 변화에 빠르게 대응한 성과다.

또 중요한 것이 바로 시대 변화를 먼저 읽고 움직이는 유연성이다. 그 유연성은 2004년 더페이스샵과 미샤 등과 같은 브랜드샵의 등장부터 발휘됐다. 당시 ODM사는 중저가 브랜드샵에 제품 공급을 꺼렸다. 제품에 화장품 제조업자를 명기하는 법 때문이다. ODM사 입장에서는 기술력이 없어 저가 화장품에 제품을 공급한다는 오해를 받기 쉬웠다. 하지만 코스맥스의 창업자 이경수 회장은 다른 ODM 업체가 주저하고 있을 때 직접 발로 뛰어 시장 조사를 하며 중저가 브랜드샵의 성장성을 눈으로 직접 확인했다. 이 회장은 동아제약, 대웅제약 등에서 마케팅, 영업 부서를 두루 거치고 1992년 46세라는 비교적 늦은 나이에 코스맥스를 창업했다. 그동안 쌓은 영업 능력은 코스맥스의 차별화를 이끈 원동력으로 작용했다. 다른 시각으로 시장을 바라보는 이 회장의 통찰력은 중저가 화장품 성장을 위해 품질을 높이는 대신 용기에서 원가를 절감하자는 전략으로 이어졌고 결국 중저가 브랜드샵 채널의 성공을 이끌었다.

2016년부터 중저가 브랜드샵 채널의 성장이 정체됐지만 코스맥스는 여전히 승승장구했다. 또 다시 트렌드에 맞게 유연하게 전략을 수정했기 때문이다. 최근 전체 매출 기준으로 보면 클리오, 롬앤, 3CE 등 인디 브랜드 비중이 높다. 인디 뷰티 브랜드의 가파른 성장에 따라 고객사를 유연하게 변화시키며 그들의 성장을 코스맥스의 성장으로 연결했다.

2023년 6월에는 글로벌 화장품 시장 1위인 프랑스 로레알그룹의 바바라 라베르노스(Barbara Lavernos) 연구혁신 및 기술 부문 수석 부사장이 코스맥스를 직접 방문해 마이크로바이옴 기술 개발에 대한 업무협약을 체결하면서 이를 통해 코스맥스의 기술력이 세계적인 수준이라는 것을 입증받았다. 지난 32년간 K-뷰티를 기반으로 성장해 글로벌 1위 ODM 기업으로 거듭난 코스맥스는 앞으로 미국, 중국 등 전 세계 10개국 이상의 글로벌 네트워크를 바탕으로 연구 개발 역량을 대폭 강화해 미래 화장품 경쟁에서 초격차 1위를 차지하겠다는 포부를 밝혔다. 글로벌 뷰티 시장의 미래를 당당히 이끌어갈 코스맥스의 행보를 잘 지켜보자.

서블리 인사이트

B2B 모델로 화장품 ODM 분야 세계 1위를 차지한 회사다. 한국화장품 산업은 과거 아모레퍼시픽과 LG생활건강이 주도하는 시장이었다. 이후 온라인과 올리브영의 매출 비중이 크게 증가하면서 국내 화장품 제조 판매업자도 3만여 개로 추정될 만큼 중심축이 옮겨갔다.

화장품 제조 공장 없이 아이디어와 브랜딩, 마케팅 능력만 있으면 화장품 브랜드를 창업할 수 있는 지금의 시장을 만든 것은 화장품 ODM업체 코스맥스와 한국콜마 등의 역할이 컸다. 바이오의약품의 CDMO 삼성바이오로직스처럼 화장품 시장도 화장품 ODM 사업이 지속 성장할지 관건이다. R&D투자(연구원 1,000여 명, 23개 연구 Lab)와 생산 효율성 등을 높이기 위해 노력 중인 코스맥스의 미래가 궁금해진다.

뷰웍스

▶ 글로벌 의료 및 산업용 영상 솔루션 선두기업

기업 분석 핵심 포인트

- **고해상도 디지털 엑스레이 디텍터(검출기) 세계 선두 기업**
  - 1999년 삼성항공 출신 연구원 팀이 함께 창업, 의료·산업용 종합 영상솔루션 전문기업으로 성장
  - 매출 70% 엑스레이 디텍터, 글로벌 엑스레이 디텍터 시장점유율 3위

- **레트로핏, 비파괴 검사, 초고해상도 산업용 카메라 분야 세계 1위**
  - 의료용 엑스레이 핵심 부품인 디텍터만 교체하는 레트로핏 시장점유율 1위
  - 2012년 아날로그에서 디지털 엑스레이 디텍터로 업그레이드하는 자동 노출 감지 기술 세계 최초 상용화
  - 비파괴검사용 휴대용 엑스레이 디텍터 세계 점유율 1위 달성
  - 2021년 세계 최초 1억 5,200만 화소 하이엔드 산업용 카메라 개발 성공, 디스플레이 검사 장비용 카메라 세계 1위
  - 삼성, LG 등 디스플레이 검사 장비용 카메라 공급, 세계 시장점유율 80%, 국내 시장점유율 1위

- **치과용 동영상 엑스레이 디텍터로 사업 확장, 전 세계 치과 의료기기 4대 메이저 중 2곳 납품**

- **설립 후 매년 15~20% 연속 성장 달성 중, 수출 비중 70%**
  - 2022년 매출액 2,379억 원, 영업이익 437억 원 최고 기록 달성

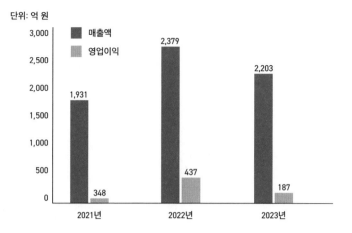

단위: 억 원

	2021년	2022년	2023년
매출액	1,931	2,379	2,203
영업이익	348	437	187

- **특허 약 149건, 하드웨어와 소프트웨어 아우르는 종합 영상 솔루션 구축**
  - 매년 매출 10% 연구개발 투자, 500명 중 약 150명 연구개발 인력
  - 의료·산업용 영상 솔루션의 핵심인 광학·전자·영상처리, 소프트웨어 등 핵심 기술 전체 보유
  - 경기도 화성 공장 증축, 235억 원 투자를 통해 생산능력 2배로 확대

삼성항공 광학 기술 연구원, 디지털 고해상도 엑스레이 디텍터(검출기)로 세계시장 장악, ADE 기술 최초 개발 및 레트로핏 시장 1위 기록!

건강검진 주요 검사 항목 중 하나는 바로 엑스레이(X-RAY) 검사다. 인체에 엑스레이를 통과시켜 나타나는 음영의 차이로 환자의 증상을 진단한다. 과거 엑스레이 검사는 엑스레이를 촬영한 필름을 현상하는 과정이 필요했다. 이런 아날로그 방식의 엑스레이 검사에 혁신 기술을 더해 글로벌 디지털 전환을 선도한 기업이 바로 뷰웍스다.

뷰웍스는 고해상도 디지털 엑스레이 디텍터(Detector, 검출기)와 산업용 카메라 분야에서 글로벌 선두를 달리고 있는 국내 중견 기업이다. 1999년 설립 후, 한 해도 빠짐없이 매년 15~20%씩 꾸준한 성장을 이뤘다. 2022년은 뷰웍스 설립 이래 최대의 실적인 매출액 2,379억 원, 영업이익 437억 원을 기록했다. 2023년은 매출액 2,203억 원, 영업이익 187억 원으로 매출이 약 8% 줄었지만 전방 산업 위축에 비하면 선방한 결과다. 매출 비중의 70%는 세계시장이다. 그만큼 해외에서 확고한 입지를 다진 글로벌 종합 영상 솔루션 기업으로 잘 알려져 있다.

뷰웍스 안양 본사에서 만난 김후식 대표는 서울대에서 물리학 전공 후, 카이스트 물리학 석사를 마치고 1990년 삼성항공(현 한화테크윈)에서 광학 설계 분야의 선임 연구원으로 근무했다. 당시 디지털 엑스레이 영상장치 개발에 성공했으나 사업화가 이뤄지지 않아 함께 일한 연구팀과 회사를 나와 뷰웍스를 설립했다. 엑스레이 디텍터와 산업용 카메라의 핵심은 광센서와 영상신호처리 기술이다. 창업 전부터 이 분야 최고 엔지니어들이 합심해 만들었으니 기술력은 이미 입증된 셈이다.

주요 품목인 엑스레이 디텍터는 의료용과 산업용으로 나뉜다. 뷰웍스의 의료용 엑스레이 디텍터는 인체를 통과한 엑스레이를 높은 해상도의 디지털 신호로 변화시켜 컴퓨터로 검사 결과를 손쉽게 확인할 수 있는 장치다. 기계 하나당 약 900만에서 2,000만 개 센서가 적용되는 고난도 기술이 적용된다. 뷰웍스는 광학부터 전자, 기계, 소프트웨어 등 의료영상 솔루션 개발에 필요한 모든 핵심 기술을 보유한 높은 기술력을 바탕으로 고품질의 하드웨어뿐 아니라 영상처리 기술과 AI 기능이 적용된 소프트웨어를 아우르는 통합 솔루션을 제공해 글로벌 엑스레이 디텍터 시장에서 경쟁우위를 빠르게 확보할 수 있었다.

의료용 엑스레이 디텍터는 병원이 아닌 완성품 제조사와 레트로핏(Retrofit) 사업자 등에게 공급된다. 레트로핏은 엑스레이 핵심 부품인 디텍터만 교체하는 시장을 말한다. 남미나 인도, 아프리카 등은 여전히 아날로그 방식의 필름 엑스레이 장비를 사용한다. 때문에 시장 성장성이 크다. 이를 위해 2018년 미국 주요 의료용 엑스레이 디텍터 배급사인 메드링크(Medlink Imaging)를 인수하며 글로벌 시장 경쟁력을 강화했고 레트로핏 엑스레이 디텍터 시장 1위로 올라섰다.

뷰웍스가 레트로핏 강자로 떠오른 이유는 2012년 평판형 엑스레이 디텍터에 세계 최초로 개발한 AED(Automatic Exposure Detection, 자동 노출 감지) 기술을 적용한 덕분이다. AED 기능이 있는 감지기는 엑스레이 발생기에 케이블을 연결할 필요가 없어 기존 아날로그 시스템을 디지털로 쉽게 업그레이드할 수 있다.

김 대표는 뷰웍스가 연속 성장을 이뤄온 경쟁력은 지속적인 연구개발이라고 강조한다. 특히 빛 감지 센서, 센서에서 나오는 신호를 노이즈 없이 깨끗하게 변환해 고해상도의 영상을 만드는 기술력은 단연 세계 최고라고 자신한다. 이를 위해 CMOS(complementary metal oxide semiconductor) 센서를 설계하는 자회사를 설립, 핵심 부품까지 수직계열화해 독보적인 지위를 갖췄다.

축적된 기술력 기반으로 동영상 엑스레이 디텍터와 산업용 카메라로 사업 다각화!
비파괴검사용 휴대용 엑스레이 디텍터 분야 1위!

의료용 엑스레이 디텍터는 정지영상과 동영상으로 나뉜다. 정지영상은 앞서 말한 건강검진 엑스레이 검사기에, 동영상은 치과용 엑스레이 검사기에 사용된다. 동영상 엑스레이 디텍터는 3D CT 촬영의 핵심 컴포넌트다. 치료 대상 치아를 포함한 전체 구강구조를 입체 영상으로 구현해 제공한다. 전 세계 치과용 엑스레이 의료기기 4대 메이저 중 2곳에 제품을 납품하며, 국내에서는 주요 시스템 제조사 대부분을 고객으로 확보했다. 2018년 치과용 동영상 엑스레이 디텍터 시작 이후, 5년 만에 600% 이상의 성장을 달성하며 확실한 신성장 동력이 된 사업이다. 동영상 디텍터는 치과장비 외에도 유방암검사와 투시촬영용 등 다양한 분야로 폭넓게 확대되고 있다.

엑스레이 디텍터는 의료 외에 다양한 산업에서도 활용 범위가 넓다. 특히 산업 분야에서 검사 대상을 분해하거나 손상하지 않고 원형 그대로 내부를 검사하는 것을 비파괴검사라 부르는데, 이 분야에서도 뷰웍스가 단연 세계 1위다. 뷰웍스의 산업용 엑스레이 디텍터는 폭발물 처리와 가스관·송유관의 접합부 부식, 용접 불량 및 항공기 부품 검사에 최적화된 기술력을 자랑한다. 이 또한 핵심 경쟁력은 영상 품질과 내구성이다. 고전압 엑스레이 선량을 견딜 수 있는 내구성을 지녀 고밀도 자재도 쉽게 검사가 가능하다. 최근에는 이차전지 시장에서도 큰 두각을 나타낸다. 배터리 수요 증가로 비파괴검사가 배터리 안전성을 검증할 수 있는 유일한 수단으로 주목받으면서 뷰웍스의 엑스레이 디텍터가 이차전지 배터리 검사 장비로 크게 각광받고 있다.

디텍터는 사업 특성상 기술 난이도가 높다. 기술력이 바로 품질의 차이로 나타나기에 연구개발에 많은 공을 들인다. 그 결과 의료·산업용 영상 솔루션 제조 과정에 필수적인 광학·전자·영상처리, 소프트웨어 등 핵심 기술 전체를 보유할 수 있었다. 영상 솔루션에 필요한 일부 기술만을 보유한 회사와는 애초부터 시작이 다르다. 특허는 국내외 149건, 카이스트 등 막강한 맨파워를 중심으로 한 인력 구성이 연구개발에서 중추적인 역할을 담당한다. 500명 중 약 150명이 R&D 인력이며 매출의 10%를 연구개발비로 적극 투자한다. 2023년 11월, 경기도 화성공장의 증축 공사도

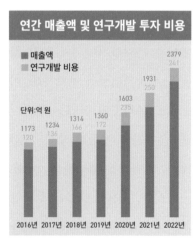

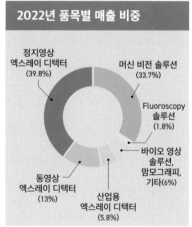

시작했다. 엑스레이 디텍터와 산업용 카메라를 제조하는 공장에 235억 원을 투자, 생산능력을 두 배로 확대하여 또 한 번 도약을 준비 중이다.

세계 최초 1억 5,200만 화소 하이엔드 산업용 카메라 개발, 디스플레이·반도체 검사 장비 선두주자!

뷰웍스의 주요 품목 중 하나는 바로 산업용 카메라다. 스마트폰이나 TV 등의 디스플레이 시장 역시 초고해상도 산업용 카메라 검사 장비가 필수다. 한 유명 기업의 디스플레이는 연 20조 원의 매출을 내는 중요한 사업이다. 하지만 초기 불량률은 10%에 달했고 2조 원의 큰 손해가 났다. 불량률을 줄이기 위해서는 어느 좌표의 화소가 결함이 있는지 정확히 검사해야 한다. 디스플레이 산업에서 검사 장비에 수천억 원을 투자하는 이유다.

뷰웍스는 이를 위해 2021년 6월, 1억 5,200만 화소의 하이엔드 산업용 카메라(VP-152MX)를 출시했다. 디스플레이와 반도체 검사에 사용되는 카메라다. 가로와 세로의 비율이 16대 9인 이미지 센서에 초고해상도를 구현한 것은 뷰웍스가 세계 최초다. 독자 기술로 개발한 대면적 고속 이미지 센서(CMOS)를 장착해 저조도 환경에서도 고품질의 이미지를 제공하며 카메라 영상 획득 속도 역시 빨라 검사 효율과 생산성을 동시에 높이는 큰 역할을 한다.

삼성, LG 등 세계 3대 디스플레이 제조사 검사라인에 최적화된 장비다. 모바일은 물론 노트북, 태블릿 등 평판 디스플레이 (FPD), 액정표시장치(LCD), 유기발광다이오드(OLED) 패널 검사에 효과적이다. 인쇄회로기판(PCB), 반도체 기판(Wafer) 등 반도체 후공정 검사 역시 생산 수율을 극대화한다. 최초의 기록은 또 있다. 초고해상도 산업용 카메라 중 세계 최초로 글로벌 셔터를 장착했다. 이 셔터는 이미지 센서에 들어오는 모든 빛을 한 번에 읽어내는 방식이다. 이에 따라 빠르게 움직이는 피사체의 영상과 이미지를 왜곡 없이 단번에 포착해 제품의 불량률을 개선하고 품질을 향상시킨다. 기존에는 센서 크기나 영상 획득 속도의 한계로 한 번에 하나의 전체 화면이 찍히지 않았다. 이 외에도 특정 영역의 이미지 정보만 고속으로 출력할 수 있는 멀티 ROI 기능이 탑재돼 검사 시간을 크게 단축시킨 것도 장점이다. OLED 패널 검사의 경우 이 기능으로 사전에 오류나 불량을 수정할 수 있다.

산업용 카메라는 고부가가치 사업이자 기술력이 없으면 살아남지 못하는 까다로운 분야 중 하나다. 뷰웍스는 산업용 카메라 세계 1위의 기술력을 입증했다. 그 결과 세계 시장점유율은 80%, 국내 시장점유율은 1위다. 산업용 카메라 적용 분야는 디스플레이와 반도체 외관 검사용, 그리고 스크린골프 시뮬레이터용 카메라 등으로 구성된다. 골프 시뮬레이터용 카메라는 스크린골프에서 골프공의 궤적을 추적, 실제와 동일한 움직임을 보여주고 분석하는 기술이 적용된다. 2014년 수입에 의존하던 골프 시뮬레이터용 카메라의 국산화를 최초로 성공시켜 국내 스크린골프 시장점유율 1, 2위 업체에 제품을 공급했다. 여기서 더 나아가 필드용 카메라를 장착한 제품 개발도 끝마쳤다. 글로벌 1위 골프 시뮬레이터 센서 기업 트랙맨과 경쟁 구도가 예상되지만, 뷰웍스는 광학식을 사용하고 있어 정확도가 더 높다. 뷰웍스의 산업용 카메라는 2023년 지구를 넘어 우주로 떠오른 한국형 발사체 누리호에도 장착됐다. 아쉽게도 실적 확보는 하지 못했지만 2024년 다시 누리호 위성용 카메라에 도전할 계획이다. 이 테스트가 성공하면 이 분야도 사업을 적극적으로 펼쳐 나갈 방침이다.

보다를 의미하는 'View'와 일하다를 의미하는 'Works'를 결합해 만든 사명인 뷰웍스는 최고의 영상 솔루션을 제공해 인류 사회에 공헌하겠다는 회사의 굳은 의지를 담았다. 세계 최고의 기술력을 지닌 글로벌기업이기에 가능한 비전이고 지금도 여전히 전 세계에서 그 빛을 발하고 있다.

서 블 리 인 사 이 트

뷰웍스는 아날로그 신호를 잘 콘트롤해서 잡음이 없는 좋은 사진이나 영상으로 변환하는 디지털 기술이 핵심이며 세계 최고의 기술 수준을 갖췄다. 2,500만 화소 이상인 초고해상도 카메라 분야 세계 1위, 송유관 비파괴검사 세계 1위를 기록 중이다. 아날로그 엑스레이를 디지털화하는 AED(자동노출감지) 기술 역시 세계 최초로 상용화에 성공하는 등 대표적인 기술 중심 회사라 할 수 있다. 의료 및 산업용 영상 솔루션과 더불어 바이오 영상 솔루션 분야의 신규 매출이 성장동력으로 작용할 듯하다. 앞으로 특정 분야의 글로벌 매출에 집중하면 생산 효율성도 증가하고 이익률도 개선될 것이라고 본다.

미니쉬
테크놀로지

▶ 원데이 치아 복구 솔루션 세계 최초 개발

기업 분석 핵심 포인트

- **치아 삭제 최소화한 원데이 치아 복구 솔루션 '미니쉬(Minish)' 세계 최초 개발**
  - 치과병원장 출신 대표, 치아에 해를 끼치지 않는 진료 원칙에서 출발
  - 0.1㎜ 두께와 다양한 치아 굴곡에 맞는 수복물 제작 기술 개발
  - 16년간 15만여 건의 임상 결과 확보, 앞니 외에 어금니도 미니쉬 치료 가능

- **내 치아 평생 쓰기와 치과 종사자를 위한 효율적인 진료 시스템 구축을 위해 창업**
  - 재료기업 인수, 치과의사 교육, 미니쉬멤버스클리닉(MMC) 확대 및 IT솔루션 개발 등 사업 박차
  - 로봇앤드디자인 40억 원 투자 유치로 밀링머신 50대 규모의 국내 최대 기공소 설립 중

- **치아 복구는 치과 산업, 심미 개선과 안티에이징 효과로 뷰티 산업 동시 겨냥**
  - 20조원 규모 글로벌 보철 시장에서 크라운, 라미네이트를 미니쉬로 대체
  - 불규칙한 치열, 깨진 치아, 변색된 치아 등을 개선하는 치아 안티에이징 분야 개척

- **2024년 글로벌 진출 본격화**
  - 베트남 빈그룹 산하 빈멕국제종합병원에 미니쉬 진료 항목 신설
  - 미국, 일본 등에서 심포지엄 및 아카데미 개최 예정

- **대량 생산 체제 구축, 가격 낮춰 규모의 경제 실현 계획**
  - 반도체 테스트 장비 제조 기업 리노공업과 함께 업그레이드된 초정밀 가공 장비 개발

치과 산업의 패러다임 변화

틀니 ▸ 임플란트 ▸ **OSSTEM° IMPLANT**

철사줄/설측 교정 ▸ 투명교정 ▸ **✳ invisalign**

크라운 라미네이트 ▸ 원데이 교정 임플란트 예방 ▸ 미니쉬 ▸ **MINISH** Technology Inc.

치아 삭제 최소화한 원데이 치아 복구 솔루션
미니쉬(Minish) 세계 최초 개발!

2021년 설립된 미니쉬테크놀로지는 손상된 치아를 원래 내 치아처럼 만드는 치아복구 솔루션 '미니쉬'를 공급하는 의료테크 기업이다. 최첨단 반도체 기업과 함께 초정밀 가공 장비를 만들고 치과 재료를 직접 연구·생산한다. 연간 20조 원 규모의 세계 보철시장에서 크라운, 라미네이트 등을 미니쉬로 대체하고 글로벌 치과시장의 게임체인저로 도약할 준비를 하고 있다.

테슬라가 라이더 대신 광학 카메라로 움직이는 물체를 인식하는 아이디어와 기술력으로 자동차 업계의 편견을 뒤집은 것처럼 미니쉬테크놀로지도 기존 보철 치료의 통념을 뛰어넘는 혁신적인 치료법을 선보이며 '내 치아 평생 쓰기'라는 개념을 현실에 구현했다.

창업자인 강정호 대표는 2005년 경기도 성남에 처음 개원했을 때 세 가지 원칙을 내세웠다. 바로 '해(害)가 없는 치료', '과잉

없는 치료', '통증 없는 치료'다. 그러다 우연히 들린 지인 치과에서 3D 캐드캠을 처음 접했다. 본을 뜨지 않고 스캐너로 사진 찍듯 인상을 채득한 뒤 기공소 대신 병원 내 밀링머신을 이용해 보철물을 제작하는 새로운 방식이었다. 앞으로 디지털과 정밀 가공 기술이 치과의 미래라는 확신이 섰다. 그리고 이를 바탕으로 2009년 선릉역 인근에 하루 안에 모든 치료를 끝낸다는 의미를 담아 '오늘안 치과의원'를 새롭게 열었다. 최소 5일 이상 걸리는 보철 치료를 3D 캐드캠을 이용해 '1회 내원'과 '당일 치료'로 편의성을 높였다.

강남이라는 지역 특성상 치아를 예쁘게 만들고자 하는 환자도 많았다. 기존 심미 치료인 라미네이트는 많은 치아 삭제량이 문제였다. 라미네이트는 치아를 360도로 삭제하는 크라운보다는 보존적 치료지만 '과연 내 가족에게 권할 수 있는 치료인가?'라는 의문이 들었다. 아름다움을 위해 치아를 깎는 것은 과잉 진료에 해당한다는 결론을 짓고 치아 삭제를 최소화한 연구에 집중했다.

치아 삭제량을 줄이려면 수복물이 얇아야 하는데 당시 기술로는 어려웠다. 강도를 높이려고 수복물을 두껍게 만들면 대량의 치아 삭제가 필요했다. 이를 종합적으로 해결하기 위해 첨단 장비를 도입하고 숙련된 기공사를 채용해 연구에 몰두했다.

쉽게 깨지는 성질을 지닌 세라믹 재료는 얇은 수복물을 제작할 수 없다는 것이 치기공업계의 오랜 편견이었다. 강 대표는 이런 부정적인 인식을 깨기 위해 밤낮으로 연구했다. 결국 0.1mm 두께와 어떠한 굴곡에도 들어맞는 수복물을 제작에 성공했고, 2012

년 이를 미니쉬로 명명했다. 미니쉬는 Minimal Invasive(치아에 해가 되지 않는 최소 침습), Natural Image(자연스러운 인상), Successful Health(성공적인 치아 건강)의 앞 자를 따서 지었다.

자연 치아와 유사한 재료,
초정밀 가공기술 고도화가 미니쉬 솔루션의 핵심!

미니쉬는 생체모방 이론에 근거한 치아복구 솔루션이다. 치아와 가장 유사한 물성을 가진 재료로 수복물 만든 후, 불필요한 삭제 없이 손상된 치아에 접착해 치아를 원래대로 만드는 복구 치료다. 여기서 핵심은 초정밀 가공 기술이다. 최소한의 치아 정돈만으로 치아 복구 치료를 하기 위해서는 치아의 다양한 굴곡과 두께에 대응하는 초정밀 가공 기술이 뒷받침돼야 한다.

이러한 기술의 고도화를 위해 반도체 테스트 장비 세계 1위 기업인 리노공업과 함께 초정밀 가공 기술이 적용된 장비 개발에 나섰다. 미니쉬블록도 독보적이다. 생체친화성을 비롯해 파절과 압축, 강도, 인장력, 마모도, 탄성도, 투명도 등 자연 치아와 가장 유사한 물리적 성질을 갖는다. 미니쉬블록은 100년 역사의 글로벌 치과 재료 기업인 비타(Vita)와 협력해 독점으로 공급받는다.

미니쉬 치료 과정은 이렇다. 먼저 최소한으로 치아를 정돈한 뒤 스캐너로 인상을 채득한다. 그다음 데이터를 바탕으로 밀링머신과 기공사의 가공해 그에 맞는 수복물을 제작한 뒤 치아에 부착한다. 스마트폰에 보호필름을 붙이는 것처럼 아주 얇은 두께다. 앞니보다 3배 이상의 힘을 받는 어금니까지 복구 가능하다. 라미네이트는 어금니 치료가 어렵다. 이 외에도 미니쉬는 충치, 마모, 굴곡, 파절 등에도 효과적이다. 또 치료 후 가지런하게 정돈된 치열은 미니쉬 치료 결과로 얻는 효과 중 하나다. 정용진 신세계 그룹 회장을 비롯해 뉴진스, 세븐틴 등의 아이돌 등 500여 명에 이르는 유명인이 미니쉬 치료를 받았다.

미니쉬 세계화 전략 추진, 국내를 넘어 세계인의 내 치아 평생 쓰기 도전!

강 대표는 미니쉬 솔루션의 전국화, 세계화를 위해서는 병원이 아니라 기업이 돼야 한다는 생각으로 2021년 2월, 강남의 치과병원장 타이틀을 내려놓고 비즈니스 시장으로 뛰어들었다. 그간 쌓아온 경험과 노하우를 적용해 치과 장비와 시스템을 새롭게 만들고 싶다는 열망도 컸다.

그렇게 회사 목표는 '내 치아 평생쓰기'와 '치과 산업 종사자를 위한 효율적인 진료 시스템 구축'을 향했다. 재료 기업을 인수하고, 의사를 위한 미니쉬아카데미를 설립했다. 미니쉬 치료 자격을 획득하는 미니쉬멤버스클리닉(MMC)을 확대하고 고객관리프로그램을 비롯해 IT통합 솔루션 개발 등을 순차적으로 진행했다. 그리고 국내 대표 반도체 로봇 기업 로봇앤드디자인으로부터 40

억 원 규모의 투자를 유치해 미니쉬 전용 밀링머신인 '미니쉬 로봇'을 선보였다. 미니쉬 로봇 50대가 돌아가는 국내 최대 규모의 기공연구소도 곧 문을 열 예정이다.

미니쉬테크놀로지는 멤버스클리닉 확보 및 교육, 본사 솔루션 제공 등 투명 교정장치 인비절라인을 성공시켜 시가총액 약 70조 원에 육박했던 얼라인테크놀로지와 비즈니스 모델이 유사하다. 하지만 교정을 포함해 자연 치아를 보존하는 모든 치과 치료 분야가 사업 영역인 점을 감안하면 성장 가능성은 더 클 수 있다.

치료 과정에서 축적한 15만여 건의 임상 데이터는 미니쉬의 핵심 자산이다. 장비 고도화, 재료 개발, 접착제 업그레이드 등 다양한 영역에서 기초자료로 활용된다. AI를 접목해 치아 디자인을 자동화하거나 의사가 손을 사용하는 치아 정돈(프렙, preparation)을 알아서 해주는 AI 프렙 머신 상용화에도 두둑한 밑천이 될 것으로 보인다.

해외 진출도 적극적이다. 베트남 하노이의 빈멕국제종합병원에 미니쉬 치료 항목이 개설했고, 일본 진출을 위해 일본 4대 컨설팅 기업 중 하나인 후나이 종합연구소와도 협력 중이다. 미국 시장은 치료 사례를 소개하는 미니쉬 심포지엄과 아카데미를 동시에 열고 의사 교육에 나설 계획이다.

2023년 로레알 본사 부회장과 경영진이 미니쉬테크놀로지를 방문해 치아 복구를 통한 안티에이징 효과에도 큰 관심을 보였다. 미국 시장조사업체 밴티지 마켓 리서치에 따르면, 글로벌 안티에이징 시장은 2030년 140조 원 규모로 성장할 것을 전망했다. 향후 미니쉬가 치과 치료를 넘어 글로벌 안티에이징 시장에서도 확실한 존재감을 드러낼지 잘 지켜보자.

서블리 인사이트

미니쉬테크놀로지는 손상된 치아를 원래 내 치아처럼 만드는 치아복구 솔루션 '미니쉬'를 개발해 치과 시장의 혁신을 시도하는 기업이다. 자연 치아와 물리적으로 유사한 재료를 사용하며, 복구 치료로 인해 충치 예방 효과도 추가적으로 얻을 수 있다. 여기서 더 나아가 하얗고 가지런한 치열 교정 효과는 치과와 안티에이징 미용 시장을 함께 키우는 중요한 열쇠가 될 가능성이 있어 보인다. 단, 치아 미세 가공은 대부분 치기공사의 수작업으로 진행돼 매일 한정된 인원만 미니쉬솔루션을 받을 수 있다는 한계점을 지닌다. 이를 타개하기 위해 준비 중인 미세 가공 장비 개발 시점이 기업 레벨업의 분수령이 될 것이라고 생각한다.

Part 6

AI 등
신기술 / 엔터

몰로코

▶ 실리콘밸리 기반 머신러닝 광고 솔루션 혁신기업

기업 분석 핵심 포인트

- **독립 업체 기준, 머신러닝 기반 퍼포먼스 광고 솔루션 세계 1위**
  - 구글 엔지니어, 머신러닝 기반 유튜브 수익화 모델 개발한 안익진 대표가 2013년 설립
  - 구글, 트위터, 아마존 창립 멤버 중심으로 인력 구성
  - 5년이 넘는 기술 개발에 집중, 2018년 본격적으로 머신러닝 기반 '퍼포먼스 광고 솔루션' 출시
  - 2020년부터 매출 5배 이상씩 성장, 연속 흑자 기록 중

- **기업가치 20억 달러 이상 평가, 한국인이 실리콘밸리에 창업한 유니콘 AI 기업**
  - 2023년 투자 유치하며 기업가치 20억 달러(한화 약 2조 6,400억 원) 인정 받아

- **골드만삭스 '2023 최고의 기업가'로 안익진 대표 선정**

- **주요 사업 '몰로코 클라우드 DSP', '몰로코 리테일 미디어 플랫폼', '몰로코 수익화 솔루션'**
  - 수익 창출에 최적화된 광고 캠페인을 진행하는 '몰로코 클라우드 DSP', 커머스 플랫폼과 마켓 플레이스가 자체 퍼포먼스 광고 사업을 구축할 수 있도록 지원하는 '몰로코 리테일 미디어 플랫폼', 스트리밍 및 OTT 플랫폼을 위한 머신러닝 기반 수익화 플랫폼 '몰로코 수익화 솔루션' 세 가지가 중요 사업

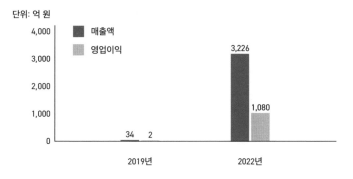

단위: 억 원

- **틱톡, 아마존, 페이스북, 코인베이스, 바이낸스 등 글로벌 고객사 1,000여 곳 보유**
  - 미국 캘리포니아 레드우드시티에 본사 위치, 미국, 영국, 한국, 중국, 일본, 싱가포르, 인도 등 10개 지사
  - 국내 주요 고객사는 오늘의 집, 컴투스, 쿠팡, 롯데, 신세계 등

- **레비뉴 셰어(Revenue Share, 매출 분배)를 통해 안정적 매출 확보**

- **프로그래매틱 바잉(Programmatic Buying) 방식의 실시간 입찰 방식 최초 개발**
  - 주식 시장처럼 실시간, 자동화 방식으로 광고 거래하는 기술 개발, 초당 약 500만 건 거래, 하루 처리 광고액 약 500빌리언 달러

**유튜브 추천 광고로 수익 모델 만든 한국인 엔지니어,
실리콘밸리에서 머신러닝 기반 광고 솔루션 유니콘 기업 설립!**

디지털 광고 시장에서 가장 중요한 주체는 광고주와 매체다. 광고주는 그들의 상품을 많은 사람에게 노출하기를 원한다. 매체는 최대한의 광고를 판매해 수익을 최대화하는 것을 목표로 한다. 전 세계적으로 디지털 광고 시장이 확장됨에 따라 이러한 각 주체의 니즈를 AI 기술로 서비스하는 애드테크(Ad-Tech) 기업이 속속들이 등장하기 시작했고 독립 업체 중 글로벌 1위 AI 퍼포먼스 광고 솔루션을 제공하는 기업이 바로 몰로코(Moloco)다.

AI를 통해 모든 비즈니스 성장을 지원하겠다는 비전을 갖고 2013년 설립된 몰로코는 머신러닝을 이용해 기업용 맞춤 광고 자동화 서비스를 개발하는 글로벌 애드테크 기업이다. 빅데이터 중심의 광고 플랫폼 구축을 위해서는 대용량 서버 인프라와 빅데이터 분석, 머신러닝 기반 기술 확보가 중요하다. 이를 위해 구글, 트위터, 아마존의 창립 멤버를 중심으로 고도화된 머신러닝과 데이

터 처리 기술을 구현한 퍼포먼스 광고 플랫폼을 개발해 글로벌 에드테크 분야를 선도하는 업계 리더의 반열에 빠르게 올랐다.

공동 창업자 겸 CEO 안익진 대표는 유튜브의 수익 모델인 추천 광고 알고리즘을 만든 사람으로 유명하다. 서울대 컴퓨터공학과를 졸업하고 미국 UC샌디에이고에서 박사 과정을 수료한 뒤 첫 직장으로 2008년 유튜브에 입사해 엔지니어로 일했다. 당시 유튜브는 전체 인원은 약 80명, 엔지니어가 50명 정도에 불과했다. 2006년 구글이 유튜브를 인수한 뒤 해마다 0.8빌리언 달러(한화 약 1조 원)씩 적자가 나는 상황이었다. 유튜브 광고는 머신러닝 기술이 전혀 적용되지 않았고 사람이 일일이 손으로 홈페이지에 광고를 붙이는 가내수공업 수준이었다. 빠른 흑자 전환을 위해서는 머신러닝 적용이 시급했다. 안 대표는 본격적으로 머신러닝 기반의 수익화 모델인 추천 광고 서비스를 개발했고, 적용 즉시 광고 매출이 50% 이상 증가하는 놀라운 효과를 경험했다. 그리고 이는 유튜브가 광고를 통해 본격적으로 수익화를 이루기 시작한 중요한 마중물이 됐다.

이후 2010년 안 대표는 구글 안드로이드 부서로 이동해 데이터 엔지니어로 근무했다. 안드로이드 전체 엔지니어는 30명 정도밖에 되지 않았다. 그가 데이터 팀에서 일하며 느낀 건 세상에 수많은 앱이 쏟아져 나온다는 점이었다. 우버처럼 아이디어가 돋보이는 앱 하나면 글로벌 서비스가 되는 건 시간문제였다. 셀 수 없이 많은 모바일 서비스가 빠르게 등장하고 여기서 나오는 데이터의 볼륨 역시 기하급수적으로 커지는 것을 지켜보면서 본격적인 데이터 시대가 도래했다는 걸 실감했다. 데이터는 머신러닝을 활용하면 엄청난 광고와 비즈니스 기회가 열린다. 하지만 이를 제공하는 솔루션이 없었다. 안 대표는 머신러닝을 활용한 광고 솔루션 사업에 확신이 섰지만 구글 내부에서는 답이 나오지 않았다. 이에 같은 생각을 가진 동료와 함께 새로운 사업에 대한 밑그림을 그려나가며 2013년 미국 실리콘밸리에서 몰로코를 창업했다.

그렇게 2명이 의기투합해 세운 몰로코는 구글과 페이스북 밖에서 성장할 기회를 찾는 기업들을 도우며 AI 광고기술(애드테크) 유니콘으로 성장했다. 그 비결은 바로 몰로코만의 머신러닝 기술로 기업의 수익화를 돕는 '퍼포먼스 광고 솔루션'이었다. 창업 후 약 5년이 넘는 기술 개발 끝에 2018년 자체 기술로 구축한 AI 엔진과 광고 솔루션 서비스를 본격적으로 출시했다. 2020년부터 매년 매출이 5배 이상 성장하며 연속 흑자를 기록했다. 2023년 투자 유치 과정에서는 20억 달러(한화 약 2조 6,400억 원) 이상의 기업 가치를 인정받았다. 한국인이 실리콘밸리에 창업한 AI 기업 중 유니콘이 된 사례는 몰로코가 최초다. 2023년 안익진 대표는 미국 투자은행 골드만삭스의 '2023년 최고의 기업가'로 선정되는 영예도 얻었다.

사용자 행동 유도 및 수치화 통해, 광고 효과 극대화하고 수익 창출 높이는 머신러닝 기반의 자동화 시스템 '퍼포먼스 광고 솔루션' 개발!

몰로코의 '퍼포먼스 광고 솔루션'은 마케팅 예산을 집행한 기업이 실제 광고비가 어떻게 쓰였는지 알기 힘든 업계 현실을 개선하기 위해 만든 서비스다. AI를 활용해 '내 광고가 어디에 언제 어떻게 노출'됐는지 실시간으로 확인할 수 있도록 돕는다. 대부분 이커머스 기업은 한 명의 고객이 평생 얼마만큼의 돈을 지불해 서비스를 이용할 것인가를 측정하는 LTV(Live Time Value), 한 명의 유료 결제자를 얻는 데 드는 비용을 나타내는 CAC(Customer Acquisition Cost) 등의 플랜을 정한다. 몰로코의 퍼포먼스 광고 솔루션은 이에 맞춰 노출, 클릭, 실행, 설치 등 소비자 행동을 유도 및 수치화하고 각 단계를 지속해서 살펴 광고 효율을 극대화하는 최적의 작업을 수행한다. 과거에는 대부분 광고를 틀어놓고 광고 대비 매출액을 정산해 광고 효과를 계산했다. 이에 반해 몰로코의 퍼포먼스 광고 솔루션은 유저 한 명이 농협 앱을 다운로드받고, 농협 계좌를 개설하는 데까지 드는 비용과 시간 등의 정확한 수치를 제시한다. 이런 고객의 행동 데이터를 통해 각 과정에 대한 지표 분석이 가능하고 마케팅 효율성도 증가한다.

어떤 사용자가 어떤 시간과 상황에서 앱을 다운로드할지 등 많은 변수가 존재하는데, 이런 환경 변수가 어떤 결과를 만들어 내는지를 머신러닝과 딥러닝을 통해 학습시킨다. 몰로코는 이렇게 자체 기술로 구축한 AI 엔진 및 DMP(Data Management Platform)를 바탕으로, DSP(Demand Side Platform) 및 신규 비즈니스(RMP(Retail Media Platform), CTV 등) 사업을 진행하고 있다. 주요 솔루션은 수익 창출에 최적화된 광고 캠페인을 진행하는 '몰로코 클라우드 DSP', 커머스 플랫폼과 마켓 플레이스가 자체적인 퍼포먼스 광고 사업을 구축할 수 있도록 지원하는 '몰로코 리테일 미디어 플랫폼', 그리고 스트리밍 및 OTT 플랫폼을 위한 머신러닝 기반 수익화 플랫폼 '몰로코 수익화 솔루션'이 있다.

미국 캘리포니아 레드우드시티에 본사가 위치하며 미국, 영국, 한국, 중국, 일본, 싱가포르, 인도 등에 10개의 지사가 있다. 고객사는 전 세계 1,000개의 업체가 넘는다. 주요 고객사는 틱톡, 아마존, 페이스북, 코인베이스, 바이낸스 등이 있다. 국내에는 오늘의 집, 컴투스, 쿠팡, 롯데, 신세계 등이 있으며 게임과 핀테크, 전자상거래, 소셜미디어 등 다양한 분야에 폭넓게 광고 솔루션을 제공한다는 것이 강점이다. 2023년에는 '광고 수익화 프로젝트'를 본격적으로 진행해 흑자 전환을 기록한 업체가 3군데 정도 된다.

몰로코의 비즈니스 모델은 레비뉴 셰어(Revenue Share, 매출 분배)다. 매출 수익을 나눈다는 건 그만큼 독자적으로 개발한 퍼포먼스 광고의 결과치와 효과, 기술력을 자신한다는 증거다. 안 대표는 3~4년 후 미래는 더욱더 많은 곳에서 몰로코의 서비스가 활용될 것이라고 확신한다.

광고 시장 최초로 프로그래매틱 바잉(Programmatic Buying) 방식 적용해 혁신 일으켜

광고 시장이 점차 확장됨에 따라 수동으로 광고 데이터를 요청하고 게시하는 것이 어려워졌다. 광고주는 매체를 일일이 찾아다녀야 하고 광고 크리에이티브가 바뀔 때마다 각각 접촉을 새로 해야 하는 번거로움이 컸다. 광고 효율 및 광고 송출 관리도 각각 따로 해야 했다. 매체 역시 사정은 마찬가지였다. 광고주를 일일이 찾아다니고 시시각각 변하는 광고주의 요구에 대응해야 하는 불편함이 컸다. 그러면서 이런 문제점을 해결하고 광고 시장을 성장시킬 애드 서버(AD Server), 애드 네트워크(AD Network) 등 다양한 솔루션이 등장했지만 광고주 및 매체 각 서버의 연동과 수요공급의 불균형 등의 문제는 해결할 수 없었다. 이를 해결할 수 있는 광고 실시간 입찰 및 중개 거래소 애드 익스체인지(AD Exchange) 또한 수동화 방식과 플랫폼 구현의 난이도 때문에 문제가 많았다.

몰로코는 이런 문제점을 기술로 해결하기 위해 실시간 입찰 시스템 방식의 자동화 플랫폼 '몰로코 RTB(Real Time Bidding)'을 선보였다. 여기에는 광고 시장을 주식 시장처럼 실시간, 자동화 방식으로 거래하는 프로그래매틱 바잉(Programmatic Buying) 기술이 적용된다. 광고주와 매체 가운데서 실시간 경매 방식으로 광고 거래를 중개하는데, 이는 사람이 아닌 자동화 프로그램이 제공한다. 초당 약 500만 건의 거래가 실시간으로 주식 거래하듯 일어나며 하루에 처리하는 광고액이 약 500빌리언 달러 규모다. 예를 들어 사용자가 웹사이트 방문, 콘텐츠 시청 등의 행동을 취하면, 광고 인벤토리에 광고를 호출한다. 이때 노출되는 광고는 애드 익스체인지에서 가장 높은 가격을 제시한 광고다. 여기에는 가격을 낮추는 기술도 굉장히 중요하다. 고도화된 머신러닝을 적용해 비용 대비 광고 효과를 낼 수 있게 하는 것이 핵심 기술이다.

2023년 몰로코가 진행하는 광고의 매출액이 약 2조 원이 넘었다. 광고주나 플랫폼은 수익이 나거나 아니면 좋은 결과가 나왔을 때만 지속적으로 비즈니스를 한다. 한국 매출은 10% 이하, 90% 이상이 되면 해외에서 발생한다. 1/3이 미국, 1/3이 유럽이고 그 외가 나머지 국가다. 몰로코는 미국 법인으로, 직원은 전 세계 약 600명 이상이다. 국내는 약 150명이다.

몰로코는 광고에 머신러닝을 적용해 지금은 모바일 앱, 커머스, 그다음 비디오스튜(VideoStew) 시장까지 사업 분야를 넓히고 있다. 광고 그 이상으로 더 확장할 수 있는 부분을 지속적으로 개발해 차세대 유튜브, 차세대 인스타그램을 독자적으로 성장할 수 있도록 돕는 것이 목표다. 실제 고객사의 요구도 이런 방향으로 점점 더 증가하고 있다. 머신러닝 영역 전반으로 확장될 수 있는 기회는 많다. 하지만 무분별 확장보다는 가장 잘할 수 있는 머신러닝 기반의 광고 퍼포먼스 솔루션 중심으로 적용할 수 있는 파이를 더 키워 나가는 것이 주된 방향이다. 나스닥 상장도 추진 중이다. 하지만 아직 정확히 결정된 건 아니다. 일단 기본 방향은 나스닥이다. 한국인이 설립한 또 하나의 자랑스러운 회사가 나스닥에 상장되는 그날을 기대해 본다.

몰로코는 유튜브 초창기 추천 서비스를 개발한 안익진 대표와 오라클 출신 박세혁 대표가 2013년 설립한 회사다. 초창기 AI를 활용한 비즈니스가 거의 없던 시절에 머신러닝 기법을 적용한 광고 엔진을 개발해 광고 효과를 높였다. 틱톡, 메타 등 글로벌 소셜미디어와 컴투스와 같은 게임 시장, 바이낸스와 같은 가상화폐거래소 등의 가입자 증가는 몰로코가 자체 개발한 엔진이 크게 기여했다. 특히 매출에 연동해 수수료를 부과하는 비즈니스 모델이 인상적이다. 구독자 1명을 늘리는데 비용이 얼마인지 정확하게 산출하고, 고객사가 구독자 1명 증가에 지출하는 비용의 일정 비율을 몰로코의 수익이 되는 구조다. 전 세계 1초당 500만 번 이상의 거래가 이뤄지는 광고 경매에 광고 입찰을 자동적으로 하는 AI 솔루션을 자체 개발해 적용하고 있다. 이는 매출 증대와 비용 차원에서 획기적인 솔루션이라고 판단된다.

AI를 활용한 비즈니스가 이익을 크게 발생시키는 대표적인 기업으로, 글로벌 1위의 지속 성장을 기대해 본다.

슈프리마

▶ 생체인식 보안 분야 세계 제패

기업 분석 핵심 포인트

- 지문과 얼굴 인식을 활용한 AI통합보안 솔루션 세계 1위

- 2023년 기준, 수출 비중 79.4%

- 스마트폰 지문인식 기술 보유, 전 세계 스마트폰 3억 대 적용 중
  - 퀄컴 초음파식 지문 센서에 알고리즘 공급
  - 삼성 갤럭시 S 시리즈 전체와 A 시리즈 일부 탑재

- 2020년 AI 기술 탑재한 얼굴 인식 출입 통제 솔루션 'FSF2' 출시, 이후 업계 선도
  적으로 AI 프로세서인 NPU를 탑재하여 더 빠르고 정확해진 신제품 '바이오스테이
  션3' 출시, 본격적으로 AI통합 보안 솔루션 기업으로 도약!
  - 급속하게 증가하는 해외 데이터센터 시장에서도 가장 높은 점유율 차지
  - 글로벌 1위 데이터센터 기업인 에퀴닉스(EQUINIX)와 디지털 리얼리티(Digital
    Realty), 사이러스원(Cyrusone) 등이 주요 고객사
  - 아랍에미리트(UAE)의 국영석유회사 애드녹(ADNOC), 쿠웨이트 국영정유공
    사 KNPC, 볼리비아 내 이탈리아 대사관, 필리핀 국영전력회사 NGCP, 보쉬
    (BOCSH) 등에도 슈프리마 보안시스템 적용 중

- 중동과 아프리카 점유율 1위, 네옴시티 프로젝트 AI 적용 솔루션 공급 중
  - 중동 지역에서 엔터프라이즈급 대형 프로젝트 수주가 증가하며 중동 지역 점유
    율 1위. 2023년 중동 지역 역대 최대 실적을 달성, 사우디아라비아의 국부펀드
    (PIF), 정부 소유의 IR서비스 제공기업 ELM, 이집트 미스르 은행(Bank Misr), 아
    랍에미리트 호텔체인 ADNH, HSBC 은행 등 중동 여러 국가, 다양한 사업군에
    서 주요 사업을 수주하며 시장점유율 확대

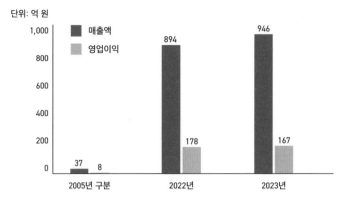

단위: 억 원

- 중동지역 레퍼런스를 바탕으로 향후 네옴시티 프로젝트 전체의 출입 통제 시스템 표준 공급자가 될 것으로 예상
- 사우디아라비아 대규모 건설 프로젝트인 네옴시티 대형 병원과 주상 복합 레지던스, 네옴시티 프로젝트 관련 관계자들의 숙소인 네옴빌라 등에 보안 플랫폼 공급
- 향후 네온시티 프로젝트 전체의 출입 통제 시스템 표준 공급자가 되는 것이 목표

삼성전자 엘리트 연구원,
2000년 '이차전지주'라 불리는 지문인식 사업에 도전!

수학 용어로 '상한'의 뜻을 지닌 슈프리마(suprema)는 이름에 걸맞게 최고의 기술과 브랜드로 글로벌 보안 시장에서 당당히 세계 1위 점유율을 차지한 AI 통합보안솔루션 기업이다.

슈프리마를 설립한 이재원 대표는 서울대학교 공과대학 제어계측공학과 87학번으로, 학사와 석사, 전기공학부 박사 학위를 받고 미국 스탠퍼드대학교 연구원을 거쳐 삼성전자 종합기술원에서 최첨단 지능형 자동차의 자동주행시스템을 개발하는 엘리트 연구원으로 근무했다. 그러다 IMF외환위기가 닥쳐오면서 그가 열정을 쏟았던 자동차 사업은 중단됐고, 결국 2000년 회사를 나와 함께 퇴사한 후배 5명과 자본금 2,000만 원으로 슈프리마를 창업했다.

회사를 설립할 2000년 당시, 이미지 센서를 상용화할 수 있는 상위 지문인식 기술 업체에 1,000억 원 이상의 투자금이 몰렸다. 마치 지금의 '이차전지주'처럼 뜨거웠다. 지문인식 관련 업계가

200개 이상 우후죽순처럼 쏟아져 나왔지만, 이 시장에서 성공할 자신이 있었다. 지문인식 분야는 이 대표의 전문인 제어계측 기술이 응용될 수 있는 분야였다. 또 출입 통제부터 근태관리, 신원확인 등으로 활용될 수 있는 미래 성장 가능성도 컸기에 승산이 높다고 확신했다.

세계 지문인식 경연대회 당당히 1위, 국내가 아닌 세계 시장 공략이 신의 한 수!

지문인식 성능은 수학적 알고리즘 실력과 얼마나 다양한 환경에서 인식 성능 실험을 했는지에 대한 경험치에 따라 좌우된다. 특히 손이 건조한 겨울에 지문인식률이 떨어진다. 이 대표는 지문인식 알고리즘의 기술 개발 초기부터 환경까지 고려해 수많은 실험을 거듭했다. 그렇게 천신만고 끝에 2002년 제품 개발을 완료했지만 국내시장 반응은 예상외로 시큰둥했다. 당시 벤처의 성공 방정식은 대기업 납품이었지만 공정 경쟁을 할 수 있는 환경이 아니었다. 남들처럼 똑같은 열차에 올라타려고 해서는 성공할 수 없었다. 앞으로는 '남의 힘을 빌리지 말고 우리가 나서서 해외 시장을 뚫자!'라는 생각으로 정말 보따리장수처럼 짐을 짊어지고 해외 전시회에 나가는 것부터 시작했다. 해외 현장에서 발로 뛰며 시장의 요구 사항을 직접 듣고 빠르게 제품에 반영한 결과, 무서운 속도로 지문인식 제품을 업그레이드했다. 해외로 방향을 틀어

사업별 매출 비중

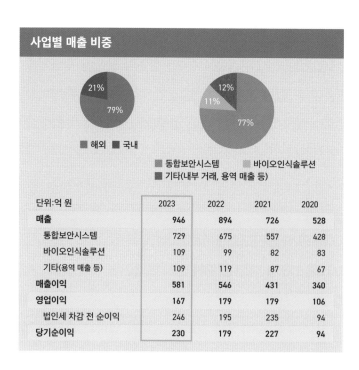

단위:억 원	2023	2022	2021	2020
매출	946	894	726	528
통합보안시스템	729	675	557	428
바이오인식솔루션	109	99	82	83
기타(용역 매출 등)	109	119	87	67
매출이익	581	546	431	340
영업이익	167	179	179	106
법인세 차감 전 순이익	246	195	235	94
당기순이익	230	179	227	94

지역별 매출 비중

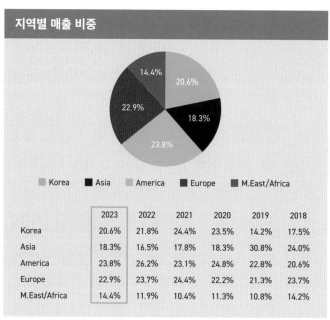

	2023	2022	2021	2020	2019	2018
Korea	20.6%	21.8%	24.4%	23.5%	14.2%	17.5%
Asia	18.3%	16.5%	17.8%	18.3%	30.8%	24.0%
America	23.8%	26.2%	23.1%	24.8%	22.8%	20.6%
Europe	22.9%	23.7%	24.4%	22.2%	21.3%	23.7%
M.East/Africa	14.4%	11.9%	10.4%	11.3%	10.8%	14.2%

직접 부딪히니 신속한 시장 대응이 가능했고 이것이 성공의 밑거름이 됐다.

공신력 있는 해외 대회에서 1등을 하면 투자는 물론 초기에 브랜드를 알리는 데도 유용했다. 그렇게 2004년, 2006년 2회 연속으로 '지문인식 올림픽'이라 불리는 '세계 지문인식 경연대회 FVC(Fingerprint Verification Competition)'에 참가했고 모두 세계 1위의 영광을 안았다. 이 같은 기술력에 대한 인정은 바로 성과로 나타났다. 미국을 시작으로 유럽, 아시아 등의 글로벌기업이 앞다퉈 슈프리마의 수주를 보내왔고 본격적으로 수출길이 활짝 열렸다.

통합보안시스템, 20년 경력의 글로벌 1위 프리미엄 브랜드를 일군 핵심 비즈니스!

슈프리마 사업은 통합보안시스템과 바이오인식솔루션 크게 두 가지로 구분된다. 통합보안시스템 사업이 매출의 약 75%를 차지한다. 통합보안시스템은 출입보안과 근태관리 시스템, 지문 얼굴, 비밀번호, 카드 등 다양한 인증 서비스를 지원한다. 통합보안시스템의 해외 사업은 전 세계 217개 파트너와 7개 해외 지사를 통해 확장 중이다. 특히 미국과 유럽 시장에서 빠른 점유율 확대를 보인다. 매출 구성은 수출이 전체 매출의 약 79.4%다.

바이오인식솔루션 사업은 스마트폰용 지문인식 알고리즘인

바이오사인 솔루션과 지문인식 모듈로 구성된다. 퀄컴의 초음파식 지문 센서에 슈프리마 인식 알고리즘을 공급하며, 삼성전자 갤럭시 S시리즈 전체와 A시리즈 일부를 포함해 전 세계 3억 대 이상의 스마트폰에 슈프리마 지문인식 기술을 탑재했다.

최근 급속하게 증가하고 있는 해외 데이터센터 시장에서도 가장 높은 점유율을 차지한다. 글로벌 1위 데이터센터 기업인 에퀴닉스(EQUINIX)와 디지털 리얼티(Digital Realty), 사이러스원(Cyrusone)이 주요 고객사다. 해외 레퍼런스 또한 화려하다. 아랍에미리트(UAE)의 국영석유회사 애드녹(ADNOC), 쿠웨이트 국영정유공사 KNPC, 볼리비아 내 이탈리아 대사관, 필리핀 국영전력회사 NGCP, 보쉬(BOCSH) 등에도 슈프리마의 보안시스템이 적용 중이다.

슈프리마가 글로벌 1위 점유율을 자신하는 이유!

슈프리마는 압도적인 기술력과 보안 업계 20년 경력의 글로벌 프리미엄 브랜드를 바탕으로 2023년 기준 영업이익률 17.6%를 유지하고 있다. 140개국에 이르는 글로벌 네트워크와 10억 명 이상의 전 세계 사용자 수, 100개 이상의 특허와 지식재산권을 확보했으며, 13년 연속 세계 50대 보안 기업으로 선정됐다. 전 세계 설치된 장비 수 만해도 150만 대 이상이다.

2021년 시장조사업체 옴디아(OMDIA)가 발표한 바이오인식 출입 통제 장치 분야 해외 시장점유율에 따르면, 중국 지케이테코 (ZKTeco)가 13.6%, 슈프리마가 12.7%로 약 1% 차이로 2위를 차지했다고 밝혔다. 하지만 지케이테코(ZKTeco)는 중국 내수 수요가 크며 매출액은 3,500억 원인데 직원이 3,800명이다. 이를 감안하면 슈프리마가 단연 세계 1위임이 분명하다. 미·중 갈등 수혜와 글로벌 제품 공급이 확충되면 공식적인 1위 달성도 문제없다.

지문인식 기술이 탑재된 스마트폰 중 세계에서 가장 많이 팔린 스마트폰이 슈프리마 기술력이 장착된 삼성의 갤럭시 S시리즈다. 이는 곧 슈프리마 지문인식 알고리즘 점유율도 세계 1위라는 것과 같다. 여기에 2009년 슈프리마가 참여한 인도 주민등록 사업의 사용자 수를 더하면 약 6억 명 이상이다. 스마트폰과 인도 주민등록 사업만 합해도 누적 사용자 수는 1위다. 이렇게 해외에서 두각을 나타내자 국내에서도 반응이 뜨거웠다. 국내 도어락 주요 업체에 지문인식 솔루션을 공급하고 국내 물리보안 1위 업체인 에스원에 지문인식시스템을 공급한다. 국내 사업은 2018년 이후 연평균 성장률이 35%에 달하며, 공공 조달과 SI 프로젝트 중심으로 빠르게 성장했다. 특히 현대차 남양연구소와 카카오 판교 알파돔 사옥에 얼굴 인식과 모바일 출입 통제 시스템을 제공했으며 국내 대형 고객 대상의 시스템 통합(SI) 프로젝트 수주로 성장하고 있다.

20년이 넘게 글로벌 보안 시장에서 선두를 지키는 동안 위기도 많았다. 2008년 코스닥 상장한 후 SCM(supply chain management 공급망관리)과 품질관리 문제를 발견했다. 스마트폰 생태계로 넘어가면서 엄청난 홍역도 치렀다. 이대로 안 되겠다 싶어 연구개발부터 공급망과 품질관리 등 초심으로 돌아가 많은 문제점을 새롭게 고쳤다. 이를 모두 제대로 잡는데 5~6년이라는 시간이 걸렸지만 오히려 더 큰 성장을 할 수 있는 전화위복이 됐다. 팬데믹 또한 피할 수 없었다. 지문은 대표적인 접촉 기술이다. AI 기술을 도입하고 얼굴 인식으로 재빨리 걸음을 옮겼다. 신속한 시장 대응은 슈프리마의 주 무기다. 2020년 9월부터 AI 딥러닝 기술을 적용한 제품 판매를 본격화했고, 2023년 기준, 누적 판매액은 약 400억 원으로 출입 통제 제품 시장의 최신 트렌드를 주도하고 있다. 제품 중 약 34%가 딥러닝 기술을 활용한 얼굴 인식 제품일 정도로 이제는 주력이 지문에서 얼굴 인식으로 넘어갔다.

중동과 아프리카 점유율 1위 유지, 네옴시티 프로젝트 AI 적용 솔루션 공급 중

지난 2020년 AI 기반 알고리즘을 탑재한 얼굴 인식 출입 통제 솔루션 'FSF2'를 선보이며 AI 통합 보안 솔루션 기업으로 도약했으며, 2022년 출시한 AI 얼굴 인식 신제품 '바이오스테이션3'를 통해 AI 통합 보안 솔루션 기업으로 입지를 다졌다. '바이오스테이션3'는 AI 프로세서인 신경망처리장치(NPU)를 선도적으로 탑재해 빠르고 정확한 얼굴 인식 성능을 구현했으며, 다양한 종류와 색의 헤어스타일, 모자, 안경, 마스크 등의 얼굴 변화에도 정확한 인증이 가능하다. 얼굴 인식, 모바일 출입카드, QR 및 바코드, RFID 등 100% 비접촉 방식의 출입 인증 옵션을 제공해 편의성 역시 뛰어나다.

이와 동시에 AI라는 새로운 패러다임은 중동 지역에서 연달아 대형 프로젝트 수주를 이끌며 또 한 번 슈프리마를 점프시킬 새로운 모멘텀으로 작용했다. 최근 사우디아라비아 대규모 건설 프로젝트인 네옴시티 대형 병원과 주상 복합 레지던스, 네옴시티 프로젝트 관련 관계자들의 숙소인 네옴빌라에 슈프리마의 보안 플랫폼을 공급했다. 향후 네온시티 프로젝트 전체의 출입 통제 시스템 표준 공급자가 되는 건 시간문제다.

 서 블 리 인 사 이 트

보안 솔루션은 챗GPT 시장이라는 새로운 변화의 시대가 확산되면서 그 중요성은 더 확대될 전망이다. 이런 변화의 흐름에 슈프리마가 지문인식과 얼굴 인식의 차별화된 기술을 바탕으로 AI와 어떻게 접목해서 매출을 높일지를 지켜봐야 할 듯하다. 지문인식, 얼굴 인식 등 인식 관련 AI 벤처업체 창업의 수가 크게 증가했다. 기술도 중요하지만 마케팅 능력과 글로벌 진출의 매출 정도가 중요한 투자 포인트가 될 것으로 보인다. 특히 사우디의 네옴시티 프로젝트에 통합 AI 솔루션 매출의 추이를 보면 회사의 성장을 판단하는데 큰 도움이 될 것으로 생각된다.

KH바텍

기업 분석 핵심 포인트

●— **삼성전자 폴더블폰 힌지 독점 공급, 세계 힌지 시장점유율 1위**
- 2015년부터 삼성과 협업해 폴더블폰 힌지 선행 개발
- 2019년 출시한 삼성전자 세계 첫 폴더블폰에 힌지 독점 공급
- 2020년 전 세계 100% 점유율로 1위 차지, 중국 폴더블폰 시장 합류로 점유율 낮아졌지만 폴더블폰의 꾸준한 성장으로 매출 증가세 기대

●— **30년 넘는 역사를 지닌 비철금속 소형정밀 다이캐스팅 전문 회사**
- 1992년 설립, 금형 주조법인 다이캐스팅 기술 기반 스마트폰, 노트북 등 IT 디바이스의 내·외장 부품 생산
- 1990년 노트북 힌지 공급하며 힌지 사업 시작, 2000년 이후 노키아, 삼성전자 등에 힌지 공급하며 힌지 분야 독점적 위치 확보
- 중국 천진·혜주, 베트남 하노이·타이응웬·박닌, 인도 등에 법인 설립

●— **세계 최초 ADC, IDC 기술 개발 및 양산화 성공**
- 스마트폰 프리미엄 트렌드에 맞춰 세계 최초로 ADC, IDC 등 다이캐스팅 가공 기술 개발
- ADC(Anodizable Die-Casting): 다이캐스팅한 금속 표면을 가공·처리하는 기술, 프리미엄 스마트폰 메탈케이스 제작에 활용, 2017년 장영실상 수상
- 스마트폰 내장 브라켓과 외장 테두리를 다른 소재로 제작할 수 있는 IDC(Insert Diecasting) 공법 개발, 삼성S24 시리즈에 적용

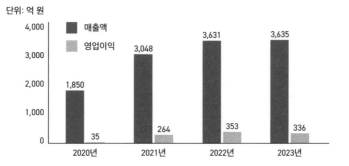

단위: 억 원

	2020년	2021년	2022년	2023년
매출액	1,850	3,048	3,631	3,635
영업이익	35	264	353	336

- **삼성전자 첫 AI폰 갤럭시S24 프리미엄 티타늄 케이스 독점 제작**
  - 메탈케이스 분야도 선두 역할
  - 삼성전자 최초 티타늄 프레임 적용한 AI폰 갤럭시 S24시리즈, 금속 이종접합 기술을 적용해 티타늄 케이스 독점 공급, 아이폰 티타늄 케이스와 다른 공법

- **특허 500건 이상, 끊임없는 신기술 개발로 시장 변화에 적극 대응**

- **스마트폰 다이캐스팅 기술을 토대로 전기차 부품 사업 본격화**
  - 2023년 경북 구미 218억 원 투자해 자동차 금속 부품 생산공장 설립
  - 전기차 배터리와 디스플레이 등에 관련된 전장 부품, 추후 많은 모델로 확장
  - 2024년 매출 본격화 4~5년 안에 전기차 부품 사업 1000억 원 매출 목표

노트북과 피처폰 힌지 만들며 기술력 확보
삼성전자 협업으로 폴더블폰 힌지 세계 최초 개발
글로벌 힌지 부품사 1위 기업으로 성장!

2019년 삼성전자가 세계 첫 폴더블폰인 '갤럭시Z폴드'를 세상에 내놓으면서 함께 스포트라이트를 받은 기업이 있다. 바로 세계 힌지(Hinge)의 역사를 쓴 국내 중견기업 KH바텍이다. 스마트폰을 원하는 각도로 접었다 펼 수 있는 폴더블폰은 삼성전자 스마트폰 사업부의 숙원 사업이었고 이를 구현할 수 있는 핵심 부품인 힌지를 자체 개발해 독점 공급했다. KH바텍의 기술력이 있었기에 삼성전자가 새로운 스마트폰 폼팩터 시대를 주도할 수 있었다고 해도 과언이 아니다.

KH바텍은 '갤럭시Z폴드' 출시 3년 전부터 삼성전자와 호흡을 맞춰 폴더블폰 전용 힌지를 개발했다. 스마트폰 출시 전에 사용된 피처폰은 화면과 본체가 노트북처럼 따로 있었다. 이 시기 힌지는 단순히 접었다 펼 수 있는 경첩 역할이었다. 하지만 하나의 디스플레이를 접는 폴더블폰은 다르다. 원하는 각도로 설 수 있는 프리스탑 기능을 하면서도 접었다 펼 때 패널이 맞닿는 충격을 최소화하는 등 고도의 기술력이 요구된다. KH바텍이 이렇게 까다로운 힌지 조건을 모두 맞출 수 있었던 건 30년 동안 쌓아 온 기술력이 있었기에 가능했다. 많은 경쟁사가 신규 진입을 지속적으로 시도하지만 오랜 경험과 기술 없이는 결코 진입장벽을 넘을 수 없는 분야다.

KH바텍은 1992년 비철금속 소형정밀 다이캐스팅 전문회사 금호의 이름으로 시작됐다. 다이캐스팅(Die Casting)은 아연, 알루미늄, 구리 등 금속을 녹여 금형에 주입한 뒤 높은 압력으로 성형하는 주조법을 말한다. 첫 시작은 이 기술을 활용해 오디오와 비디오 홈시스템 관련 부품을 만들었다. 이후 1990년대 중반 노트북 힌지를 만들면서 본격적으로 힌지 사업에 뛰어들었다. 설립 초기부터 금속부품 가공 기술력을 인정받아 2002년 코스닥에 상장, 2000년 들어서 휴대폰 시장이 빠르게 성장하면서 노키아와 삼성전자 등에 힌지를 공급하며 독보적인 기술경쟁력을 쌓았다. 액정이 돌아가는 삼성 애니콜 힌지를 처음 만들며 삼성과의 인연이 시작됐고, 노키아에 슬라이드모듈 힌지를 공급하며 매출 8,000억 원까지 달성, 연매출 1조 원을 바라보는 전성기를 맞았다. 과거 휴대폰 액정이 돌아가고 슬라이드로 액정을 올리는 방식 모두 KH바텍 기술이다. 그만큼 힌지 기술은 세계 어디에 내놓아도 자신 있었다. 하지만 2010년경 노키아 사업이 악화되며 KH바텍도 위기가 찾아왔다. 재빨리 방향을 바꿔 스마트폰 외장재 개발에 주력했고 삼성전자, 블랙베리 등의 고객사를 확보하며 재도약할 수 있었다. 주요 사업은 스마트폰, 노트북 등 IT 디바이스의 내·외장 부품이며, 전기차 부품으로도 사업을 확장 중이다.

ADC, IDC 등 세계 최초 기록을 세운
기술 특허만 500개 이상
메탈 케이스 분야도 선두를 달리며
삼성 AI폰 갤럭시 S24 티타늄 케이스 독점 제작!

KH바텍이 스마트폰 힌지 경쟁력에서 우위를 점할 수 있는 건 바로 셀 수 없이 많은 특허가 이를 대신 설명한다. KH바텍 서울사무소에서 만난 남광희 대표는 경북대학교 기계공학과를 졸업하고 연세대학교 공과대학원에서 기계공학 석사학위를 받았다. 이후 현대중공업의 플랜트 연구소와 금속부품 생산 회사 다이나캐스트 코리아에서 근무하다 1992년 KH바텍을 설립했다. 남 대표가 회사를 운영하며 가장 중점을 둔 부분은 바로 미래 시장 변화에 따른 선도적인 기술 개발이다. 30여 년 동안 꾸준히 성장할 수 있었던 비결도 위기 때마다 기회로 보답한 신기술 개발이었다.

대표적으로 KH바텍이 세계 최초로 개발한 ADC와 IDC 기술이 있다. 먼저 2016년 세계 최초로 선보인 ADC(Anodizable Die-Casting)는 다이캐스팅한 금속 표면을 가공·처리하는 기술이다. 알루미늄과 같은 고급 메탈케이스를 만들 때 주로 사용된다. 생산

면에서도 비용과 시간을 크게 줄며 이 기술을 통해 충격 보호 및 고급스러운 질감까지 갖춘 메탈케이스가 완성된다. 수많은 제조사와 제품 연구소에서 다이캐스팅 기반 아노다이징 기술을 다년간 개발했지만 세계적으로 성공 사례가 없었다. KH바텍은 이 기술로 2017년 IR52 장영실상을 받았다.

삼성전자가 최초로 티타늄 프레임을 적용한 AI폰 갤럭시S24 시리즈의 케이스도 KH바텍 기술이다. 애플의 티타늄 케이스와 다른 공법이다. 알루미늄은 아노다이징 공법이 적용되지만 티타늄은 소재 특성상 아노다이징 적용이 불가능하다. 이런 재료의 각기 다른 특성 때문에 신기술이 계속 개발되는 것이다.

IDC(Insert Diecasting) 공법은 금속 블록을 통째로 가공하는 기존 방식에서 탈피했다. 외장 테두리는 알루미늄, 스테인리스, 티타늄 등의 합금을 적용해 아노다이징, 증착 등의 기술로 표면을 처리하고, 내장 브라켓은 알루미늄 다이캐스팅 공법을 적용한 KH바텍만의 독보적인 기술이다. 예를 들어 티타늄-알루미늄, 스테인리스-알루미늄 등 이중 금속을 사용해 스마트폰 외장 케이스와 내부 브라켓의 소재를 다르게 적용하는 방식이다. 이를 통해 외장 테두리를 티타늄과 같은 고급 소재를 사용할 수 있고 가격 경쟁력도 높일 수 있다. IDC 공법 역시 세계 최초로 개발했으며 삼성 S24 시리즈에 적용됐다.

프리미엄 폴더블폰 성장과 함께 힌지 사업 매출 확대, 신사업 전기차 분야로 매출 다변화!

2023년 전 세계 폴더블폰이 약 1560만대가 팔렸다. 이중 삼성전자 판매량은 900만대가 넘는다. 삼성전자 힌지 독점 공급사로 글로벌 힌지 시장점유율을 계산하면 약 58%를 차지한다. 2022년은 1,100만 대 중 삼성전자가 800만 대를 판매, 시장점유율은 약 70%, 2021년은 90%, 2020년은 100%였다.

KH바텍 남광희 대표는 폴더블폰 시장이 높은 가격 탓에 예상보다 급성장하지는 않지만 꾸준한 성장을 이어갈 것이라고 본다. 폴더블폰은 스마트폰 시장에서 새로운 폼팩터로서 입지는 분명히 다졌다. 가격이 문제다. 디스플레이, 배터리 모두 각각 2개씩이니 가격이 높을 수밖에 없고 이를 적정 수준으로 낮추는 것이 숙제다.

남 대표는 삼성전자가 전체 매출의 80%를 차지하는 주요 고객사지만, 여기에 의존하지 않고 새로운 신규 고객사 확보에 힘을 쏟고 전기차 부품 분야로도 사업 영역을 넓히고 있다. 2023년 6월 다이캐스팅 기술을 토대로 전기차 부품 사업을 확장하기 위해 경북 구미에 218억 원을 투자해 자동차 금속 부품 생산공장을 설립했다. 전기차 사업은 배터리와 디스플레이 등에 관련된 부품이다. 추후 많은 모델로 확장될 것으로 기대된다. 여기에도 다이캐스팅 공법이 주요 기술로 적용된다. 스마트폰 미세 부품에서 크기만 커졌을 뿐 공법은 같아 사업 확장이 용이하다. 2024년부터 매출이 본격화될 예정이며 4~5년 안에 1,000억 원 매출을 목표로 한다.

모든 제조업의 핵심 경쟁력은 QCD(Quality-Cost-Delivery), 품질-비용-납기 삼박자가 맞아야 한다. 이를 다 갖췄다고 해도 변화에 대응할 기술력이 뒷받침되지 않으면 1위가 될 수 없다. KH바텍은 이런 철학을 바탕으로 프리미엄 폰에 적용되는 신기술을 항상 선도적으로 개발하며 힌지와 메탈케이스 분야의 독보적인 위치를 유지했다. 그리고 프리미엄 스마트폰 금형 기술력을 전기차에 접목해 전자장치를 새 먹거리로 확보하며 새로운 도전의 시작을 알렸다. 남 대표는 자신과 궁합이 맞는 일을 찾아 몰입하면 기회는 반드시 온다고 말한다. 그의 사업 인생도 마찬가지였다.

KH바텍은 2024년 새롭게 비전을 'WISE 210'으로 정했다. WISE는 Worldwide Innovation and Strong Enterprise의 약자다. 세계적인 혁신을 통해 강한 기업이 되겠다는 포부를 담았다. 210은 매출 10%, 영업이익 10%씩 꾸준한 재무적 성장을 이루겠다는 의미다. 프리미엄 스마트폰 부품 시장을 넘어 전기차 부품 시장까지 승승장구의 기세로 활약할 KH바텍의 행보를 잘 지켜보자.

 서 블 리   인 사 이 트

스마트폰은 트렌드에 민감해 지속해서 선제적인 기술을 개발하는 것이 성장의 열쇠다. 과거 노키아에 슬라이딩 힌지를 공급할 때 연매출이 8,000억 원 가까이 증가했으나 노키아의 몰락과 함께 KH바텍의 매출도 크게 감소하는 양상을 보였다. 지금도 역시 삼성전자 스마트폰의 의존도가 높다 점이 위험 요소이자 기회라고 생각한다. LG전자와 팬텍의 핸드폰 사업부 철수로 거래업체 대부분이 사업에 큰 리스크를 받았다는 점을 기억해야 한다. KH바텍의 매출은 삼성전자 S24, 폴더블폰 등의 성장과 연동되기에 미래 매출도 어느 정도 예상이 가능하다. 삼성전자 위주의 매출 의존도를 낮추기 위해 애플이나 중국업체로 매출처 다각화하고 다이캐스팅 기술을 적용한 전기차 분야의 신사업도 활발히 추진하고 있다.

이쿠얼키

▶ 세계가 주목한 AI 수학 교육 콘텐츠

기업 분석 핵심 포인트

- **인공지능 분야의 권위자 조봉한 박사가 개발한 AI수학교육 콘텐츠**
  - 구구단·공식 위주의 수학교육에서 탈피, 인공지능 시대에 필요한 AI 수학교육 콘텐츠 '깨봉수학' 개발
  - AI가 대체할 수 없는 사람만이 가진 능력 개발에 초점, 무시-변화-관계 읽는 힘 길러

- **수학 시각화로 개념·원리 직관적 이해**
  - 수학 개념 총망라한 맵 개발, 3,000여 가지가 넘는 개념과 원리 체계적 정리
  - 1,000여 개의 애니메이션 영상 강의로 구성
  - 깨봉수학 4~5년 수강하면 초중고 12년 과정까지 모두 마스터 가능

- **초등학생vs서울대생 수학배틀 다룬 KBS 명견만리 실험으로 깨봉수학 효과 입증!**
  - 미분, 적분 이름 몰라도 그림과 퍼즐 등을 통해 문제 해결 능력 향상!
  - 방송 이후 학부모 사이 입소문 타 광고나 마케팅 없이도 회원 지속 증가

- **상명초등학교, 삼성 드림클래스, 신한은행 등에 깨봉수학 프로그램 공급**
  - 2023년 7월, 깨봉수학 미국 동부 캠퍼스 시범 운영 시작

- **차별화된 AI 특허 24건(등록 19건, 출원 5건) 보유**
  - 틀린 문제 반복하는 단순 AI 기술 넘어 인공지능 시대의 지능 높이는 AIQ 특허 기술 도입
  - 생각하는 힘 판단하는 툴 개발

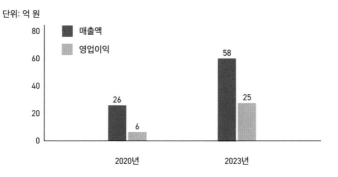

단위: 억 원

- 매출액
- 영업이익

- **깨봉수학 유튜브 채널 구독자 43만 명**
  - 조봉한 대표가 직접 강사로 나선 깨봉수학 영상 화제, 특유의 친근한 이미지로 직관적인 수학 개념 전파

- **영업이익률 40% 이상**

- **2024년 해외 진출 본격화! 미국, 싱가폴, 호주**
  - 유튜브 활용해 해외 진출 전략 가속화, 기존 수학교육과 깨봉식 교육 비교 영상 통해 차별성 강조!

인공지능 박사가 만든 AI 수학교육 프로그램,
공식 위주의 패러다임 바꿔

2022년, 미국 인공지능 기업 오픈AI가 내놓은 생성형 AI 서비스 '챗GPT' 열풍으로 세상은 본격적인 AI시대를 맞았다. 앞으로 더욱더 고도화될 AI시대를 주도적으로 살아가기 위해서는 AI가 대체할 수 없는 인간의 고유한 능력을 길러야 한다. 그 능력은 바로 어떤 문제나 대상을 볼 때 핵심을 파악하는 '무시(추상화) 능력', 변화를 읽어 미래를 보는 '예측 능력', 사물이나 정보 사이를 잇고 새로운 것을 이끌어 내는 '관계 능력' 세 가지로 대표할 수 있다. 다시 정리하면 AI시대는 무시-변화-관계를 읽는 힘이 무엇보다 중요하며 이는 제대로 된 수학교육을 통해 기를 수 있는 것이다.

이쿠얼키(EQUALKEY)는 'AI시대를 살아가는 사람들의 수학'이란 타이틀을 내건 AI 기술 기반의 수학 에듀테크 기업이다. AI 분야의 권위자로 잘 알려진 이쿠얼키의 조봉한 박사는 미래 산업의 키가 될 수학 인재 육성에 기여하고자 삼성화재 부사장 자리를 과감히 내놓고 2016년 52세 늦깎이 창업에 도전했다.

그의 이력은 그야말로 AI의 역사라 할 수 있다. 조 대표는 1987년 서울대학교 계산통계학과(컴퓨터공학과 전신)를 졸업하고 남들보다 앞서 미국 USC(University of Southern California)에서 인공지능 석·박사 학위를 취득한 인공지능 1세대 연구원이다. 박사 과정 당시 인지 과학 측면에서 어떻게 높은 지능을 만들어 내는가를 깊게 연구했고 직관력과 논리력 두 가지 핵심 능력이 더해져야 한다는 것을 발견하면서 자연스럽게 교육에도 관심을 갖게 됐다.

이후 필립스 미디어센터, 오라클 등 글로벌 IT 기업에서 근무하며 AI 전문가로 명성을 쌓고 1997년 제1회 세계로봇경진대회에서 축구하는 로봇 소프트웨어를 개발해 1위를 수상하는 영예를 안기도 했다. 그리고 다시 한국으로 돌아와 국민은행 최고기술책임자(CTO), 하나금융그룹 최고정보책임자(CIO) 최연소 임원, 삼성화재 부사장을 지내며 AI와 빅데이터 기술 기반의 최첨단 금융 온라인 시스템 개발을 주도했다.

조 대표는 대한민국 핀테크 산업을 선도하는 핵심 인물로 주목을 받았지만 마음 한구석에는 늘 교육에 대한 갈망이 깊게 자리했다. 더욱이 초등학생이었던 딸에게 수학을 가르치면서 기존 수학 교육 한계를 절실히 실감했다. 더 늦기 전에 AI 전문가로서 AI의 기본 언어이자 초석이 되는 수학교육을 제대로 바꿔보고 싶었다.

그리고 2015년 6월부터 자신이 어렸을 때 수학을 깨우친 고유의 방식을 활용해 이른바 깨봉식 수학 이론을 정리하기 시작했다. 이렇게 쌓인 3,000여 개의 수학 이론 데이터베이스를 바탕으로 AI 기술을 접목, 2016년 이쿠얼키를 설립하고 2018년 세상 어디에도 없는 새로운 수학교육 콘텐츠 '깨봉수학'을 본격적으로 서비스했다.

그림으로 수학 개념·원리 직관적으로 깨우치는 '깨봉수학' 개발, 생각하는 힘 기르는 AIQ 기술 접목!

조 대표는 창업 전까지 인공지능을 똑똑하게 만드는 일을 했다. 제2의 인생은 사람을 똑똑하게 만드는 것에 전념하겠다는 생각으로 개발한 세계 유일의 AI 수학교육 프로그램이 바로 깨봉수학이다. 유튜브에서 조 대표는 '깨봉박사'로도 유명하다. 조 대표가 직접 강사로 나선 영상을 '인공지능수학 깨봉' 유튜브 채널에 올렸고 특유의 친근한 이미지와 직관적인 깨봉식 수학으로 구독자 43만 명을 돌파하며 국내 수학교육 채널 중 유일하게 실버 버튼을 받았다. 별다른 홍보나 광고 없이 콘텐츠 하나만으로 동영상 누적 조회수는 4,400만 건을 넘어서며 큰 관심을 받았다.

깨봉수학은 공식을 달달 외워 수학 문제에 대입해 푸는 방식이 아니다. 계산에 집중한 수학은 이미 계산기가 다 한다. 인간은 차별화된 생각을 할 줄 알아야 하기에 수학의 본질을 꿰뚫는 직관력과 논리력을 기르는 교육에 초점을 맞췄다. 예를 들어 구구단을 암기해 곱셈 문제를 푸는 것이 아니라 곱셈의 본질인 배수의 개념을 직사각형으로 이미지화해 곱하기의 원리를 깨닫게 한다. 곱셈

하면 구구단이 아닌 직사각형이 제일 먼저 떠오르는 것이 바로 깨봉식 수학이다. 이렇게 수학을 암기와 계산이 아닌 그림, 이미지로 쉽게 터득하면 훨씬 더 고차원적인 핵심과 의미를 깨우치게 되며 배움의 즐거움 또한 커진다.

조 대표는 수학에서 새로운 개념이 나오는 시점은 분명한 이유가 있다고 말한다. 기존 수학은 그 이유를 다 무시하고 거꾸로 공식만 외우니 수학이 재미가 없다는 것이다. 이런 개념이 왜 나왔는지를 생각하면 수학에 재미가 붙는다. 바로 호기심에서 나왔기 때문이다. 그 호기심을 유발해 깨워 있게 만드는 교육이 수학의 궁극적인 가치이자 깨봉수학이 탄생한 이유다.

AI 전문가인 만큼 다른 교육 콘텐츠 기업과 차별화된 AI 기술을 적용한 점도 특별하다. 일반적으로 에듀테크에서 AI 기술을 적용했다고 하면 틀린 문제를 계속 반복해서 풀게 한다. 깨봉수학 AI는 여기서 더 나아가 생각하는 힘을 기르는 데 활용된다. 그게 바로 인공지능 시대의 지능 지수 AIQ(Artificial Intelligence Quotient)이고, 이를 측정하는 툴을 개발해 이미 특허등록도 완료했다. AIQ는 아이가 수학을 풀 때 단순히 계산해서 푸는지, 생각해서 푸는지를 측정한다. 아이가 어떤 문제 유형에 생각하는 힘이 약한지를 파악해 맞춤별 깨봉식 옵션을 제안한다. 삼각함수를 틀렸다고 AI로 삼각함수 문제를 계속 주는 건 의미가 없다. 이제는 문제의 핵심을 보고 해결하는 능력을 기를 수 있는 근본적인 AI 맞춤 교육이 필요하고 이를 구현한 것이 바로 깨봉수학의 천재적인 AI 선생님, AIQ다.

깨봉수학은 조 대표가 모든 원고를 집필, 녹음하고 움직임 하나하나까지 직접 감수한 1,000여 개의 애니메이션 동영상 강의로 구성되어 있다. 수학에 대한 모든 개념을 총망라한 맵을 통해 3,000여 가지가 넘는 수학 개념과 원리를 체계적으로 담아내고 이 맵을 기반으로 AI 알고리즘을 구성했다. 수학의 개념과 원리부터 응용까지 한 번에 깨우칠 수 있으니 깨봉수학 4~5년이면 초중고 12년 과정까지 모두 마스터가 가능하다. 주력 대상은 초등학생이다. 크게 7~8세 킨더, 9~10세 주니어, 11세 메이저로 구성된다. 그다음은 테마별로 나뉜다. 24건의 특허로 기술적 진입장벽도 단단히 구축했다. 특허 완료 19건, 출원 5건이다.

초등학생vs서울대생 수학 배틀 다룬
KBS〈명견만리〉실험 통해 깨봉수학 우수성 입증!
글로벌 진출 본격화

깨봉수학은 2016년 방영된 KBS〈명견만리〉'4차 산업혁명은 어떤 인재를 원하는가' 편에서 그 우수성을 실험 결과로 당당히 입증했다. 조 대표는 수원 효원초등학교 6학년 학생 9명에게 4주간 3시간씩 깨봉식 수학 수업을 진행했다. 정규 교육과정과 다르게 기본적인 수학의 원리를 깨봉 방식으로 익히게 한 뒤 고등학교에서 배우는 미적분의 원리를 큐브 같은 놀이기구와 양의 변화를 보여주는 영상을 활용해 가르쳤다. 초등학생들은 총 12시간을 놀이하듯 재미있게 수학을 배웠고 조 대표와 제작진은 계차수열, 미적분, 곱하기 3개의 문제를 내 수학 실력을 테스트했다. 그중에는 2014학년도 수능시험에 출제된 문제도 있었다. 9명의 초등학생은 그림을 그리거나 블록을 활용하는 등 끊임없이 생각하며 문제를 풀었다. 같은 문제를 서울대 수학통계를 전공하는 1학년 학생 4명에게도 풀게 했다. 결과는 대반전이었다. 초등학생은 공식을 쓰지 않고 수열, 미분 문제를 직관적으로 풀었지만 서울대 학생은 모두 공식을 대입해 문제를 풀었다. 특히 한 문제는 대학생들이 약 15분, 초등학생은 5분 만에 답을 냈다. 실험에 참가한 초등학생들은 대학수학능력시험 수학 문제를 수학 전공 대학생과 전혀 다른 방식으로, 그것도 더 빠른 시간 내에 문제에 담긴 의미를 읽어 답을 풀었다.

이렇게 깨봉수학의 효과가 실제 실험으로 입증되면서 조 대표는 수학교육에 대한 확신이 섰고 본격적으로 사업에 집중했다. 2018년 11월, 깨봉수학 온라인을 오픈하고 상명초등학교 전교생 대상 수학 정규 수업을 공급했다. 이후 삼성 드림클래스, 신한은행 임직원 연수프로그램 등에 깨봉수학을 공급하고 2023년 7월, 깨봉수학 미국 동부 캠퍼스 시범 운영을 시작했다.

2024년은 깨봉수학의 해외 진출을 본격화하는 원년의 해다. 수학은 전 세계 사람이 쓰는 공통 언어다. 언어는 각기 다르지만 수학을 통해 전 세계 사람과 소통할 수 있다. 우선 43만 명 이상의 구독자를 보유한 유튜브 채널을 활용해 글로벌로 진출할 계획이다. 유튜브 안에도 수학 콘텐츠 채널이 많지만 깨봉수학처럼 획기적인 아이디어로 차별화된 수학 콘텐츠는 찾아보기 힘들다. 유튜브는 좋은 콘텐츠의 가치를 제대로 평가받을 수 있는 플랫폼이다. 조 대표는 계산과 공식 위주의 기존 수학과 그림으로 깨우쳐 즉각 답을 내는 깨봉수학을 비교하는 영상을 전 세계인이 본다면 굳이 긴 설명 없이도 그 차이점을 바로 알 수 있을 것이라고 확신한다. 이런 비교 전략으로 글로벌 진출을 시도할 계획이다. 미국, 싱가폴, 호주 세 나라를 시작으로 전 세계 10% 학생에게 깨봉수학을 가르치는 것이 1차 목표다. 매출도 꾸준히 상승세다. 2020년 26억 원에서 2023년 58억 원, 영업이익은 6억 원에서 25억 원으로 증가했다. 2024년은 매출 120억 원, 영업이익 60억 원을 목표로 한다. 2024년 글로벌 전략을 추진하면 매출 2,000억 원을 쉽게 넘을 것으로 본다.

'이쿠얼키'는 누구나 동등한 교육의 기회(Equal Opportunity)를 통해 성공으로 가는 열쇠(Key to Success)를 갖게 하자는 의미를 담고 있다. 깨봉수학이 과연 그 성공의 열쇠가 될 수 있을지, 전 세계 수학교육 패러다임을 변화시켜 AI 시대를 주도하는 훌륭한 글로벌 인재를 잘 키워낼 수 있을지 기대가 된다.

 서블리 인사이트

챗GPT가 상용화되면서 교육에 엄청난 변화가 발생했다. 특히 영어교육은 번역과 실시간 대화 통역이 가능해지면서 관련 업체의 타격이 커졌다. 수학도 기존의 문제는 AI가 찾아서 해결해 줌으로써 효율이 크게 증가했다. 지금은 수학문제 풀이 외에 창의력이 중요한 시대다. 깨봉수학은 AI를 활용해 학습자의 레벨에 맞는 문제를 제공하고 AI가 문제 풀이를 도와준다. AI큐레이터가 창의력을 높이는 솔루션도 제공한다. 이쿠얼키는 공식 없이 수학 문제를 풀 수 있는 사고력을 길러주고 구독료를 받는 비즈니스 모델이다. 2023년 기준, 영업이익 25억 원(영업이익률 43%)으로 AI업체 중 이익률이 높다. 기존의 초·중·고의 수학 교육시스템을 변화시키는 깨봉수학은 지금과는 다른 교육방식이라 정규과정 도입은 쉽지 않을 수 있다. 하지만 창의력 측면에서 지속적인 니치 마켓으로의 성장 가능성과 해외 진출 여부가 중요한 포인트가 될 듯하다.

클로버추얼
패션

▶ 아카데미가 인정한 3D 의상 디자인 소프트웨어

기업 분석 핵심 포인트

- **3D 의상 디자인 소프트웨어 세계 시장점유율 1위**
  - 카이스트 3D 의상 시뮬레이션 박사가 만든 3D 의상 디자인 소프트웨어
  - 옷 재질·착용감 사실적 구현이 핵심 기술
  - 주요 서비스 패션 브랜드 디자이너를 위한 클로(CLO), 영화·애니메이션·게임 제작을 위한 마블러스 디자이너((Marvelous Designer)
  - 기본 비즈니스 모델 소프트웨어 연간 라이선스 구독 비용, 라이선스 당 1천만 원

- **클로(CLO) 디자인-제작-유통 프로세스 과정 1/10로 단축!**
  - 기존 샘플 제작 시간 1~2달, 클로 사용 시 5일 내외 비용 절감과 효율성 증대
  - 루이비통, 휴고보스, 아디다스, 나이키, H&M 등 세계 유명 패션 브랜드 60여 곳 고객사 보유

- **마블러스 디자이너, 2024년 아카데미 과학기술상 수상, 국내 기업 최초**
  - 드림웍스, 디즈니, 블리자드 등 유명 영화·애니메이션 제작사와 게임 업체 고객 보유
  - 엔터테인먼트 업계 3D 의상 제작 툴의 글로벌 스탠더드로 자리매김
  - 소프트웨어 사용된 대표 작품 <아바타: 물의 길>, <어벤져스: 인피니티 워>, <눈의 여왕>, <닥터 스트레인지: 대혼돈의 멀티버스> 등

- **전체 매출 90% 이상 해외 매출, 유럽·미국·인도 등 세계 10개국 12개 본사**
  - 특허 100건 보유, 직원 약 450명 외국인 50%, R&D 인원 100명 이상

- **소프트웨어 개발 회사에서 글로벌 패션 플랫폼으로 변신 중**
  - 일반 유저가 사용 가능한 3D 의상 디자인 소프트웨어 지니(JINNY), 디지털 패션 거래 플랫폼 클로-셋 커넥트(CLO-SET CONNECT) 등 가상과 현실을 잇는 패션 플랫폼 구축 중

3D 의상 디자인 소프트웨어로
샘플 제작 기간 2달에서 5일로 대폭 단축,
글로벌 패션 산업에 디지털 혁신 일으킨 일등공신!

최근 10년간 패션 산업의 화두는 디지털 전환이다. 기존 대비 샘플 제작 시간을 1/10로 대폭 줄이고 비용 절감과 품질 향상 면에서도 모두 효율적이기에 디지털 전환이 패션 산업의 주요 경쟁력으로 떠올랐다. 이런 트렌드 중심에 서서 전 세계 패션 산업의 패러다임을 3D 디지털로 혁신한 곳이 바로 우리나라 기업 클로버추얼패션(CLO Virtual Fashion)이다.

클로버추얼패션은 3D 의상 시뮬레이션 알고리즘을 기반으로 패션 디자인 소프트웨어부터 디지털 패션 콘텐츠 관리 및 협업 플랫폼, 마켓플레이스까지 패션과 관련한 모든 분야를 아우른다. 루이비통, 휴고보스, 아디다스, 나이키, H&M 등 유명 패션 브랜드와 영화 〈아바타〉, 〈반지의 제왕〉 등을 제작한 웨타디지털, 그리고 10대 게임 개발사 및 유통사 등 내로라 하는 글로벌기업이 클로버추얼패션 소프트웨어를 사용하는 고객사다. 분야를 막론하고 3D 디자인 업계에서는 시장점유율 약 70%로 독보적이다.

서울 시내가 한눈에 보이는 클로버추얼패션 본사에서 만난 오승우 대표는 카이스트 전산학과 학사, 석사, 박사 과정에서 3D 의상 시뮬레이션 한 우물만 파며 오랫동안 기술 개발에 몰두했다. 졸업 후 여러 안정된 선택지가 많았지만 이를 모두 뒤로하고 과감히 창업 전선에 뛰어들었다. 자신의 오랜 연구의 결과물인 3D 의상 시뮬레이션이 사회에서 실제 유용하게 쓰이기를 바라는 마음이 컸고 당시 홍익대 산업 디자인을 전공한 부정혁 대표와 의기투합해 클로버추얼패션을 공동 창업했다.

클로버추얼패션이 아직 생소한 이유는 출발부터 국내가 아닌 해외 시장을 바라보고 사업을 시작했기 때문이다. 전체 매출의 90% 이상이 해외 매출인 만큼 해외에서는 세계 최고 수준의 빠르고 안정적인 3D 의상 시뮬레이션 기술 보유한 회사로 명성이 높다. 유럽, 미국, 인도 등 전 세계 10개국에 12개 사무실을 두고 있으며 직원은 약 450명, 외국인이 절반이다. 이 중 100명 정도가 R&D 인력이다.

주요 서비스는 패션 브랜드 디자이너를 위한 3D 가상 의류 소프트웨어 '클로'와 애니메이션, 게임 등의 의상 제작에 특화된 '마블러스 디자이너(Marvelous Designer)'가 있다. 먼저 클로는 패션 업계 디자이너가 사용하는 전문가용 3D 의상 제작 소프트웨어다. 옷의 각기 다른 원단의 재질과 단추, 지퍼 등의 디테일, 주름과 착용감까지 3D 시뮬레이션 기술로 실제처럼 구현이 가능하다. 소프트웨어 내에는 글로벌 섬유 기관들과 제휴를 통해 확보한 방대한 원단 및 부자재 데이터베이스가 담겨 실제 재료 없이도 자유롭게 디자인을 창작할 수 있다. 빠른 시뮬레이션 속도와 높은 안정성을 자랑하며 보다 효율적인 디자인 프로세스를 제공해 상품 생산부터 완성까지 걸리는 리드 타임(lead time)과 비용을 획기적으로 줄일 수 있다는 점이 가장 큰 핵심 경쟁력이다.

일반적으로 패션 업계는 브랜드 디자이너가 옷과 가방, 신발 등을 디자인한 다음 제조사에서 샘플을 만들고 여러 번의 수정 과정을 거쳐 대량 생산에 들어간다. 디자인은 대부분 미국과 유럽에 위치한 패션 기업에서, 생산은 중국이나 동남아시아에서 이뤄지기 때문에 거리상 샘플을 주고받으며 확인하는 작업에 많은 시간이 소요된다. 샘플을 한 번 주고받을 때 일주일이 걸리니, 3~5번의 수정 과정을 거치면 옷 하나를 제작하는데 한 달 이상이 걸린다. 클로는 이런 번거로운 과정을 3D 기술을 활용해 획기적으로 단축했다. 1달에서 많게는 2달까지 걸리던 샘플 제작 과정을 5일 내외로 줄일 수 있게 되자 많은 패션 기업이 빠르게 클로를 도입했다. 아디다스, 루이비통, 버버리, 휴고보스, 나이키, H&M, 몽클레어, 띠어리, 반스, 뉴발란스, 리바이스, 디스퀘어드 등 약 60곳 이상의 세계 유명 패션 브랜드가 클로 소프트웨어를 사용한다.

클로는 디자인 체크와 수정이 실시간으로 진행돼 일의 효율성을 높인다. 3D 의상 제작 후 결과물을 다양하게 활용할 수 있다는 것도 장점도 있다. 이 기술을 활용해 온라인 쇼핑 시 각자의 체형에 맞게 옷을 입어보는 가상 피팅 기술도 개발 중이다. 이 외에도

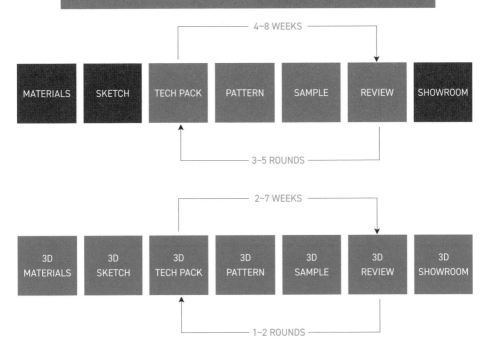

클로 적용 시 샘플 제작 과정 대폭 단축

4~8 WEEKS

MATERIALS | SKETCH | TECH PACK | PATTERN | SAMPLE | REVIEW | SHOWROOM

3~5 ROUNDS

2~7 WEEKS

3D MATERIALS | 3D SKETCH | 3D TECH PACK | 3D PATTERN | 3D SAMPLE | 3D REVIEW | 3D SHOWROOM

1~2 ROUNDS

기업의 슬로건인 'Everything about garments, and beyond(의상, 그 이상에 대한 모든 것)'에 따라 패션에 새로운 가치를 창출하는 다양한 비즈니스도 활발히 펼치고 있다.

아카데미가 인정한 기술력 '마블러스 디자이너'로 애니메이션과 게임의 한 획을 긋다!

클로버추얼패션은 패션 기업용 클로 외에도 영화와 게임 업체용

3D 의상 제작 소프트웨어 '마블러스 디자이너'도 서비스한다. 간단한 조작만으로 실제 원단의 질감을 생생하게 표현할 수 있어 3D 기반의 엔터테인먼트 업계에서도 많은 호응을 얻었다. 2024년 2월 23일 미국 로스앤젤레스에서 열린 아카데미 과학기술상 시상식에서 과학기술상을 수상하는 영광도 얻었다. 아카데미는 클로버추얼패션의 3D 디지털 의상 제작을 통해 캐릭터와 소품의 이미지와 동작의 품질을 높이는데 크게 이바지했다고 평가했다. 한국 기업이 아카데미 과학기술상을 받은 것은 이번이 최초다.

과학기술이라는 최고의 상을 받은 '마블러스 디자이너(Marvelous Designer)'는 영화, 애니메이션, 게임, VFX(Visual Effect, 특수영상 또는 시각효과) 등 다양한 분야의 3D 의상을 디자인하는 소프트웨어다. 셔츠, 바지, 드레스, 군복 등 캐릭터가 입는 모든 의상과 배경 등에 원하는 재질의 원단을 손쉽게 표현할 수 있고 단추나 액세서리와 같은 디테일까지 사실적으로 구현이 가능하다. 특히 정확하고 신속한 시뮬레이션 기능을 갖춰 실시간으로 빠르게 모션 적용과 수정을 할 수 있다. 다른 3D 소프트웨어와 호환도 용이해 보다 효율적인 작업이 가능하다. 드림웍스, 디즈니, 블리자드 등 유명 애니메이션 제작사가 고객이며, 마블러스 디자이너로 작업한 대표 작품으로는 〈아바타: 물의 길〉, 〈어벤져스: 인피니티 워〉, 〈눈의 여왕〉, 〈닥터 스트레인지: 대혼돈의 멀티버스〉 등이 있다.

그동안 CG로 옷을 만드는 방식은 마치 원단 하나하나를 조각하듯 모든 디테일을 모델링했다. 엄청난 시간과 노동력이 요구되는 일이다. 마블러스 디자이너는 실제 옷을 만드는 도면 그대로 원단을 시뮬레이션해서 캐릭터에 적용하기 때문에 작은 주름까지 더 사실적이다. 작품의 질을 높일 뿐만 아니라 시간과 비용 절약 측면에서도 효율적이다. 애니메이션과 영화 외에도 게임 속 의상 제작이 가능해 블리자드, EA, 소니 등 세계 10대 게임사도 주요 고객사로 두고 있으며 엔터테인먼트 업계에서 3D 의상 제작 툴의 글로벌 스탠더드로 자리매김했다.

클로버추얼패션의 기본 비즈니스 모델은 소프트웨어 연간 라이선스 비용이다. 연 사용료가 라이선스당 1,000만 원이다. 규모가 큰 패션 브랜드는 보통 100개의 라이선스를 사용한다. 창업 초기부터 안정적인 수익이 지속적으로 발생할 수 있도록 설치 비용이 아닌 구독 모델을 적용했다. 수익 대부분은 재투자하는 형태로 회사를 성장시키고 있다.

3D 의상 디자인 소프트웨어를 넘어
글로벌 패션 플랫폼으로 2차 도약 중!

오 대표는 클로버추얼패션이 소프트웨어 회사로 알려져 있지만, 이는 새로운 콘텐츠를 만들기 위한 첫 번째 단계이자 도구라고 말한다. 3D 의상 디자인 소프트웨어인 클로와 마블러스 디자이너는 기업을 상대로 한 B2B 사업이다. 앞으로는 일반인도 일상에서 손쉽게 쓸 수 있는 플랫폼 비즈니스로 변신을 꾀한다. 그 계획 중 하나가 바로 지니(JINNY)다. 패션에 전문지식 없이도 누구나 손쉽게 3D 의상을 디자인할 수 있도록 개발한 소프트웨어다. 첫 시작은 중·고등학교 교육용 소프트웨어로 점차 일반인을 대상으로 한 비즈니스로 넓혀갈 예정이다.

2021년 출시한 디지털 패션 거래 플랫폼 '클로-셋 커넥트(CLO-SET CONNECT)'은 클로버추얼패션의 의상 디자인 소프트웨어로 만든 디지털 의상을 사고파는 플랫폼이다. 전 세계 유명 원단·부자재 회사 100여 곳이 이 플랫폼에 입점했다. 기업회원과 일반 유저 모두 클로버추얼패션의 소프트웨어로 디자인한 옷을 거래할 수 있다. 이곳에서 판매되는 디지털 의상은 실제 의상으로도 제작이 가능하다. 또 메타버스나 게임, SNS 등 어떤 가상의 공간으로도 자유롭게 호환된다. 온라인 쇼룸에 전시하거나 판매도 할 수 있으며 가상화폐나 NFT 연결도 가능하다. 보통 디지털 옷은 다른 플랫폼으로 쉽게 연결되지 못한다. 의상을 3D용으로 만드는 데 시간이 많이 걸리며 기술과 비용적인 면에서 아직 해결되지 못한 부분이 많다. 클로버추얼패션은 3D 시뮬레이션 기술을 보유한 덕분에 캐릭터나 아바타의 움직임에 따라 의상 역시 실시간으로 시뮬레이션이 가능하다. 경쟁력 확보를 위해 100여 건의 특허 장벽도 단단히 쌓아 놨다.

마지막으로 가장 중요한 데이터 비즈니스가 있다. 클로의 소프트웨어에는 지금도 계속 데이터가 실시간으로 쌓인다. 이를 활용해 트렌드 데이터 서비스를 제공할 계획이다. 이 비즈니스도 활용 범위가 무궁무진하다. 클로버추얼패션은 세계 최고의 3D 시뮬레이션 기술을 보유한 기업답게 비전도 입체적이고 사실적이다. 패션에 관련된 모든 생활 서비스가 이뤄질 수 있도록 가상과 현실을 잇는 플랫폼을 구축 중이며, 전 세계 누구나 전문가 못지 않게 옷을 손쉽게 디자인해 입고, 검색도, 쇼핑도, 만남도 모두 클로버추얼패션을 통하는 세상을 열심히 그려 나가고 있다.

서블리 인사이트

챗GPT 시대가 본격화되면서 영화나 광고 제작 과정에 사람 관여 없이 AI가 완성하는 시대가 왔다. 하지만 클로버추얼패션의 3D 의상디자인 소프트웨어는 챗GPT가 완벽하게 구현하는 데는 시간이 걸리거나 힘들 수도 있다는 판단이다. 한국의 소프트웨어사 중 이익이 크게 발생하는 기업이 흔치 않다는 편견도 있다. 이는 표준화된 솔루션이 아닌 SI(system integration, 시스템 인티그레이션) 기능이라 이익 발생이 어렵기 때문이다. 클로버추얼패션은 의상디자인 솔루션으로 소프트웨어 한 카피당 1,000만 원 정도의 연사용료를 받는다. 2022년 영업이익 100억 원 이상 달성하면서 영업이익률도 30%를 상회했다. 2023년은 대규모 투자로 이익률이 낮아졌다 향후 3D 제작 패션을 NFT, 메타버스에 활용하거나 가치를 보존하면서 패션솔루션 소프트웨어를 넘어 글로벌 패션 플랫폼으로 성장할지 지켜보면 좋을 듯하다.

골프존

▶ 세계 스크린골프 업계 부동의 1위

기업 분석 핵심 포인트

- 스크린골프 시뮬레이터 세계 시장점유율 1위
  - 골프 시뮬레이터 제조 분야 국내 70% 시장점유율 독점 확보, 세계 시장점유율 역시 1위

- 해외 약 2,800곳에서 골프존 골프 시뮬레이터 사용
  - 일본 1,020여 개, 중국 800여 개, 미국 590여 개, 베트남 50개, 그 외 20개국 330여 개 해외 수출

- 해외 매출액 2020년 262억 원, 2021년 519억 원, 2022년 757억 원, 2023년 991억 원
  - 2020년 대비 2023년 4배 가까이 성장
  - 미국, 일본, 중국, 베트남 등 골프 성장잠재력 높은 국가 위주로 집중
  - 각 나라 특성에 맞는 현지화 전략으로 2024년 성장 도약 추진 중

- 국내외 특허 600여 개로 진입장벽 구축
  - 국내 출원등록 포함 210건, 해외 206건 등록, 197건 출원

- 스크린골프 업계 최초로 언리얼5 엔진(게임 엔진)을 적용해 실제 필드를 현실감 있게 구현한 '골프존 투비전 NX' 출시
  - 스크린과 필드 간극 최소화가 기술력, 게임 엔진인 '언리얼 엔진 5'로 생동감 넘치는 그래픽 기술 도입
  - 체중이동센서를 장착해 필드 언듈레이션 상황을 그대로 구현한 모션 플레이트 (100여 가지 상황 구현)

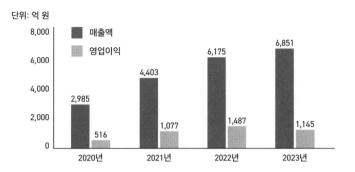

단위: 억 원

- **국내 가맹점 2,500여 개, 비영리 포함 매장 6,500여 개**

- **2019년 매출액 2,470억 원에서 2023년 6,851억 원으로 연평균 29.1% 성장**

국내 스크린골프 시장점유율 70% 독보적 1위, 세계 선두를 달려

전 세계를 한순간에 멈추게 만든 코로나 팬데믹 덕분에 그 어느 때보다 호황을 누린 산업이 있다. 바로 골프 산업이다. 사회적 거리두기가 소수 인원과 야외 활동이라는 특성을 가진 골프 산업의 수요를 높이면서 골프 산업이 전례 없는 상승세를 기록했다. 유원골프재단과 서울대학교 스포츠산업연구센터가 함께 발간한 '한국골프산업백서 2022'에 따르면, 2022년 국내 골프시장 규모는 2020년 대비 5조 8,540억 원 성장한 20조 6,690억 원인 것으로 조사됐다. 코로나19가 창궐한 2020~2022년 골프시장의 연평균 성장률은 16.2%다. 팬데믹 이전의 5년 연평균 성장률인 4.9% 대비 3배가 넘는 가파른 성장이다. 2021년 국내 골프 활동 인구는 약 1,177만 명을 넘어섰다. 이렇게 골프 산업 성장에 한몫을 한 분야가 바로 스크린골프다. 과거 필드 골프의 대체재로 여겨진 스크린골프가 이제는 독자적인 시장을 형성하면서 골프 산업 전체 몸집을 키우는 일등 공신으로 자리 잡았다.

그중 골프존은 국내 스크린골프 시뮬레이터 시장점유율 70%에 이르는 독점적 위치를 확보하고 세계적으로도 가장 선두에 있는 기업이다. 2011년 5월, 국내 스크린골프 관련 업체 중 유일하게 코스닥에 상장됐으며, 2024년 1월 기준 매장 수는 약 6,500개. 골프존의 스크린골프 시뮬레이터 보급은 약 4만 건에 달한다. 매출액은 2019년 2,470억 원에서 2023년 6,851억 원으로 연평균 35.7% 성장률을 기록했다.

2000년 설립 후 20년 넘게 1위 자리를 놓치지 않은 비결 중 하나는 시대 흐름에 맞춰 전통 골프시장에 새로운 IT기술을 도입한 새로운 시도에 있다. 회원 각 개인의 데이터를 공유하는 콘텐츠 기반의 네트워크 서비스로 골프의 재미와 참여도를 높였고 이를 통해 차별화된 경쟁력과 진입장벽을 단단히 확보했다.

골프존의 역사는 2000년 5월, 카이스트 창업 보육센터에서 시작됐다. 자본금 5,000만 원, 직원 5명의 작은 벤처기업이었다. 삼성전자 출신의 김영찬 회장은 퇴직 후 여러 창업 아이템을 모색하던 중, 자신이 평소 좋아한 골프 분야에 도전했다. 골프를 취미로 삼으면서 골프장과 연습장 사이에 필드를 대체할 수 있는 연습장치의 필요성을 느꼈고, 여기서 아이디어를 얻어 골프, IT, 네트워크 서비스를 접목한 골프 시뮬레이터 제조 사업을 구상했다.

당시 국내는 이미 골프 시뮬레이터가 도입됐지만 수준이 낮고 주점처럼 술을 마실 수 있는 공간에서 스크린골프를 즐겼다. 김 대표는 후발주자로 경쟁에 뛰어들면서 차별화된 전략과 기술력으로 품질을 높이면 승기를 잡을 수 있을 거라 확신했다. 그리고 무에서 유를 창조한다는 사업 정신으로 독자적 제품 개발을 위해 연구에 열정을 쏟았다.

사업을 시작한 2000년부터는 산업 전반이 점차 오프라인에서 온라인으로 넘어가는 과도기였고 이런 트렌드를 골프 시장에 잘 녹여냈다. 2007년 업계 최초로 골프 유저(골프존 회원)의 네트워킹을 만들면서 골프, IT, 문화를 아우르는 새로운 즐거움을 선사했다. 유저는 자신은 물론 다른 유저의 기록을 공유하면서 골프에 재미를 높여갔고, 이는 골프존이 국내 스크린골프 시장점유율을 독보적으로 차지하게 된 원동력이 됐다. 이를 바탕으로 골프존은 골프스크린 시뮬레이터를 만드는 제조 기업을 넘어 골프 문화 기업으로 성장하며 다방면으로 변화를 추구했다. 2024년 1월 기준, 통합 회원 수는 약 490만 명으로 한국 골프인구의 82%에 해당하는 압도적인 회원 수를 확보했다.

끊임없는 신제품 개발 역시 국내를 넘어 세계 스크린골프 시장점유율 1위를 공고히 할 수 있었던 성장동력이다. 2002년, 세계 최초로 스윙 플레이트 경사가 조절되는 첫 번째 모델 GOLFZON-P를 출시하고, 이어 2004년 스윙모션리플레이션 기능을 추가한 GOLFZON-S, 2006년 GOLFZON-S+, 2008년 어프로치 샷의 정확도를 높인 GOLFZON-N을 선보였다. 이렇게 골프존은 창립 8년 만에 매출 1,000억 원을 돌파하면서 한국 스크린골프 산업의 도약기를 마련했다.

2011년 GOLFZON-REAL을 출시, 실제 필드 같은 그래픽을 표현하며 단순히 하드웨어 기술력뿐 아니라 소프트웨어 재미 요소에도 차별화를 시도하며 국내 골프 시뮬레이터 점유율을 80% 이상까지 높였다. 2012년은 적외선 센서 방식에서 초고속 카메라 센서 방식으로 업그레이드한 GOLFZON-VISION을 출시, 센서 정확도를 향상시켜 다른 업체와 기술 격차를 또 한 번 벌렸다. 이후에도 끊임없는 신제품 개발은 계속됐다. 2014년 GOLFZON-VISION+, 2016년 GOLFZON-TWOVISION 등을 연달아 출시하며 향상된 기술을 선보였고 2023년 GOLFZON-TWOVISION NX로 기술의 정점을 찍었다.

경쟁력

차별화된 기술력
- 언리얼 엔진5 기반 골프 시뮬레이터
- LPGA 공식 골프 시뮬레이터
- 미 골프다이제스트 선정 베스트 골프 시뮬레이터

차별화된 콘텐츠
- 글로벌 네트워크 플레이 서비스
- 세계 최초 프로 골프 선수 스크린골프 투어 운영
- AI 레슨 서비스

탄탄한 브랜드 인지도
- 국내 스크린골프 시장 선도자
- 23년간 국내 1위 브랜드 유지
- 국내 고객만족도 스크린 부문 1위 브랜드

압도적인 회원 수
- 통합 회원 수 490만 명(한국 골프 인구의 87%)
- 통합 회원 기반 마케팅
- 모바일 애플리케이션을 통한 멤버십 서비스

'골프존 투비전 NX' 스크린골프 최초로 게임 엔진 적용, 스크린과 필드 간극 최소화!

GOLFZON-TWOVISION NX는 골프존이 20여 년 동안 사용한 기존 엔진을 버리고 새로운 게임 엔진을 적용한 신제품이다. 골프 시뮬레이터 기술 개발의 핵심은 실제 필드와 최대한 비슷한 상황을 만드는 것이다. 그렇다고 실제와 너무 똑같으면 재미가 떨어진다. 재미와 실제를 얼마큼 조화롭게 구현하느냐가 중요하다.

스크린과 필드의 간극을 최소화한 GOLFZON-TWOVISION NX의 핵심 요소 중 하나는 그래픽 기술이다. 실제와 같은 생생한 화면을 위해 게임 엔진인 '언리얼 엔진5'를 스크린골프 최초로 적용했다. 그린의 라이는 물론 벙커의 색과 질감이 필드와 유사해 현실감이 뛰어나다. 초고사양의 하드웨어도 갖췄다. 언리얼 엔진5 구동이 가능한 최신 그래픽카드가 내장돼 있으며 생생한 타격 소리를 들을 수 있는 마이크, FHD급 고화질 카메라, 고해상도의 키오스크 등으로 생생한 그래픽을 구현했다.

골프존이 계속해서 향상된 신제품을 선보일 수 있었던 건 산업의 기술 발달과 동반성장했기에 가능했다. UHD TV가 나오면서 촬영 기술이 향상됐듯, 카메라 센서가 정교해지면서 시뮬레이터 제품 성능 역시 함께 높아졌다. 프로젝터도 빼놓을 수 없다. 과거 프로젝터 밝기는 2,000~3,000안시루멘(ANSI Lumen) 제품이 주를 이뤘다. 최근 9,000안시루멘까지 상용화돼 3배 정도 더 밝아졌다. 더 선명하고 밝은 프로젝트가 개발되니 골프존도 더 높은 화질과 그래픽의 시뮬레이터를 개발할 수 있었다.

플레이트 기술도 실제 필드의 리얼한 현장감을 살리는 중요한 요소다. 플레이트는 처음 단면에서 2개로 나뉜 듀얼 플레이트로, 그리고 5개로 나눠진 모션 플레이트로 발전했다. 듀얼 플레이트가 8가지를 구현했다면 모션 플레이트는 총 100가지로 구현이 가능하다. 실제 필드는 경사도가 다양해 발은 오르막이지만 공은 내리막인 경우가 있다. 이렇게 섬세한 필드 상황을 완벽하게 구현한 것이 바로 GOLFZON-TWOVISION NX에 장착된 모션 플레이트다.

진입장벽 강화를 위한 지적재산권 확보에도 힘썼다. 2023년 3분기 기준, 국내외 610여 건의 특허를 출원 및 등록했다. 해외 등록 건수만 200여 개다. 2017년부터는 스크린골프산업의 시장 안정화 및 지속 성장 기반을 마련하고자 스크린골프 업계 최초로 '골프존파크' 가맹사업을 추진했다. 3년 만에 2019년 골프존파크 1000호 점을 달성, 2024년 1월 전국 가맹점 수는 약 2,500개다. 현재 3,800여 개의 비가맹점에서 골프존 시뮬레이터를 운영하고 있다. 최근 GOLFZON-TWOVISION NX가 출시되자마자 14,000여 대를 사전 예약으로 받으며 큰 호응을 얻어 비가맹점의 가맹점 전환에도 큰 기대를 모으고 있다.

2017년에는 일반인 대상으로 한 골프 레슨 사업인 GDR(Golfzon Driving Range) 아카데미 사업도 본격화했다. AI 기반의 차별화된 레슨 콘텐츠를 공급하는 전략이다. 2023년 기준, 전국 1,752 매장에서 운영되며 약 19,500대의 골프 시뮬레이터를 판매해 새로운 성장 견인에 박차를 가하고 있다.

골프존은 스크린골프를 넘어 토탈 골프 솔루션 기업이자, 글로벌 1위 골프 플랫폼 기업을 목표로 한다. 이를 위해 스크린골프 사업을 바탕으로 골프장 운영, 골프 용품 판매, 골프 레슨 사업 등 영역을 확대했다. 또 세계적인 GPS 거리 측정기 브랜드인 골프버디(GOLFBUDDY)를 보유한 데카시스템, 세계적인 골프 레슨 교과서 리드베터 골프아카데미를 인수해 세계 골프 시장의 성장 동력도 두둑이 장착했다. 2028년 목표 매출은 3조 원이다.

현지화 전략을 통해 글로벌 시장점유율 확장! 해외 1,100여 개 매장 통해 'K-골프' 위력 전파

골프존은 국내 스크린골프 시장을 선점하고 새로운 모멘텀이 될 해외 시장 진출에 속도를 내고 있다. 세계 시장 역시 코로나19 이후 골프 인구가 급격히 증가했다. 이 기회를 잘 이용하면 세계 시장점유율 1위 자리를 굳건히 지키고 점유율도 확장하는 두 마리 토끼를 잡을 수 있다는 전략이다.

2009년 처음 해외에 진출한 골프존은 미국, 일본, 중국, 베트남 등 해외 골프 시뮬레이터 시장의 성장잠재력이 높은 국가에 집중하는 전략을 펼쳤다. 4개 국가에 거점을 둔 법인을 설립해 각나라의 특색에 맞는 현지화 전략을 추진 중이다. 처음 해외에 진출하면서 국내 스크린골프 비즈니스 모델을 그대로 가져가 여러 시행착오도 겪었다. 하지만 국가별 현지 골프 문화 특성을 살린 글로컬라이즈 사업 전략으로 전환 후 일본 1,020여 개, 중국 800여 개, 미국 590여 개, 베트남 50개, 그 외 20개국 330개 등 총 2,800여 곳에서 골프존을 즐길 수 있는 사업 성과를 이루었다. 해외 매출은 2019년 201억 원에서 연평균 49% 성장해 2023년 991억 원으로 4배 가까이 2024년은 본격적인 점프의 해가 될 수 있도록 총력을 다하고 있다.

각 국가 특성에 맞는 현지화 전략으로, 미국은 2023년 2월에는 스크린골프와 식음료를 함께 즐길 수 있는 스포츠펍 형태의 골프 문화 공간인 골프존 소셜 1호점을 오픈한 데 이어, 8월에는 뉴욕 스카스데일에 2호점을 냈다. 2024에는 뉴욕 브루클린 3호점을 출범시키며 미주 시장의 사업 가속에 집중할 계획이다. 이 외에도 골프 선수 육성 프로그램인 골프존 레인지를 통해 직영 사업을 확장 중이다. 일본은 GDR 중심의 골프 시뮬레이터 판매와 직영 사

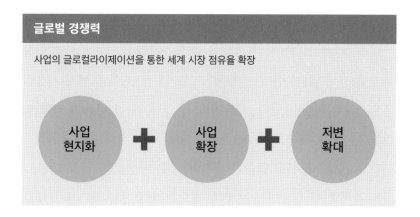

글로벌 경쟁력

사업의 글로컬라이제이션을 통한 세계 시장 점유율 확장

사업 현지화 ＋ 사업 확장 ＋ 저변 확대

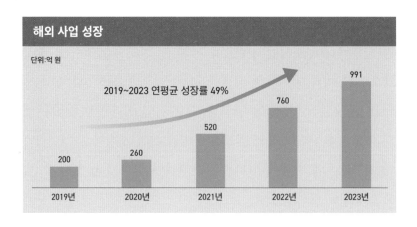

해외 사업 성장

단위:억 원

2019~2023 연평균 성장률 49%

991

760

520

260

200

2019년   2020년   2021년   2022년   2023년

업 확장으로 통한 안정적인 사업 성장을 추진한다. 중국은 골프 시뮬레이터 판매 기반으로 사업을 확장한다. 2021년부터는 독자 운영에서 합작 운영으로 전환해 현지화에 최적화된 판매를 촉진 하고 중국내 B2C 제품 출시 및 골프 대회 개최 등으로 골프 문화 저변을 확대를 위해 힘쓰고 있다. 베트남은 직영사업 확장에 집 중한다. 베트남의 소득 수준 상승에 따라 골프 시뮬레이터 판매가 증가하는 추세다.

골프존의 기업명은 골프(Golf)+지역(zone)의 합성어다. 필드가 아닌 전 세계 어디에서나 필드와 같은 스크린골프 라운드를 실감 나게 즐길 수 있게 한다는 의미다. 그 이름처럼 현재 세계 시장점 유율 1위 자리에 올랐다. 하지만 더 큰 꿈을 위한 힘찬 도약의 발 걸음은 이제부터 시작이다. 국내를 넘어 해외에서도 스크린골프 부터 골프장, 레슨 등 골프의 시작과 끝을 아우르는 '글로벌 No.1 골프 플랫폼'이 되겠다는 포부다. 필드의 생동감과 재미를 그대로 옮겨 놓은 스크린골프처럼 골프존의 비전 역시 현실에 그대로 구현할 수 있을지 지켜봐도 좋을 듯하다.

서블리 인사이트

국내 스크린골프 시장은 골프존과 카카오, SG 등이 경쟁한다. 코로나 수혜로 스크린골프장은 국내 약 9,000개로 크게 늘었으나 성장의 한계점에 다다르고 있는 듯하다. 골프존의 성장 모멘텀은 해외 시장의 성공적인 진출 여부에 달려있다. 동남아, 중국 등에서 스크린골프 붐이 일어나는데도 시간이 걸릴 수 있다고 생각한다. 단, 일본 가맹사업은 가능성이 있다고 예상된다. 개인 연습용 골프시뮬레이터 GDR, 야외와 스크린골프장을 결합한 탑골프 시장 진출의 성공 여부가 낮은 밸류에이션을 극복하는 계기가 될 것으로 판단된다.

부 록

글로벌 1등
유망 후보 기업들

에스엘

▶ 미래 자동차 헤드 램프 시장의 다크호스!

자동차 산업은 마차에서 자동차로, 이제는 바퀴 달린 컴퓨터라는 수식어를 얻으며 나날이 발전하고 있다. 친환경 트렌드와 더불어 내연기관차에서 전기차로, 또 자율주행 기능이 포함된 소프트웨어, 커넥티비티 등 껍데기만 빼놓고 모두 변신 중이다. 하지만 자동차의 모든 것이 바뀌어도 바뀌지 않는 단 하나가 바로 자동차 헤드램프다. 자동차 램프 회사 국내 1위, 세계 6위인 에스엘은 곧 세계 1위로 성장할 기업이다.

에스엘은 1954년 삼립자동차공업회사라는 이름으로 시작해 2024년 창립 70주년을 맞았다. 자동차 램프와 전동화 부품, BMS(배터리관리시스템) 등 전자부품을 생산하는 기업으로, 국내 헤드램프 제조 1위, 국내 시장점유율 약 65% 이상을 차지한다. 주 고객사는 현대, 기아차, GM, 포드 등이며, 고객사로부터 협력업체 상을 받는 등 그 품질을 인정받고 있다. 1986년도에 자동차 부품업체 최초로 기술연구소를 설립해 시장을 선도하는 기술을 개발했다. 더불어 헤드램프 글로벌 경쟁사인 독일의 헬라와 합작법인을 만드는 등 글로벌 자동차 부품업체와 전략적 제휴도 활발하다.

자동차의 이미지를 결정하는 헤드램프는 자동차 램프 시장에서 가장 큰 비중을 차지한다. 자동차 램프 시장은 2021년 314억 달러에서 2027년 421억 달러로 성장이 예상되는데 이중 헤드램프 시장이 283억 달러로 67%를 차지한다. 헤드램프 시장이 안정적 성장을 보여주듯 에스엘 역시 2018년도 매출 1.5조 원, 영업이익 45억에서 2023년 매출 4.3조, 영업이익 3,800억 원으로 폭발적인 성장을 했다. 5년 만에 달성한 엄청난 성장이 가능했던 것은 지속적인 기술 개발과 발 빠른 해외투자 효과로 해석할 수 있다.

먼저 할로겐에서 LED램프로 전환에 성공하며 구조적 싱장을 견인했다. LED는 에너지 소비량이 적고 이산화탄소 배출도 적어 친환경차에 적합하다. 심미적인 기능과 더불어 전력 소비가 적어 전기차에서는 LED램프가 필수적이다. 현대차가 2030년부터 전기차 100%를 선언한 만큼 LED램프의 성장은 예견된 일이다. 뿐만 아니라 에스엘은 2000년 현대차보다도 먼저 미국 테네시에 진출해 GM에 납품했다. 2004년에는 현대차와 함께 알라바마에 공장을 지어 현대차의 강력한 협력사임을 입증했다. 2023년 전 세계 완성차 판매량 3위를 기록한 현대자동차 그룹의 성장 역시 중요하다. 2023년 3분기 기준 현대, 기아, 현대모비스를 합친 에스엘의 매출 비중이 48%에 달하기 때문이다. 이어 GM 매출은 14.7%로 글로벌 완성차 3위와 5위 기업에서 매출을 올리고 있다.

현재 헤드램프 시장의 1위는 일본의 코이토(Koito)다. 코이토는 도요타, 닛산, 혼다 등 일본의 대부분 완성차에 납품하고 있다. 이렇듯 전방 완성차의 매출이 동사의 에스엘과 직결된다. 다른 완성차 기업과 다르게 현대차는 로봇과 자율주행 등 미래 기술에 지속 투자한다는 점이 주목할 포인트다. 또한 현대차는 전기차 전환 역시 전통 완성차 기업 내에서 선도적 횡보를 진행해왔다. 이에 발맞춰 에스엘은 친환경차 전환 물결에 동참하며 신성장 동력으로 전자식 변속 레버인 E-시프터 기술력 향상에 힘쓰고 있다. 더불어 전기차 배터리 상태를 실시간 확인 및 제어하는 BMS를 수주받아 향후 4개 전기차 차종에 공급할 예정이다. 본업에 충실하며 신규 사업 확장까지, 미래 자동차의 핵심 부품 업체로 활약할 그날이 머지 않은 기업, 바로 에스엘이다.

글_최진리

KCC

▶ 건자재 기업에서 첨단소재 기업으로 변신

KCC는 오랜 기간 저평가 기업으로 인식됐다. 대한민국 최대 건자재 기업이었으나 매출 대부분인 건자재와 도료는 21세기에 들어서며 고부가가치 제품으로 꼽히기는 어려웠다. 10년째 제자리걸음인 매출로 KCC는 영위하는 사업보다도 삼성물산, 현대중공업 등 국내 유수 기업의 지분을 확보하고 있다는 점이 더 부각됐다. 그만큼 본업보다 투자에 능하다는 우스갯소리도 있었다.

그러던 중 2018년 KCC 창사 60주년을 맞아 정몽진 회장이 100년 계획으로, 60주년을 계기로 가정부터 우주 산업까지 사용되는 실리콘, 장섬유를 비롯해 반도체와 전기전자 분야의 첨단 부품과 소재까지 미래 성장 동력확보에 적극 나설 것이라고 발표했다.

실리콘은 대부분의 산업에서 없어서는 안되는 중요한 재료다. 규소(Si)를 이용하면 중간재 격인 메탈실리콘이 생산되고, 이 메탈실리콘은 반도체, 태양광에 사용되는 폴리실리콘을 만들거나, 섬유유연제, 주방용품, 화장품, 건축에서 범용으로 사용되는 유기실리콘 등 다양하게 사용된다. 단순 생활 소비재부터 의료, 건설, 자동차, 항공, 우주까지 산업 전 영역에 실리콘이 쓰이지 않는 곳이 없을 정도다. 글로벌 실리콘 시장 규모는 2023년 213억 3,000만 달러로 추정되며, 2030년까지 연평균 6% 성장해 320억 7,000만 달러 규모로 성장할 것으로 전망된다.

KCC는 일찍이 실리콘에서 가능성을 보고 2003년 국내 최초 실리콘 생산에 성공했다. 그러나 범용으로 사용되는 유기실리콘 생산에 그쳤고 기술경쟁력은 글로벌기업에 뒤처졌다. 당시 KCC 의 실리콘 매출 규모는 2,000억 원 중반 대, 연간 7만 톤 정도를 생산하며 글로벌 시장점유율 1%에 불과한 성적을 냈다. 크게 벌어진 차이를 극복하기 위해 KCC는 2018년 글로벌 3대 실리콘 업체 모멘티브(모멘티브 퍼포먼스 머티리얼스 코리아, 이하 모멘티브) 인수를 발표한다.

모멘티브는 KCC가 원하는 고부가가치 첨단 실리콘 기술력을 보유한 회사다. 1940년 산업용 실리콘 개발 성공을 시작으로 수많은 원천기술을 보유, 실리콘 원료에서부터 2차 제품까지 생산이 가능하다. 전 세계에 걸쳐 24개 생산시설과 12개의 R&D센터를 보유한 굴지의 실리콘 기업이다. KCC의 실리콘 사업이 화장품과 건축용에 국한되었던 데 반해 모멘티브는 전기차, 반도체에 들어가는 고부가가치 실리콘을 생산할 수 있는 기업이다. 당시 모멘티브의 실리콘 연 매출 규모는 약 2.5조 원, 생산량은 약 30만 톤, 글로벌 시장점유율은 13%로 3위였다. 모멘티브 인수 전에는 중국 거대 화학기업까지 참전하면서 몸값이 높았다. 2019년 5월, KCC는 30억 달러(당시 환율로 3조 5,000억 원)라는 거액을 들여 인수에 성공했다. 국내 기업이 진행한 해외 M&A 중 두 번째로 큰 규모였다.

　이 한 번의 거래로 KCC는 전과는 전혀 다른 회사가 됐다. 글로벌 시장점유율 1% 언저리였던 KCC가 단숨에 글로벌 2위로 올라섰고, 인수 이듬해 회사의 매출액은 2배로 증가했다. 창사 이래 최초로 5조 원의 매출을 기록한 것이다. 3,000억 원이던 실리콘 매출은 1년 만에 2조 7,000억 원까지 늘었다. 인수 전 KCC의 영

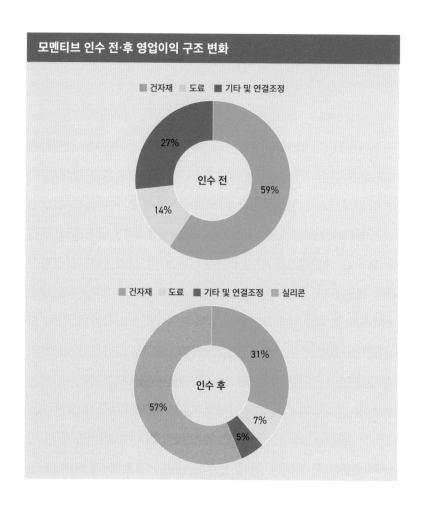

모멘티브 인수 전·후 영업이익 구조 변화

건자재　도료　기타 및 연결조정

인수 전
59%
27%
14%

건자재　도료　기타 및 연결조정　실리콘

인수 후
31%
7%
5%
57%

업이익 대부분은 건자재(영업이익의 약 60%)에서 발생했다. 인수 후 KCC 전체 영업이익의 57%를 차지하면서 명실상부 첨단소재 실리콘 기업이 됐다.

KCC는 여기서 멈추지 않고 KCC실리콘, KCC바실돈, KCC 내 실리콘 사업부를 차례로 모멘티브에 매각하며 실리콘 수직계열화를 완성해 시너지 효과를 높였다. 또, 모멘티브의 지분을 추가로 인수해 경영권을 강화했다. 실리콘에 기업의 운명을 걸었다 해도 과언이 아닌 투자였다.

2021년, 미국이 실리콘 최대 생산국인 중국의 실리콘 수입을 금지하면서 실리콘 공급 부족이 발생했다. 공급 과잉으로 바닥을 기던 실리콘 가격이 급등했고 이러한 시장 상황은 KCC에게는 호재였다. 코로나19로 침체된 경제가 활성화되는 리오프닝과 미중 관계의 수혜를 고스란히 받은 KCC는 2022년 사상 최대 실적을 경신하며 6조 원의 매출을 달성했다. 인수 초반, 코로나로 악화되었던 업황에 뚝심 있게 밀어부친 결과다. 인수 시점부터 뉴욕증권거래소 상장을 목표로 했던 모멘티브는 글로벌 경기 침체로 2023년 2분기 연속 영업적자를 기록하면서 2024년 5월 내 상장하는 계획을 철회했다. 닥쳐온 실리콘 불황에 자금력으로 적절히 대응하며 유리한 시기에 기업공개(IPO)를 진행한다는 것이 KCC의 전략이다. 최근 전기차 소재로 실리콘이 각광받고 있다. 전 산업에서 무한한 확장성을 가진 소재이기에 실리콘 불황은 오래가지 못할 것으로 보인다. 이런 '고부가가치 실리콘'을 생산할 수 있는 기업은 세계에 세 곳이다. 독일의 바커, 일본의 신에츠, 그리고 한국의 KCC(모멘티브)다. 상장 이후 모멘티브의 기업가치는 최대 45억 달러(한화 약 6조 원)로 전망된다. 글로벌 시장에서 가치를 인정받으면 모멘티브를 가진 KCC 또한 재평가될 것이다.

글_한효재

쿠쿠

▶ 밥심으로 시작해 종합가전기업까지

쿠쿠는 전신인 성광전자가 1978년 밥솥 업계에 등장한 후, 40년이 넘는 시간 동안 밥솥 개발 한길만 걸어온 기업이다. 1998년 독자 브랜드인 쿠쿠(CUCKOO)를 선보이고 1년 만에 국내 시장점유율 1위를 차지하는 성장세를 보였다. 이후로도 견고한 입지를 다지며 국내 시장 누적 판매량 3,000만 대 기록, 시장점유율 70%라는 압도적인 점유율을 보이고 있다.

쿠쿠의 경쟁력은 독보적인 브랜드에 있다. 2020년 한국 산업의 고객만족도(KCSI) 조사에서 전기밥솥 분야 20년 연속 1위, 2020년 국가고객만족도(NCSI) 전기밥솥 부문 7년 연속 1위, 2021년 국가브랜드만족도(NBCI) 14년 연속 1위를 차지하며 장기간 밥솥 업계 부동의 1위를 지키고 있다.

장기간 부동의 1위의 바탕에는 탄탄한 기술력이 있다. 쿠쿠가 업계 최초로 도입한 트윈프레셔 기능은 이중모션밸브를 통해 밥솥 한 대에서 고압과 무압 취사가 가능한 기술이다. 취향에 맞춰 밥맛과 찰기 조절도 가능하다. 고압 모드는 밥을 찰지게 만들며, 무압 모드는 밥알 퍼짐을 막는다. 또한 무압 기능은 취사 중 밥솥

뚜껑을 열고 재료를 추가하는 '오픈쿠킹'도 가능케 한다. 쿠쿠는 이 트윈프레셔 기능 덕분에 밥을 짓는 밥솥 단일 기능에서 벗어나 밥, 죽, 찜 등 다양한 요리를 맛있게 만들 수 있는 멀티쿠커로서의 입지를 다질 수 있었다.

세계 시장에서 쌀 소비국은 대체로 아시아 지역이다. 중국이 15만 톤에 육박하는 압도적 1위 국가이며, 한국은 10위권 밖 순위이다. 그마저도 서구화된 식단으로 쌀 소비량이 최저치를 기록한 상황이다. 내수시장이 성숙기에 접어들어 매출 확대를 위해 글로벌 진출은 필수다.

쿠쿠는 2015년 말레이시아로 첫 해외 진출한 이후 중국, 미국, 베트남 등 16개국에 진출했다. K-가전의 위상과 함께 아시아 시장에서 프리미엄 밥솥의 입지를 단단한 다지고 있다. 특히, 중국은 쿠쿠전자의 전체 해외 매출 60%를 책임지고 있다. 중국 10대 전기밥솥 브랜드 중 9위를 차지하며, 그중 40만 원 이상의 프리미엄 제품 라인은 일본의 타이거(tiger)와 한국의 쿠쿠 둘뿐이다. 쿠쿠는 중국 여행객이 한국에 오면 반드시 사가는 제품으로도 유명하다. 2019년부터 지금까지 중국의 광군제, 618쇼핑축제 등 주요 행사에서 밥솥 판매 1위를 놓치지 않았다. 중국 3개 법인 매출은 연평균 50% 이상 성장해 2022년 기준 924억 원을 돌파했다.

시장조사 기관인 유로모니터 패스포트(Euromonitor Passport) 조사에 따르면 2023년 미국의 전기밥솥 매출 규모는 전년 대비 13% 증가한 약 10억 3,500만 달러. 2020년부터 5년간 연평균 7% 성장해 2027년에는 약 14억 2,800만 달러 규모로 성장할 전망이다. 쿠쿠의 미국 법인 매출액은 아직 300억 원(2022년 매출)대 수준이지만 2022년 대비 80%의 성장을 보였다.

해외 시장에 진출한 쿠쿠는 자사 제품을 단순히 밥을 짓는 전기밥솥이 아닌 찜, 죽, 다양한 요리가 가능한 멀티쿠커로써 마케팅 했다. 기술력이 뒷받침되기에 가능한 영리한 전략이었다. 덕분에 〈뉴욕타임즈〉에서 선정한 베스트 전기밥솥에 꼽히기도 했다. 이와 더불어 주방가전부터 생활가전 전반에 이르기까지 렌탈 상품의 라인업을 확대해 미국의 렌탈 시장까지 사로잡을 예정이다.

쿠쿠는 쿠쿠홀딩스 아래 계열사 쿠쿠전자와 쿠쿠홈시스로 나뉜다. 쿠쿠전자는 밥솥, 인덕션, 레인지, 블렌더 등 가전사업을 담당하고, 쿠쿠홈시스는 정수기, 공기청정기, 비데 등 렌탈 상품을 주력한다. 쿠쿠의 전체 매출의 80% 가량은 밥솥에서 나온다. 밥솥명가라는 별명답게 밥솥에 집중한 양상이나, 2010년 종합생활가전시장 진출을 내세운 뒤 전기레인지, 정수기 등 제품군을 늘리며, 사업 다각화 전략을 펼쳤고 그 전략은 성공적이다.

쿠쿠전자의 밥솥 외 매출 비중은 2020년 8.81%에서 2023년 19.29%까지 꾸준히 상승했다. 매출액은 2020년 517억 원, 2021년 933억 원, 2022년 1,450억 원으로 증가했다. 밥솥사업의 성장 둔화를 제품 다각화로 극복했다. 특히 정수기에서 괄목할 성장을 보이고 있다. 후발주자로 시작했으나 업계 최초로 출시한 100℃ 끓인 물 정수기가 2024년 누적판매량 60.5만대를 넘어서며 돌풍을 일으켰다. 기존 정수기의 온수가 85℃로 출수되는 불편을 개선해 혁신 제품이라는 평가를 받았다. 이와 더불어 청소기, 헤어드라이어 같은 생활가전도 판매량이 증가하고 있으며 매트리스, 안마의자까지 다양한 생활가전 라인업을 추가 중이다.

기존의 밥솥업계 1위 자리에 안주하지 않고 빠르게 변화하는 시장에 맞춰 한발 앞서 대비한 결과로 코로나라는 어려운 환경 속에서도 누적매출 1조 원을 최초로 돌파하며 여전히 성장 중이다.

글_한효재

동진쎄미켐

▶ 국산화의 대명사! 반도체 소재에서 이차전지까지

전 세계는 반도체 패권 전쟁이 한창이다. 일본은 다시 한번 반도체 부흥을 꿈꾸며 국가적으로 대대적인 투자를 단행 중이다. 이 와중에 눈에 띄는 행보는 일본 국부펀드가 EUV PR 점유율 1위 기업인 JSR을 인수해 국유화했다는 사실이다. EUV PR(포토레지스트, 감광액)은 반도체 노광공정에서 반도체 웨이퍼에 도포하는 감광액이다. 노광장비의 빛에 포토레지스트가 반응하며 회로가 그려지는데 미세공정 가속화에 꼭 필요한 반도체 기초 소재다. 지금까지 국내 반도체 기업은 JSR, 신에츠 등 90% 이상 일본기업의 EUV PR을 수입해왔다. 수입 의존도 100%를 깰 수 있게 된 건 바로 동진쎄미켐 덕분이다.

동진쎄미켐이 EUV PR 국산화에 도전한 계기는 2019년 한일 무역분쟁으로 시작된 일본의 반도체 소재 수출 규제 직후다. EUV PR 개발 착수 후 3년 만에 삼성전자 반도체 양산라인 공급에 성공했다. 일본의 반도체 소재 수출 규제 이후 많은 국내 기업이 국산화에 뛰어들었지만, 유의미한 성과를 낸 기업은 많지 않다. 동진쎄미켐의 이러한 저력은 어디서 나온 것일까.

동진쎄미켐은 반도체 기초 소재 국산화 성공이 처음이 아니다. 1967년 PVC 및 발포제를 국내 최초로 개발 및 국산화 성공했다. 이어 축적된 기술력을 바탕으로 1989년 반도체용 포토레지스트를 미국, 독일, 일본에 이어서 세계 4번째로 개발했다. 현재 3D 낸드용 KrF PR 분야에는 세계 시장점유율 1위를 차지하는 반도체 소재 기업이다.

국산화 DNA가 새겨진 기업이지만 EUV PR은 이제 막 양산을 시작해 아직 갈 길이 멀다. 게다가 일본 국부펀드가 EUV PR 제조업체 JSR을 인수한 이상 반도체 소재 공급에 대한 불안감에서 벗어날 수 없다. 한시라도 빨리 상용화에 성공해 반도체 패권 전쟁에서 밀리지 말아야 한다. 사태를 인지하듯 2023년 동진쎄미켐은 중국 내 LCD 공장 11개 중 9개를 매각했다. 매각 대금은 약 3,000억 원으로 알려졌다. 공장 매각에 대해 공식 입장을 표명하지 않았으나 2022년 매출의 약 30%에 해당하는 LCD 공장 매각은 다음 스텝으로 향한 힘찬 결단으로 풀이된다.

동진쎄미켐은 이차전지 사업도 영위한다. 2020년 스웨덴의 배터리업체인 노스볼트와 10년 장기계약을 맺어 CNT 도전재(배터리의 성능과 수명 향상)와 독자 개발한 음극재를 동시에 공급했다. 노스볼트는 2019년 7월 독일 BMW와 20억 유로(2조 8,000억 원) 규모 배터리 셀 주문계약 체결한 기업이다. 동진쎄미켐은 지속적인 신사업 발굴과 R&D를 통해 발포제에서 반도체, 디스플레이, 이차전지 분야까지 정밀화학, 전자재료 산업 발전에 이바지하고 있다.

2023년 기준 삼성전자가 경영 참여 이유로 동진쎄미켐 지분 4.8% 보유하고 있다. K-반도체 클러스터를 구축해 국내 반도체 기업간 시너지 효과를 발휘한다면 동진쎄미켐은 반도체 소재 및 이차전지 글로벌 1위 기업으로도 우뚝 설 것으로 기대된다.

글_최진리

실리콘투

▶ 화장품 업계의 쿠팡으로 성장!

K-POP의 부상과 더불어 세계적으로 주목받는 산업이 있다. 바로 K-뷰티다. 이번 K-뷰티의 물결은 2015년 중국향 수출로 부흥했던 과거와는 궤가 다르다. 당시 아모레퍼시픽과 LG생활건강이 선두의 지위를 가졌다면 코로나 이후의 K-뷰티는 하나의 문화로 자리매김했다. 그중 세계에 K-뷰티 문화를 선도적으로 이끄는데 핵심 역할을 한 기업이 바로 실리콘투다.

실리콘투는 2002년 설립된 회사로 처음 10년은 반도체 유통업을 영위했다. 중국을 중심으로 반도체 유통을 운영한 김성운 대표는 사업을 하면서 중국인이 한국 뷰티에 관심이 많다는 것을 알게 됐다. 이후 반도체 유통구조 단순화로 사업 피봇을 고민하게됐고, K-뷰티의 성장 가능성을 확신해 화장품 유통업에 뛰어들었다. 그렇게 10여 년간 축적된 해외 사업과 유통 노하우를 기반으로 2012년 화장품 유통사업 시작, 2년 만에 화장품 매출 228억원을 달성했다. 이후 2015년 스타일코리아 플랫폼 사이트를 통해 400개 이상의 화장품 브랜드를 100여 국가에 판매하는 해외 역직구 플랫폼 기업으로 성장했다.

실리콘투는 2017년 미국 뉴저지 물류센터를 시작으로 미국 캘리포니아, 폴란드 등 6개 지역에 해외 지사를 운영한다. 단순 물류창고 운영이 아니다. 까다로운 해외통관 노하우 및 해외판로 개척과 더불어 아마존과 같이 AGV(무인자동화로봇시스템)물류 자동화 시스템을 도입해 보다 효율적인 화장품 유통을 운용한다. 이러한 유통 노하우는 2023년 3분기 누적 매출 2,371억 원, 영업이익 329억 원이라는 폭발적인 성장률을 보여줬다.

미국 28.15%, 네덜란드 13.34%, 한국 9.09%, 인도네시아 6.82% 등 중국 매출 없이 미국과 유럽에서 유의미한 매출 성과를 달성했다. 그동안 중국에 치중된 국내 화장품 매출은 중국인의 애국주의와 겹치며 고전을 면치 못했다. 실리콘투는 좋은 품질과 합리적 가격을 겸비한 국내 브랜드사에 지분을 투자했고, 마케팅 역

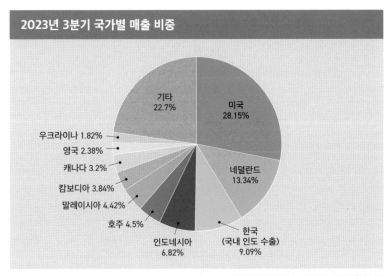

2023년 3분기 국가별 매출 비중

- 기타 22.7%
- 미국 28.15%
- 네덜란드 13.34%
- 한국 (국내 인도 수출) 9.09%
- 인도네시아 6.82%
- 호주 4.5%
- 말레이시아 4.42%
- 캄보디아 3.84%
- 캐나다 3.2%
- 영국 2.38%
- 우크라이나 1.82%

주: CA, PA, 풀필먼트 전체 사업 분문 자사 전산 매출액 기준

량과 해외 인프라 활용 등 협업으로 시너지를 창출했다. 그 결과 지분 투자한 브랜드들의 매출액이 2017년 57억 원에서 2023년 3분기 기준 601억 원으로 상승을 이끌었다.

최근 캐나다 시장 진입을 위해 수코시 마트 지분 20%를 76억 원으로 매입해 2024년 캐나다 시장에도 본격 진출한다. 또한 2024년 5월 미국에서 오프라인 1호 매장인 'MOIDA(모이다)' 오픈이 예정돼 있다. 오프라인 매장으로 미국 1020세대의 K-뷰티 접근성을 넓혀가기 위해서다. 단기적인 K-뷰티의 흐름이 아닌 한국의 가성비 좋은 화장품이 세계 곳곳에 자리잡으면 그 파급력과 성장성은 더욱이 폭발적으로 늘어날 것으로 예상된다.

글_최진리

한국타이어
앤테크놀로지

▶ 움직이는 하이테크놀로지

우리는 매일 이동한다. 걸을 수 있는 거리가 아니라면 다른 이동 수단이 필요하다. 여기서 타이어가 없으면 이동 수단이 될 수 없다. 미래 이동 수단으로 드론과 우주선, 자기부상열차 정도만이 바퀴에서 자유로울 뿐이다. 당장 세상에서 모든 바퀴가 사라진다면, 인류의 발전도 멈출 수 있다. 그만큼 바퀴는 우리에게 당연하지만, 결코 가볍지 않은 존재다. 바퀴가 굴러간 횟수만큼 인류는 발전해 왔다. 그리고 그 중심에 한국타이어앤테크놀로지(이하 한국타이어)가 있다.

한국자동차산업협회 집계에 따르면 2019년 세계에서 운행 중인 자동차 총 대수는 약 14억 9,000만 대이며, 2009년 9억 8,000만 대 대비 52% 증가했다. 이 중에서도 북미(3억 5,600만 대)와 유럽(4억 700만 대)은 전체 자동차시장에 절반을 차지하는 큰 시장이다. 세계적으로 15억 대 자동차가 등록돼 있고 매년 신차가 약 8,000만 대씩 판매 중이다.

세계 타이어 시장 규모는 2022년 23억 2,130만 개이며, 2028년 27억 4,120만 개로 연 2.88% 성장률을 예상한다. 미쉐린의 데이터 기준으로, 2023년 연간 OE(Original Equipment, 순정 타이어) 판매는 글로벌 9%, 유럽 11%, 북미, 중국이 각각 9%씩 증가했다. 연간 교체용타이어(RE, Replace Equipment) 판매는 각각 0%, -4%, 0%, 13%씩 상승했다. 데이터로 보면 OE/RE 모두 중국 판매율이 높다. 2023년 중국 신차 생산은 전년 대비 27% 증가했고, 유럽/미국은 전년대비 1%/-1% 수준에 그쳤다. 중국 신차에 연동해 신규 타이어 판매도 함께 올랐다. 앞으로 타이어 시장에서 중국 매출 비중이 중요할 것으로 보인다.

영국 타이어 전문 매체인 타이어프레스(Tyrepress)에서 2022년 매출 기준, 글로벌 리딩 타이어기업으로 한국타이어를 7위로 꼽았다. 글로벌 랭킹 10위 안에 든 유일한 한국 기업의 타이어 기술력을 인정받은 순간이다. 한국타이어의 2023년 매출액은 8조 9,396억 원, 영업이익은 1조 3,279억 원을 달성했다. 전년 대비 6.5%, 88.1% 성장한 수치다. 타이어를 생산/판매(티스테이션)하는 부문 매출이 98%, 수출 88.7%, 내수 11.3% 수준이다. 10년 전인 2013년 매출액은 약 7조 원, 영업이익 약 1조 원으로 10년간 매출이 약 2조 원, 영업이익은 약 3,200억 원 상승하는 성장을 이뤘다. 이 성장의 바탕에는 해외 생산기지 공략과 끊임없는 연구개발이 자리한다.

한국타이어는 해외 생산 비중이 65% 이상이다. 글로벌 시장 대응 능력을 강화하기 위해 2조 1,000억 원이 투입되는 미국 테네시 공장을 추가 증설했다. 코로나 시기에 글로벌 물류난으로 어려울 때도 중국 헝가리와 테네시 등 해외 생산기지에서 직접 운반해 동선과 비용을 획기적으로 줄일 수 있었다. 그 결과 국내 3사 타이어사 중 매출 독주가 이어졌다. 최근 전기차 신차 판매량이 급증하면서 신차용 타이어(OET, Original Equipment Tier) 공급이 늘어난 것도 매출 견인에 한몫했다.

한국타이어는 매년 약 1,500억 원씩 연구개발비로 투자하면서 친환경 및 고성능 타이어 개발을 이어오고 있다. 이러한 노력으로 한국타이어는 다양한 타이어 라인업을 보유할 수 있었다. 국내외 시장의 대표 프리미엄 브랜드 '한국(Hankook)', 세계 시장에서 사랑받는 글로벌 브랜드 '라우펜(Laufenn)', 지역별 특화 브랜드 '킹스타(Kingstar)' 등 3개의 글로벌 타이어 브랜드를 전략적으로 운영하며 고객에게 최상의 드라이빙 경험을 제공한다. 미래 기술로는 타이어 안에 센서(Tier Mounted Sensor)를 장착해 공기압을 조절하고, 클라우드에 상태 저장 및 휴대폰 앱 조절이 가능한 기술을 준비 중이다. 에어리스(Airless)타이어 분야도 지속적인 연구

한국타이어 이력	
연도	내용
2015년	포르쉐 공식 타이어 공급업체 선정
2018년	'모델솔루션'(코스닥상장사)과 '라우펜-뮬러(Reifen-Müller)'인수
2019년	포르쉐 '카이엔', 아우디 'SQ8' OE 공급, 초고성능타이어 '벤투스 S1 에보3' 국내 출시
2020년	포르쉐 전기차 '타이칸', 아우디 'RS7', 'RS6아반트' OE 공급
2022년	세계 최초 전기차 전용 타이어 풀 라인업 브랜드 '아이온'(Ion) 출시, 현대자동차 아이오닉6, 아우디 Q4 e-트론, BMW i4 전기차 OE 공급 확장

개발을 모델솔루션을 통해 진행하고 있다.

한국타이어는 현재 42개 자동차 브랜드 파트너사와 함께하고 있다. 앞으로도 최고의 글로벌 타이어 기업을 목표로 글로벌 네트워크 확장과 프리미엄 브랜드 전략을 가속화할 것으로 보인다. 세계인에게 최상의 승차 경험을 제공하기 위해 끊임없이 노력하는 한국타이어. 글로벌 'No.1'이 머지않아 보인다.

글_이지혜

글로벌 1등 K-기업

초판 1쇄 인쇄 2024년 5월 16일
초판 1쇄 발행 2024년 5월 27일

지은이 서재영
펴낸이 하인숙

기획총괄 김현종
책임편집 이선일
디자인 studio forb

펴낸곳 더블북
출판등록 2009년 4월 13일 제2022-000052호
주소 서울시 양천구 목동서로 77 현대월드타워 1713호
전화 02-2061-0765 **팩스** 02-2061-0766
블로그 https://blog.naver.com/doublebook
인스타그램 @doublebook_pub
포스트 post.naver.com/doublebook
페이스북 www.facebook.com/doublebook1
이메일 doublebook@naver.com

© 서재영, 2024
ISBN 979-11-93153-16-1 (03320)